Rüdiger Nehberg

Überleben in der Wüste Danakil

SERIE PIPER

Zu diesem Buch

Rüdiger Nehberg ist eigentlich Konditor. Und außerdem ist er ein neugieriger Mensch, und weil er dieser Neugierde immer mal wieder nachgehen muß, weiß er inzwischen, daß es auf unserer Erde auch heute noch jede Menge Abenteuer gibt. Das heißt für ihn, »etwas tun, für das es kein Schema gibt, wo du alle versickerten, vertrockneteten, degenerierten Talente des früheren Lebewesens Mensch reaktivieren mußt«. Für ihn sind das die Reisen ins Unbekannte, auf eigene Faust. Mit zwei Freunden macht er sich auf, die Wüste Danakil, ein ausgedehntes Wüstengebiet im heutigen Äthiopien und eine der heißesten Regionen dieser Erde, zu Fuß zu durchqueren.

Rüdiger Nehberg, geboren 1935, gilt als der Abenteurer Nr. 1 in Deutschland. Schon seit Anfang der 1970er Jahre macht er immer wieder mit seinen gefährlichen und strapazenreichen Expeditionen Schlagzeilen – ebenso mit seinem Engagement für die Rettung der vom Aussterben bedrohten Yanomami. Er schrieb zahlreiche und sehr erfolgreiche Bücher.

Rüdiger Nehberg
Überleben
in der Wüste Danakil

Mit 34 Farbfotos und einer Karte

Piper München Zürich

Von Rüdiger Nehberg liegen in der Serie Piper außerdem vor:
Abenteuer am Blauen Nil (1796)
Über den Atlantik und durch den Dschungel (1965)
Die Kunst zu überleben – Survival (2622)
Drei Mann, ein Boot, zum Rudolfsee (2714)
Survival-Abenteuer vor der Haustür (2715)
Yanonámi (2716)
Medizin Survival (2717)
Im Tretboot über den Atlantik (2829)
Die Rettung der Yanomami (2979)
Survival-Lexikon (3055)
Abenteuer am Blauen Nil / Drei Mann, ein Boot, zum Rudolfsee
(Doppelband, 3251)

Ungekürzte Taschenbuchausgabe
Piper Verlag GmbH, München
Dezember 1994 (SP 1809)
Juni 2001 (SP 3337)

unter dem Titel:
»Danakil. Zu Fuß durchs Höllenloch der Schöpfung«
Umschlag: Büro Hamburg und ZERO München
Foto Umschlagvorderseite: Michael Martin / LOOK
Foto Umschlagrückseite: Rüdiger Nehberg
Gesamtherstellung: Clausen & Bosse, Leck
Printed in Germany ISBN 3-492-23337-6

Inhalt

Jede Geschichte hat ihren Anfang

Zwischen Torten und Torturen

Gegensätzlicher können meine beiden Hauptpassionen kaum sein. Scheinbar! Da nervt einen das Telefon, der Lieferwagen hat einen Totalschaden erlitten, Versicherungen werden bemüht, der Umsatz steigt, neue Mitarbeiter sind zu engagieren, der Ofen hat einen Kurzschluß, morgen muß das Sonderangebot raus, Werbeplakate sind zu schreiben, eine Betriebsbesprechung soll abgehalten werden, die Preise steigen, der Lieferant hat das Marzipan nicht vorrätig, zwei Auszubildende fallen aus wegen Block-Unterricht, nächste Woche ist die Messe mit Ausstellungsstücken zu beliefern – oh là là, bei uns ist mal wieder was los. Herrliche Hektik! Ich mag das.

Auf der anderen Seite die unvergleichliche Stille der Natur! Da zieht der Strom mit seinen gigantischen Wassermassen an dir vorbei, auf seiner Oberfläche – wie ein Wattebausch – ein Hauch von Nebelschleier. Du hörst keinen Ton, vielleicht mal den Platsch eines springenden Fisches auf der Flucht vor seinem Feind: einem Wels, einem Krokodil. Da steht der Fischadler unbeweglich und geduldig auf einem günstig gelegenen Felsvorsprung, das Wasser unter sich mit den Augen durchbohrend. Da plumpst ein Farbklecks von Königsfischer vom Ast ins Wasser und federt im gleichen Moment wieder hoch, umgeben von silbernen Wasserperlen, ein Fischchen im Schnabel.

Da proben die Colobusaffen ihre neuen Gurgellaut-Songs, eine Rotte Warzenschweine scheint vorüberzuziehen, denn du siehst ihre sechs erhobenen Pinselschwänzchen aus dem Gras lugen. Oder da liegt die unendliche Weite einer Wüste vor dir. Du verneigst dich ehrfürchtig vor dem winzigen Grashalm, der es wagt, diesen Gewalten aus Hitze und Trockenheit zu trotzen. Du empfindest ein gewisses Mitgefühl, eine Solidarität mit ihm, geht es dir doch kaum besser.

Auch dieses Leben schätze ich, liebe ich. Denn die Ruhe ist nur scheinbar. Sie ist nur die Pause.

So wie der Fisch auf der Flucht, der Colobusaffe, der sein Weibchen sucht, um seine bedrohte Art zu erhalten, und wie der Grashalm, der sich mit jeder Faser seiner Wurzeln in der Erde verkrallt– so leben sie alle in ständiger Gefahr, vernichtet zu werden. Die Ruhe, die oft über allem liegt, täuscht.

Auch du selbst wirst ständig bedroht, konfrontiert mit Unerwartetem und gezwungen, flexibel zu sein, willst du deine Reise zu Ende bringen.
Da ist das Flußpferd, das sich angegriffen fühlt und auf dich losstürmt; das Krokodil, das seine Hoheitsrechte verletzt glaubt und dir in die vermeintlichen Gliedmaßen beißt, die bislang Gott sei Dank immer nur Paddel waren. Da sind die Skorpione, die abends mit erhobenem Schwanz und Stachel in den Lichtschein deines Feuers stürmen, oder die Schwärme verschiedenster Insekten. Sie alle sind wenigstens immer noch so »fair«, daß sie sich blicken lassen und dir die Chance geben, dich gegen sie zu schützen. Sei es mit List, Vorsicht, Flucht oder Insektenspray. Aber da sind auch jene unsichtbaren Gegner. Du kennst sie namentlich als Bakterien oder Viren. Andere heißen Streit, Hunger, Durst oder Angst. Und vor allem der Mensch, dieser unberechenbare Typus Säugetier, der so verschieden sein kann, daß er wohl der unkalkulierbarste Faktor einer Reise ist, wie ich sie gern mache.
Wer also meine beiden Neigungen, Konditorei und Abenteuer, vergleicht, wird feststellen, daß diese konträren Arten, mein Leben zu durchstehen, beinahe verwandt miteinander sind. Aufregung habe ich hier wie dort.
Was ich lediglich erziele, ist eine Abwechslung.
Bin ich in Hamburg und ersticke in Kuchen und geregeltem Tagesablauf, dann befällt mich, täglich stärker, dieser Kribbel, der mich hinaustreibt. Und bin ich erst mal zwei oder vier oder sechs Monate irgendwo im heißen Busch, in glühender Wüste oder dem Kochtopf des Regenwaldes, dann zieht es mich unwiderstehlich nach Hause, in den geregelten Alltag, wo die Verkehrsampeln mir das Denken an den Straßenkreuzungen abnehmen, und die meisten Rechnungen automatisch vom Girokonto abgebucht werden. Was bleibt da noch groß an Eigendenken, als sofort eine neue Reise zu planen, etwas zu tun, für das es kein Schema gibt, wo du alle versickerten, vertrockneten, degenerierten Talente des früheren Lebewesens Mensch reaktivieren mußt?!
Ich glaube, eine gewisse Neugier ist menschlich und lebensnotwendig. Mich interessiert aber weniger, welchen Wagen mein Nachbar fährt, sondern was in der fernen, kaum erforschten Welt vor sich

geht. Die Fülle der Eindrücke, die ich dort gewinne, ist gewaltig. Das Risiko, dabei umzukommen, nehme ich bewußt in Kauf. Abenteurer-Poker. Es scheint mir verschwindend gering gegenüber dem Schönen und Spannenden, das ich mitnehme.
Die Alternative wäre hierzubleiben und die Impressionen aus dem Fernsehapparat zu beziehen, aus der Illustrierten, der Tageszeitung. Also Informationen über Dritte, Vierte, verzerrt und manchmal verfälscht. Welcher Berichterstatter, mich inbegriffen, ist schon absolut objektiv? Und selbst wenn er es wäre: Probieren geht über Studieren. Die These wird ihren Reiz nie verlieren. Wer garantiert mir schon, daß ich ohne Stillung meiner Sehnsüchte, innerlich unzufrieden aber geborgen im Schoße des zivilisierten Deutschland, länger lebe oder einen angenehmeren Tod finde? Ist die Chance etwa geringer, ein Leben hier unerwartet unter einem Auto auszuhauchen? Geringer, als es in den Tropen durch Menschen, ein Tier, eine Naturgewalt einzubüßen?
Also reise ich lieber und, vor allem, auf eigene Faust. Ohne die Tourismus-Organisationen. Darauf zu warten, daß man von anderen Expeditionen gnädig mitgenommen wird, ist aussichtslos. Zuviele träumen von dieser Art Abenteuer. Zu wenige realisieren ihre Träume, aber vielleicht ist das auch gut so, sonst würden wir Sehnsüchtigen aus aller Welt uns bald auf den Füßen stehen. Ich glaube auch, daß der Wandertrieb, durch die Neugier ausgelöst, ein gewisser Urtrieb im Menschen ist. Der eine will sehen, ob sich's woanders besser leben läßt, der andere möchte vielleicht nur mal in einem Beduinenzelt sitzen, Tee schlürfen und hemmungslos rülpsen.
Mein Wandertrieb ist mittlerweile für vierzig Jahre nachweisbar. Das soll nicht heißen, daß ich mich verjüngen will. Das soll vielmehr sagen, daß ich meine erste »Reise« im zarten Knabenalter von drei Lenzen unternommen habe. Ohne gültigen Paß von meiner Mutter trabte ich quer durch Bielefeld, um meine Großmutter zu besuchen. Sie war dafür bekannt, Schokolade und Karamellen in unergründlichen Mengen vorrätig zu haben. Jedesmal, wenn ich sie sonst besucht hatte, war sie ehrlich erfreut, ihren Sproß zu sehen und honorierte das gebührend. Doch diesmal gab's Prügel. Großvater übernahm diese unwürdige Prozedur. Später meinte er, mir damit seine Liebe kundgetan zu haben, denn fast einen Tag lang galt ich als vermißt. Als Kind ist

man nicht nachtragend. Aber noch Jahre später, wenn der Clan sich traf, weil irgend jemand Geburtstag hatte, wurde das deprimierende Ereignis aufgewärmt: »Weißt du noch?« Und eben deshalb weiß ich's noch.

Auf die Karamellen verzichtete ich in Zukunft lieber, stromerte durch den Teutoburger Wald, beobachtete Molche und Rehe und wollte Förster werden.

Meine Eltern waren jedoch der Meinung, ich solle ein noch anständigerer Mensch werden. Großvater, Tanten, Mutter, Vater, später auch die Geschwister und Neffen – alles war und wurde Banker und lebte recht und schlecht von den Zinsen treuer Sparer, so wie ich heute einer bin. Das sei solide und krisenfest, meinten Mutter und Vater. Und da sie meist recht hatten, und wir uns gut verstanden, begann ich eine Probezeit bei der Kreissparkasse.

Die Probezeit bei der Sparkasse war mir sehr lehrreich. Ich stellte fest – und mein Vater sah das ein – daß das Jonglieren mit fremder Leute Geld nicht mein Metier ist. Und er war beruhigt: Wenigstens hatte er mir die Gelegenheit geboten, Zahlenkolonnen kennenzulernen.

Ich aber wollte praktisch arbeiten. Dann bliebe nur das Handwerk, meinten Mutter und Vater. Und das Handwerk hat ja goldenen Boden. Das gelte nach wie vor. Mein Vater mußte es schließlich wissen, hatte er doch ständigen Einblick in die Konten der Handwerksmeister aller Sparten. Was lag 1951, karge Nachkriegszeit, also näher, als in die immer florierende Lebensmittelbranche einzusteigen? Banken sind schon krisensicher, aber essen müssen die Leute schließlich immer.

Ich beschloß, Bäcker zu werden.

Mit dem Beginn meiner Lehre geriet ich in Panik. In Panik, weil mir plötzlich nach den vielen Wochen Schulferien nur noch zwei lächerliche Tarifwochen Urlaub zustanden – nach 50 harten 70-Stunden-Wochen! Es wurde mir panisch bewußt, daß so mein Leben nicht ablaufen durfte: 50 Wochen Schufterei und 2 Wochen Leben.

Ich nutzte die 14 Tage Freiheit von der ersten bis zur letzten Sekunde. Mein Fahrrad stand schon Tage vorher gepackt neben der Backstube, und wenn der Urlaub begann, sattelte ich auf und brauste davon.

Nach der Lehre machte ich eine zweite Ausbildung durch. Ich erlernte die Konditorei. Archaischerweise sind das zwei »verschiedene« Berufe. Und danach begann die schönere Zeit. Ich war frei! Es war die Zeit der beruflichen Wanderschaft, die Zeit der unbezahlten Urlaube und das erste Schnuppern in die weite Welt. Per Fahrrad lernte ich Europa, Vorderasien und Nordwestafrika kennen, als Schiffskonditor Amerika, als Tramper den Orient und Nordafrika, als Flugzeugtourist Ostafrika, als Reisender in Sachen Expeditionen Äthiopien und Südamerika.

Bei allen Reisen verlor ich ein Ziel nie aus den Augen: Ich wollte selbständig werden und mein eigenes Haus haben, um so meine über alles geliebte Freiheit auszubauen und zu sichern. Ich wollte mich unabhängig machen von Arbeitgebern und Hauswirten. Finanziell regulierte ich diese konträren Interessen über zwei Konten: das Reisekonto und das Selbständigkeitskonto; ein Rat meiner Eltern.

Meine Frau stellte ich mir immer vor als eine natürliche, sportliche und liebenswerte Kameradin, die meine Reiselust teilt und sie nicht blockiert.

Alle meine Erwartungen haben sich erfüllt. Obwohl Pessimisten aller Schattierungen mich immer warnten: Wenn du erst selbständig bist, kannst du das Reisen vergessen. Wenn du erst verheiratet bist, reist du nur noch durch Hotels – nichts von alledem ist eingetroffen. Maggy, mein Weib, fand es zwar nicht berauschend, wenn ich vier Monate in der Danakil-Wüste als verschollen galt, aber sie hält mich nicht zurück. »Ich weiß, wie schön das Reisen ist«, gestand sie in einem TV-Interview. »Ich beneide Rüdiger um seine Expeditionen und kann ihn nur beglückwünschen. Wären seine Reisen nicht so riskant, ginge ich sofort mit. Aber so machen wir zwischendurch gemeinsam immer mal was Ruhiges. Wir wandern in den Alpen, fahren zum Balkan oder nach England. Außerdem haben wir eine Tochter. Sie ist jetzt, 1978, zwölf Jahre alt und soll nicht gleich Vollwaise werden.«

Aber auch die düsteren Prognosen hinsichtlich der Unabkömmlichkeit vom Geschäft haben sich nicht bewahrheitet. Ich habe ein so gutes Team, das auch ohne mich klarkommt. Und da es inzwischen auf dreißig Seelen angewachsen ist, bin ich immer entbehrlicher geworden.

1970 war es das erste Mal, daß sich eine breite Öffentlichkeit für meine Expeditionen interessierte. Ich startete zur »Blue Nile Exp '70«, die allerdings ein Mißerfolg wurde. 1972 versuchte ich es abermals.

Dazwischen lagen Vorbereitungen verschiedenster Art, wie Bootsbau, Überlebenstraining, Partnersuche. Die Berichte wurden allmählich verkäuflicher, wir versuchten uns mit ersten Dokumentationsfilmen und einem Buch – und schon ließen sich auch die Kosten, die solche Reisen mit sich bringen, auffangen. Von Anbeginn fand ich es wesentlich, daß nicht meine Konditorei, sprich: meine Mitarbeiter, die Exkursionen bezahlen sollten. Das ist einem guten Betriebsklima abträglich. Die Reisen sollten sich selbst tragen.
Heute bin ich so weit, daß ich gut und gern zweimal pro Jahr etwas unternehmen kann. Ziele und Themen gibt's genug. Wohin man auch kommt, man hört ständig von neuen.
Daß die Abenteuerlust dominiert, kann ich nicht bestreiten. Und dennoch ist es viel mehr als nur dieses.
Mein Beruf stellt mich zufrieden. Ich übe ihn gern aus, denn er ist viel abwechslungsreicher als der Laie denkt. Aber er fordert mich nicht ernstlich. Er verlangt mir keine Höchstleistung ab, weder geistig noch körperlich.
Und so baute ich denn meine Reisen auf und aus. Mit ihnen habe ich zu meinem Hauptberuf den passenden Ausgleich, die richtige Ergänzung gefunden, das Leben zwischen Torten und Torturen, zwischen Marzipan und Moskito.
Auf meinen Exkursionen werde ich gefordert mit jeder Faser meines Seins: von der Aufgabe, der Natur, den Menschen, Tieren und Partnern. Ich lerne meine Leistungsgrenze kennen.
Ich erreiche die letzten, schönsten und mehr oder weniger unberührtesten Flecken unseres strapazierten Planeten. Die zwangsläufige Folge ist, daß mein geistiger Horizont erweitert wird. Mein Wissen über fremde Regionen macht mich toleranter und ermöglicht mir Vergleiche mit der eigenen Heimat. Bei diesen Vergleichen schneidet sie sehr gut ab. Sicher, in der Fremde wird man leicht zum Patrioten, doch es ist wahr: uns in der Bundesrepublik geht es gut. Es erscheint mir jetzt oft unverständlich, wenn die Mitbürger ein immer noch bequemeres Leben führen möchten. Es vergrößert die Kluft zwischen uns und der ärmeren Welt, es schadet uns allen. Wir verlieren immer mehr den Bezug zu dem, was der Mensch wirklich ist. Ein Lebewesen auf dieser Erde, ein Teil der Natur.
Mit meinen Publikationen möchte ich Verständnis und Respekt wek-

ken für uns fremdartige Lebensweisen und damit den mir möglichen Beitrag für das leisten, was wir alle erhoffen: Verständigung unter den Völkern.

Auch eine Art Selbstbestätigung und Geltungsbedürfnis mögen Motive für meine Reiselust sein. Ich glaube aber nicht, daß sie ausgeprägter sind als bei all jenen Mitmenschen, die auf ihren Arbeitsplätzen nach Anerkennung streben. Eine gewisse Publicity birgt überdies den Vorteil, daß die Veröffentlichungen dann auch ein größeres Publikum erreichen. Der Verhaltensforscher Eibl-Eibesfeldt hat einmal gesagt, daß in jedem Menschen ein Aggressionstrieb steckt. Der eine reagiert ihn ab mit einer zünftigen Keilerei, der andere krakeelt auf dem Fußballplatz herum, und eine weitere Sorte Mensch mißt sich eben mit der Natur. Ich bin sicher, daß es so ist.

Haben Sie keine Angst? Wie lange wollen Sie das noch machen? Wie hoch schätzen Sie Ihre Lebenserwartung ein? Welche Versicherung nimmt Sie eigentlich noch auf? Wie bereiten Sie sich körperlich auf diese Touren und Torturen vor? Fragen, die mir immer wieder gestellt werden.

Da ist zunächst die Angst. Natürlich habe ich sie. Ohne Angst, die biologisch normal ist und zur Arterhaltung dringend notwendig, würde man in alle Gefahren hemmungslos hineintappen und – umkommen. Angst muß sein. Sie löst die Vorsicht aus. Und die ist ja bekanntlich keine Feigheit (und Tollkühnheit kein Mut). Wer keine Angst kennt, kann nie mutig sein.

Gefahr erkannt, Gefahr gebannt. Wenn man sich das bevorstehende Wagnis möglichst genau und umfassend vor Augen führt, kann man sich viele der zu erwartenden Gefahren ausrechnen. Dann lassen sie sich umgehen oder austricksen. Viele dieser Kniffe liegen einem instinktiv. Über noch mehr aber verfügt man, wenn man sich mit dem Survival, dem Überleben unter allen Umständen, befaßt. Das Wissen um Survival ist so faszinierend, und man fühlt sich dadurch so stark, daß man fast leichtsinnig werden könnte und den Naturgewalten, Mensch und Tier eingeschlossen, seinen jeweiligen Ausbildungsstand schnellstens beweisen möchte. Survival-Kenntnisse nehmen einem jene Angst, die abwendbar ist. Was bleibt, ist die andere, die unabänderliche, die da auf dich einstürzt, wenn Banditen dich jeden Moment zu erschießen drohen, wenn du in einer Gefängniszelle hockst und im unklaren über dein Schicksal gelassen wirst. Angst entsteht nicht, wenn dich ein Wasserstrudel auf den Flußgrund reißt, du einen Berg 'runterrutschst oder in einer Schlägerei steckst. Dann beherrscht dich nur ein Gedanke: Wie komme ich hier lebend davon?

Wie lange wollen Sie das noch machen?
Diese Frage ist eigentlich am leichtesten zu beantworten: Solange es geht. Es versteht sich von selbst, daß man die Ziele tiefer steckt, wenn eines Tages die Elastizität altersbedingt nachläßt.
Ob ich allerdings besonders alt werde, glaube ich selbst nicht. Allein auf dieser Reise habe ich vier ernsthafte Überfälle überlebt. Manche weniger durch »Pfiffigkeit« als durch reines Glück. Damit konnte ich sogar ein bescheidenes privates Jubiläum feiern: 15 bewaffneten Überfällen entkommen zu sein!
Aber Glück läßt sich nicht verpflichten. Irgendwann läßt es sich nicht mehr strapazieren und versagt einem seine Gunst. Schließlich sind da noch die »Gesetze der Wahrscheinlichkeit«, die beachtet werden wollen.
Laut Lebensversicherungstabelle, so habe ich 'mal gelesen, hat ein Konditor 68 Jahre alt zu werden. Natürlich kann ich nicht sagen, wann nun meine Zeit abgelaufen sein wird. Nur eines ist sicher: achtundsechzig Jahre schaffe ich nicht. Die Lebensversicherung muß bei mir schon vorher zahlen. Es ist übrigens auch die einzige Art Risiko-Versicherung, die ich habe. Kulanterweise hat man nie meine Normbeiträge erhöht. Begründung: »Weil Sie Ihre Versicherung schon vor vielen Jahren bei uns abgeschlossen haben und nicht im Hinblick auf diese Extremreisen.«
Wenn ich jedoch bei den Versicherern auftauche, um unsere Ausrüstung zu schützen, dann zuckt man nur noch bedauernd die Achseln und verweist mich an Lloyd's London. Aber auch da hat man inzwischen resigniert. Nur, die Engländer sind zu höflich, das direkt zu äußern. Sie haben den Beitrag einfach so hoch angesetzt, daß mir nichts bleibt, als mich bei mir selbst zu versichern: mit Vorsicht.

Eine Kleinanzeige

Das Hauptproblem des Überlebens in der Wüste ist und bleibt das Wasser. Man kann es getrost vierzehn Tage ohne Nahrung aushalten, wer Glück hat, sogar dreißig, aber ohne Wasser kann's in wenigen Stunden zu Ende sein.

Und da ich in wasserarme Landstriche wollte, widmete ich mich dieser Problematik ganz besonders. Ich wußte natürlich, an welcher Stelle im Wadi man durch Graben am ehesten auf das begehrte Naß stößt, und wie man Schmutzwasser am einfachsten trinkbar macht, doch vielleicht gab es auch noch etwas, was ich nicht wußte.

Also inserierte ich irgendwann im Hamburger Abendblatt: »Wüsten-Fans! Wer weiß um Tricks, sich in Trockenzonen Wasser zu beschaffen? Tel. 040-693 1809.«

Die Resonanz war erstaunlich. Illustrierten-Reporter: »Was haben Sie vor? Ist das was für uns?«

Ein Beduinen-Forscher: »Da gibt's drei Tips: Aufpassen, wirtschaften und dick anziehen.«

Ein Hobby-Bastler: »Tau auffangen mit großen Folien.«

Der Gründer einer neuen Religion: »Ich weiß wie! Mit Yoga. Geben Sie mir einen Monat Zeit, Sie zu trainieren. Dann gehen wir beide durch die Sahara. Von Nord nach Süd. Ohne einen Tropfen Wasser. Das ist gar kein Problem. Und wenn wir das schaffen, wird das solch ein Aufsehen erregen, daß ich meine neue Weltreligion verkünden kann!«

Ich war skeptisch. Wollte mich da einer verschaukeln?

»Sie sind wie die anderen«, tadelte er mich. »Sie suchen etwas Neues. Und wenn es Ihnen geboten wird, lehnen Sie es ab, ohne sich überzeugt zu haben.«

»Aber wie wollen Sie mich überzeugen? Soll ich mit Ihnen loslaufen und zu Dörrfleisch werden?«, entgegnete ich.

»Nein. Ich mache Ihnen ein faires Angebot. Schließen Sie mich vier Wochen in Ihrem Keller ein. Versiegeln Sie alle Zugänge. Nach vier Wochen ohne Wasser haben Sie den Beweis.«

Ehrlich gesagt, das klang so verrückt, daß ich zusagen wollte. Nach zwei Tagen Bedenkzeit sagte ich dann doch ab. Freunde hatten mich gewarnt: »Sei nicht so verrückt! Wenn der Typ 'ne Meise hat und stirbt – was willst du dann machen? Da nutzt dir auch seine schriftliche Einverständniserklärung nichts. Jeder wird dir sagen: Das hätten Sie sich denken können!«

Nach drei Tagen ging noch einmal das Telefon.

»Hier spricht Pomolski.«

»Was kann ich für Sie tun?«

»Ich will etwas für Sie tun!«

»Und was bitte?«

»Ich rufe auf Ihre Anno . . ., Anno . . ., Ihre Anzeige an, wegen des Wassers.«

»An was denken Sie denn?«

»Das kann ich Ihnen so nicht sagen.«

»Warum rufen Sie dann an?«

»Wenn Sie interessiert sind, kann ich die Kameraden fragen. Und dann stimmen wir ab.«

»Ich verstehe nicht, was Sie meinen.«

»Ich meine, wir stimmen ab, ob Sie zu unserem nächsten Treffen kommen dürfen: Zur Kameradschaft der ehemaligen Fremdenlegionäre. Das sind alles alte Wüstenfüchse. Sie kennen doch die Sache mit dem Loch und der Folie, oder?«

Natürlich kannte ich die. Allmählich steht sie in allen Büchern. »Das kenne ich.«

»Wir wissen aber mehr. Ich frage jetzt die Kameraden und rufe mal wieder an.«

Er rief nicht an. Nach einer Woche hatte ich ihn vergessen. Loch buddeln, Folie drüber – alter Hut. Außerdem sowieso nichts Tolles. »Verlierst mehr Schweiß als du Wasser gewinnst« hatte mich mal jemand belehrt. Da kam ein Brief.

Vorn ein Stempel.

Hinten drei Stempel.

Auf dem Briefbogen zwei weitere. »Camaraderie de Anciens Legionaires de Hamburg« stand da zu lesen.

Unterschrift:

Mit besten Legionärsgrüßen

Le President:

Eddi Pomolski

Man lud mich ein. Ich ging hin. Wir trafen uns in einer düsteren Kneipe in Eimsbüttel.
Eddi Pomolski, seine vier Club-Kameraden und meine Wenigkeit. Ich erfuhr, daß der Club erst vor vier Wochen gegründet worden war, man außer dem Stempel auch schon einen Wimpel für den Stammtisch besorgt hatte, und daß die Kameraden ihn, Eddi, einstimmig zum Präsidenten gewählt hatten.
Eddi leitete die Sitzung souverän: Er erteilte das Wort, und er entzog es wieder. Er ließ mich erst einmal meinen Stammbaum erzählen und schildern, wofür ich das Wasser brauchte.
Spätestens von diesem Moment an entzündete sich ein Feuer in den Augen der Jungs, und sie vertrauten mir an, daß man in den plastiküberspannten Wüstenlöchern viel mehr Wasser erzeugen könne, wenn – –. »Wenn was?«
Aber Eddi und seine Kämpfer tranken erst mal auf das Wohl des Wassers, weil es doch die Grundlage für's Bier ist.
»Wenn was, Kameraden?«, bohrte ich weiter. Mein Weg sollte doch nicht vergeblich gewesen sein!
Eddi schielte vorsichtig umher. Aber wir waren allein. Niemand konnte uns belauschen und das Geheimnis stehlen. So und ähnlich hatte mir ein alter Meister manchmal seine »Geheimrezepte« für Kuchen anvertraut. Ich nahm die Alkoholfahne in Kauf, die meinem Informator siegreich vorausflatterte.
»Du mußt trockene Äste und trockenes Gras reinwerfen. Das Zeug saugt sich nachts voll Wasser.«
»Woher nehme ich in einer Sand- oder Steinwüste trockenes Gras?« flüsterte ich zurück.
Verächtlich sahen mich die fünf Frankreichverteidiger an.
»Junge, dein Kopp is' nich' nur für's Haareschneiden da!«
Dem Tonfall und Humor nach zu urteilen mußte Eddi Spieß gewesen sein.
»Wenn du kein Gras hast, mußt du abends deine Wollklamotten auf den Boden tun. Morgens sind die voll Wasser. Und dann wirfst du sie ins Loch und dampfst das Wasser raus! Dazu kommt die Bodenfeuchtigkeit.«
So kam mir die Idee zur Wassermaschine, eine fixe Idee zunächst. Aber je länger ich grübelte, um so mehr festigte sie sich.

Idée fixe

Noch auf dem Wege nach Hause schmiedete ich die ersten Pläne. Das mit den Wollsachen war gar nicht so dumm. Dreiundzwanzig Mark hatte das Inserat gekostet. Der Einsatz hatte sich gelohnt.
Aber wie würde ich in der Steinwüste ein Loch graben können? Für die Lösung dieser Frage benötigte ich ganze sechzig Sekunden Bedenkzeit: Du wirst es nicht graben. Du nimmst dein Loch mit. Im Rucksack!
Das war das Ei des Columbus!
Von den Fußsohlen her überkam mich ein gewisses Prickeln. Ich wußte, ab jetzt wurden die Nächte kurz. Ab jetzt brauchte ich keinen Schlaf, denn ich hatte eine knifflige Aufgabe zu lösen.
Der Tisch im Schlafzimmer wurde beschlagnahmt. Maggy mußte sehen, wo sie mit ihren Sachen blieb. Im Laufe der nächsten Tage füllte er sich mit Gläsern, Glasröhrchen, einer Waage, Siebchen, einem Heizstrahler, Plastikfolien und dem obligatorischen Wollappen in Form einer Socke. Nachts hatte er sich draußen vollzusaugen, und dann kam er auf ein Sieb in ein Einweckglas – mein künstliches Wüstenloch war fertig. Die Folie wurde drübergespannt und alles bestrahlt.
Nur Minuten dauerte es, bis die ersten Wassertropfen an der kalten Unterseite der Folie kondensierten und abtropften. Allerdings – es war relativ wenig. In der Wüste, wo die Nächte nicht so feucht sind wie in Hamburg, würde das Resultat entsprechend magerer sein.
Schließlich kann man nicht ganze Kamelladungen Wollappen mitschleppen! Es mußte ein Material gefunden werden, das ungleich effektiver wäre als Wollappen.
Da ich in Chemie immer nur ein Ausreichend errungen hatte, ersparte ich mir die Mühe, in meinem Gedächtnis nachzukramen. Ich ging in eine Apotheke. Der Inhaber war mir schon häufig behilflich gewesen bei der Beschaffung der seltensten Schlangenseren. So zuckte er auch jetzt nicht mit der Wimper, als ich ihm sagte, was ich suchte.
»Es muß stark hygroskopisch sein, bei Erwärmung das Wasser freigeben und sich immer wieder beladen.«
»Wie ein Wollappen«, fügte ich noch hinzu.

Der Apotheker zählte mir gleich einiges auf: Kieselgel, Phosphorpentoxid und viele andere komplizierte Produkte.
Ich begann mit Phosphorpentoxid. Meine Frau stellte mir einen Perlonstrumpf zur Verfügung. 500 Gramm der Chemikalie rieselten hinein. Er wurde zugebunden, gewogen und 510 Gramm schwer befunden. Uhrzeit und Gewicht wurden notiert, und das ganze an die frische Luft gehängt.
Es erübrigt sich zu sagen, daß ich viel früher als gewöhnlich aufwachte. Ich kam mir vor wie ein Kind, das zur Nikolauszeit nach seinem aufgestellten Schuh oder Strumpf sieht.
Es war noch dunkel. Fünf Uhr oder so. Mit Kennergriff spürte ich sofort, daß der Strumpf klatschnaß war.
Ruckzuck lag er auf der Waage.
Soviel ich mir die Augen rieb, er hatte nicht zu-, sondern abgenommen. Ganze 290 Gramm wog er noch.
Draußen sah ich dann die Bescherung: Das Salz hatte sich aufgelöst und war auf die Erde getropft. Nun denn. Das sollte mich nicht umwerfen. Daß das Zeug hygroskopisch ist, war erwiesen.
Ich packte es in mein künstliches Wüstenloch und schmiß die Heizlampe an.
Meine Strumpffüllung brodelte, blubberte, kochte – aber Wasserdampf ließ sich nirgends blicken.
»Ist doch klar, du Pflaume«, belehrte mich ein Bekannter. In meiner Not hatte ich mich seiner Eins in Chemie erinnert. »Phosphorpentoxid, pe-zwei-O-fünf, geht mit Ha-zwei-O eine Verbindung ein. Du kriegst dann Phosphorsäure: Zwei-Ha-drei-Pe-O-vier. Nur, so einfach mit Erwärmung ist das nicht mehr zu trennen.« Ist ja alles ganz logisch. Wenn man Chemiker ist.
Besser erging es mir mit dem Kieselgel. Aber nur dreißig Stunden lang. Dann erzählte mir ein Landrover-Experte: »In der Wüste reicht die Anziehungskraft des Kieselgels nicht aus. Ich hatte das Zeug mal mit. Als Trockenmittel für meine Filme. Unbeladen ist es blau. Sobald es sich mit Wasser gesättigt hat, wird es rot. Ich habe einmal rotes Gel weggeschüttet. Einfach in den Sand. Abends, als es nur noch lauwarm war. Und was glaubst du? Morgens hatte die trockene Luft dem Kieselgel die Feuchtigkeit wieder entzogen. Es hatte seine blaue Farbe zurückgewonnen.« »Verdammt noch mal!« reagierte ich ent-

täuscht. »Es wird doch heutzutage wohl etwas Wirkungsvolleres geben, wenn Kieselgel zu schwach ist. Es wäre doch gelacht, wenn die Chemiekonzerne der Welt nichts Besseres anzubieten hätten.«

Über meinen Versuchstisch deckte ich ein Tuch und bat Maggy um Geduld.

Dann raste ich erneut zur Apotheke und ließ mir die Anschriften der fünf oder sechs namhaftesten Pharmazie-Giganten der Welt geben. Im Amerika, Japan, Deutschland.

Sie alle erhielten dann ein Briefchen von mir mit dem schon bekannten Steckbrief: stark hygroskopisch, bei Wärme rückgewinnbar, immer wieder zu beladen – kurz und gut: wie ein Wollappen, nur viel besser.

Überraschend schnell antworteten alle. Und alle schrieben dasselbe. Manche fast wörtlich.

Sie fanden meine Idee gut, bedauerten aber, nichts dergleichen anbieten zu können.

»Rüdiger, Telefon!«

Am anderen Ende ein Herr. »Gutwold. Ich bin der Generalvertreter von Bayer für Hamburg. Meine Geschäftsleitung hat mir Ihr Schreiben zugleitet. Sie suchen also einen stark hygroskopischen Stoff?«

»Ja. Einen, der besser ist als Kieselgel.«

»Den haben wir. Kennen Sie Zeolith?«

»Nein. Ich bin kein Chemiker. Ich betreibe eine Konditorei.«

»Ja, dann ist es das beste, ich schicke Ihnen mal eine Probe. Gratis natürlich. Reicht ein Kilo?«

Ich jubilierte. Hoffentlich taugte das Zeug wirklich etwas!

»Hätten Sie's gern als Pulver oder in Perlform? Je feiner, desto schneller die Beladung.«

Wir einigten uns auf Perlform, 1–2 mm Durchmesser.

Anderntags war ich Besitzer eines Kilos Zeolith und eines freundlichen Briefes: »– Wenn Sie mehr brauchen, rufen Sie bitte an –«.

Dem beigefügten »Steckbrief« entnahm ich, daß Zeolith erst seit wenigen Jahren auf dem Markt sei, pro Kilo 9 Mark koste und für mein Vorhaben – er habe meine Anforderungen genau gelesen – das Optimale sei.

Zurück ins Schlafzimmer, Abdecktuch 'runter vom Experimentiertisch und weitergemacht.

Sechs Stunden, nachdem ich die 1000 Gramm Zeolith hauchdünn ausgebreitet und der Luft ausgesetzt hatte, wogen sie 1220 Gramm. Das war ein Zugewinn von 22 % Wasser!
Der Vertreter hatte recht. Die Perlchen waren traumhaft! Ich warf sie sofort in mein Mini-Wüstenloch. Plastiktuch drüber, Erhitzung. Abwarten.
Aber es rührte sich nichts. Nicht ein Tropfen Wasser ließ sich sehen. Um so mehr perlten sie von meiner Stirn. Denn erstens wurde es warm im Experimentierbereich und zweitens war ich aufgeregt. Ich nutzte die Wartezeit und las die Begleitbroschüre zum Zeolith noch einmal. Und plötzlich hatte ich den Grund: »Verdampfungstemperatur 250 Grad Celsius.«
Das würde ich mit meinen Lämpchen nie erreichen! Ich müßte das Verdampfungsgefäß isolieren und stärker beheizen.
In der Wüste, das war mir jetzt klar, genügte nun nicht mehr ein einfacher geschwärzter Topf, der Hitze absorbiert. Es mußte ein riesiger Hohlspiegel her. Für zusätzliche Beheizung. Ich dachte an 1–2 Meter Durchmesser. In seinem Brennpunkt würde dann die nötige Temperatur entstehen.
In diesem Stadium der Erkenntnisse begann ich erstmals daran zu denken, die Apparaturen in einer Wüste zu erproben. Denn die Sache in der Praxis erproben, das war für mich gleichbedeutend mit »eine Reise« machen. Sie so einfach im Schutze der Behörden an einer Wüstenpiste zu erproben, war mir zu fade. Wenn schon Wüste, wenn schon Experimente, dann mußte auch eine Reise dabei rausspringen. Und wie könnte man eine schwierige, vielleicht riskante Tour besser rechtfertigen, als mit wissenschaftlichen Begründungen?! Meinem Instrumentarium fiel die wichtige Nebenaufgabe der Alibi-Funktion zu. Ich mußte nun ein Ziel und ich mußte Partner suchen.

Die Crew

Der erste, an den ich dachte, war Klaus Denart.
Klaus ist Journalist und Kameramann. Aus der Nähe von Flensburg. Freiberuflich hatte er lange für den NDR gearbeitet. Ich kannte ihn seit meinen ersten Vorbereitungen für den Blauen Nil, seit 1968. Er

gehörte zu denen, die vor mir versucht hatten, den Fluß zu befahren. Zu jener Zeit lebte er in Addis Abeba. Nicht mit einem Faltboot wollte er es versuchen. Nicht mit einem Kajak. Auch nicht mit einem Floß. Das alles hatten ihm ja andere bereits erfolglos vorexerziert.

Klaus versuchte es mit einem Sarg! Natürlich nicht einem gewöhnlichen, sondern mit einer Sonderanfertigung aus 5 cm dicken Brettern. Alle 8 cm sorgten Schrauben für den Zusammenhalt des Gefährts. Um die bemerkenswerte Kenterfreudigkeit zu drosseln, holten Denart und sein Freund Günther Krieghk zwei große Bündel Papyrusstauden vom Tana-See und zurrten sie steuer- und backbords an die Sargwände. So lag der Kahn recht solide und vertrauenerweckend im Wasser. Die Reise begann.

Das erste Mal kenterten Denart und Krieghk nach 500 Metern. Der Rucksack, der Proviant, die Kamera – alles war futsch.

Andere hätten sicherlich gleich aufgegeben. Klaus und Günther fuhren weiter. Ohne Nahrung, Kompaß, Karte, Angelhaken. Sie schoben Hunger, wurden überfallen und von Krokodilen attackiert.

Täglich wurde das Boot schwerer. Papyrus und Holz saugten sich voll Wasser. Mußte es um schwierige Flußpassagen herumgetragen werden, waren sie hinterher so entkräftet, daß sie mehr als einmal daran dachten, aufzugeben.

In einem Katarakt zerbarst es dann. Von einer Sekunde zur anderen.

Und das nur 200 km vor ihrem Ziel! Denart und Krieghk gaben immer noch nicht auf. Sie schraubten die Bretter mit ihren Messern auseinander und bauten sie zu einem Floß zusammen.

Dann ging die Reise weiter. Doch schon nach wenigen Metern merkten sie, daß es zwecklos war. Das neue Fahrzeug schwamm nicht richtig. Bei kleinsten Wasserunebenheiten tauchte es tief und behäbig in die Fluten, bevor es wieder hochkam.

Die Krokodile erkannten sofort ihre Chance und griffen an. Da gaben Denart und Krieghk auf.

Auf gut Glück marschierten sie durch die Berge. Immer am Nebenfluß entlang. Aber ohne Nahrung. »Wir schafften zuletzt höchstens noch fünf Kilometer am Tag. So fertig waren wir«, erinnerte sich Klaus später, als ich jede Einzelheit aus ihm rausquetschen wollte.

»Nach sechs Tagen fanden uns die Bewohner einer Siedlung. Sie nahmen uns gastlich auf und begleiteten uns bis zum ersten Dorf, in dem es ein Auto gab.«

Denart kehrte damals gleich nach Deutschland zurück. In Kiel begann er bei einer Tageszeitung als Reporter. Seinen Kollegen fiel er dadurch auf, daß er einen unbändigen Appetit hatte. Reiner Nachholbedarf.

So wurde auch Rosemarie auf ihn aufmerksam. War es nun Mitgefühl mit einem Halbverhungerten, oder sein braungebranntes, immer strahlendes Gesicht mit dem dazugehörigen Blondschopf – sie tat jedenfalls das ihre, um seinen grenzenlosen Hunger zu stillen. So lernten sie sich kennen.

1966 heirateten sie. Sie vermehrten sich um zwei weibliche Blondgeschöpfe, Claudia und Sonja.

Als diese dem Säuglingsalter entwachsen waren, begaben sich die Denarts 1972 mit einem umgebauten Unimog auf eine Drei-Jahres-Tour durch ganz Afrika.

Diese Reise führte sie auf dem Rückweg auch an den Rand der Danakil-Wüste in Äthiopien. Klaus kannte die Dankalia, so ihr lateinischer Name, bereits. Mit einem Kamel, einem Gewehr und einem Führer hatte er schon 1961 versucht, sie zu durchqueren. Aber sein Geld wurde knapp. Er kehrte um. Aber nie gab er den Plan auf, den Versuch zu wiederholen.

So kam ich auf Klaus Denart als möglichen Partner für meine neue Reise. Und – Moment mal! – da hatte ich ja auch gleich ein Ziel! Die Danakil-Wüste!!

Ich traf Klaus beim Geschirrspülen.

»Nimm schon Platz, ich muß mal schnell in den Keller, die Wäsche aufhängen.«

Nach seiner Rückkehr vom Afrikatrip hatte er noch keine Stellung gefunden, die ihn zufriedengestellt hätte. So arbeitete Rosie, während er den Haushalt führte.

Obwohl ich wußte, daß Hausfrauen oft unterprivilegiert sind, wagte ich meine Frage.

»Ich will wieder los! Die Versuche mit meinem Wasser laufen ganz gut. Jetzt müßte man mal einen Schritt weiterkommen. Ich dachte an einen . . .«

»Quatsch nicht lange! Ich komme mit. Ich werde sowieso bald wahnsinnig hier am Kochtopf. Schon ein bestimmtes Ziel?«

»Wenn du mich nicht immer unbrechen würdest, wüßtest du es schon: die Danakil-Wüste!«

Klaus' Küchendecke ist zwei Meter dreiundfünfzig hoch. Ich habe es später nachgemessen. Aus dem Stand sprang er mit einem Jubelschrei so hoch, daß er mit einer Beule auf den Fußboden zurückfiel.

»Wann geht's los?«

»Sobald wir den dritten Mann haben!«

»Das sollte ein Chemiker sein. Oder ein Physiker. Oder eine Kreuzung zwischen alledem!«

Rosie gab ihr Einverständnis. Sie kannte seine Passion für Äthiopien und die Dankalia und wußte wohl auch, daß es zwecklos war, ihn zu halten.

Jeder posaunte nun in seinem Bekanntenkreis aus, daß wir einen Partner suchten: Wüsten-Fan, kameradschaftlich, Chemiker oder Physiker, ungebunden, fünftausend Mark – das waren so einige unserer Bedingungen.

Bereits nach vierzehn Tagen hörten wir von Horst Walther. Er sei sechsundzwanzig Jahre jung, gebürtiger Berliner, Chemiker im Chemischen Institut der Universtät Hamburg, lege alle Examen mit »Sehr gut« ab, habe einen Iran-Tick, kenne auch das restliche Asien, sei amtlich eingetragener Globetrotter, und – Fragen kostet ja nichts.

Und Horst biß an.

»Das mit dem Wasser hört sich ja gut an. Das beste ist, wir exerzieren das Ganze noch einmal im Labor bei mir durch. Ich habe alles zur Verfügung, was wir brauchen.«

Horst hatte nur noch seine blonde Freundin Regina zu fragen. Regina hatte für alles uneingeschränktes Verständnis. Sie war selbst fernwehkrank und kannte die halbe Welt. Nicht vom Hotel und Sightseeing-Bus aus, sondern ebenfalls von der Basis her, von der verlausten Flohpritsche sozusagen. Das macht einen kleinen Unterschied.

Sogar der Professor von Horst machte keinen Gebrauch von seinem Vetorecht. Im Gegenteil: Er wünschte ihm alles Gute. Wie so häufig, hatte man auch hier das Gefühl, der Professor wäre am liebsten mitgekommen.

Darüber hinaus konnte Horst sich vom Institut wichtige Instrumente

ausborgen, die unsere Arbeit erleichtern und unseren Geldbeutel schonen würden.
Schließlich waren wir startklar. Am 1. Januar 1977 sollte es losgehen. Jetzt hatten wir schon Weihnachten. Weihnachten 1976.
Jeder von uns dreien feierte es auf seine Weise. Bei mir war es mehr ein Abschied von der Familie als ein übliches Weihnachtsfest.

Dankalia

Der weitaus größte Teil unter den Lesern wird den Namen noch niemals zuvor gehört haben: Danakil-Wüste. Lateinisch: Dankalia. Dabei handelt es sich immerhin um ein Gebiet von rund 70000 Quadratkilometern, so groß wie Bayern also. Als Landschaft hat es nicht einmal in den meisten Lexika Aufnahme gefunden, höchstens, daß es erwähnt wird, wenn in wenigen Zeilen von den Menschen die Rede ist, die in der Danakil-Wüste im Osten Äthiopiens leben, und die nach ihr benannt sind: Danakils.
Sie selbst allerdings nennen sich Afars. In unsere Sprache übersetzt heißt das »die Freien«, und daß sie sich einen solchen Namen geben, sagt eigentlich schon alles über ihre Lebensauffassung aus: Frei wollen sie sein, die Afars oder Danakils, frei um jeden Preis.
Nun ist das Streben nach Freiheit in unserer Welt ein Wunsch, dessen Erfüllung oft ungeahnte Schwierigkeiten mit sich bringt. Gewiß, in Sonntagsreden jeder Art läßt sich gut über die Freiheit dozieren, des Beifalls ist man sich da eigentlich immer sicher – doch wenn es darum geht, den Wunsch nach Freiheit auch in die Wirklichkeit umzusetzen, dann stößt man selbst da auf Probleme, wo man sie überhaupt nicht vermutet. Das ist in einem afrikanischen Land wie Äthiopien nicht anders als bei uns, wahrscheinlich sogar noch viel drastischer.
Die Afars – so sollen sie in diesem Buch nur genannt werden – kennen diese Schwierigkeiten seit vielen Generationen, sie sind sozusagen der Inhalt ihres Lebens geworden – des armseligen, kargen Lebens afrikanischer Hirtennomaden. Denn, wer frei sein will, der macht sich auch im schwarzen Erdteil schnell Gegner. Und so sind die Afars von Todfeinden umgeben: im Westen die Gallas und das eigentliche Herrenvolk Äthiopiens, die Amharen, die neben sich keine anderen wirklich

Freien dulden wollen, im südlichen Grenzgebiet zu Somalia die Issas. Das Rote Meer bildet die östliche Grenze der Danakil-Wüste, im Norden geht das Gebiet in die Provinz Eritrea über, in der von den Eritreern seit Jahren offener Krieg gegen die äthiopischen Landesherren geführt wird.

Die Danakil-Wüste wird auch das »Höllenloch der Schöpfung« genannt, und daran ist sogar etwas Wahres. Denn abgesehen einmal davon, daß das Thermometer hier tagsüber oft die 50-Grad-Grenze erreicht und diese Wüste damit zu den heißesten Gegenden überhaupt zählt, zeigt sie sich auch in ihrer topographischen Gestalt so, wie eine rege Phantasie sich schon mal die Hölle vorstellen mag. Da wabern gewaltige Schwefelquellen, schießen kochendheiße Geysire aus dem Boden, überwalzen ständig tätige Vulkane die Erde mit Lava, es gibt Salzstöcke von unermeßlichem Reichtum, und dies alles in einem Gebiet, das teilweise bis zu 120 Meter unter dem Meeresspiegel liegt.

Möglich also, daß die Danakil-Wüste noch viele Bodenschätze birgt, die Reichtum versprechen könnten – ihren Bewohnern hat sie bisher allerdings nur ein sehr karges Leben ermöglicht. Am Rande der Wüste findet man noch ein wenig Rinderzucht, im Inneren nur noch Kamele, Ziegen und Schafe. Sie bilden den so gut wie einzigen Besitzstand der Afars.

Die Afars sind große, schlankgewachsene Menschen mit meist europiden Gesichtszügen, die Haut kaffeebraun. Allen Fremden gegenüber sind sie äußerst zurückhaltend – ja feindselig. Mag sein, daß diese Feindseligkeit das Produkt jahrhundertelangen Existenzkampfes ist, mag auch sein, daß die jetzt noch in der Danakil-Wüste lebenden rund 110000 Afars von Natur aus kriegerisch sind – auf jeden Fall ist es auch heute noch für jeden Fremden lebensgefährlich, ihr Land zu betreten. Drei Expeditionen hatte es gegeben, die versuchten, die Danakil-Wüste von Ost nach West oder umgekehrt zu durchqueren.

Dies waren

1875 Munzinger,
1881 Giulietti und
1884 Bianchi mit 100 Begleitern.

Nie ist auch nur eine dieser Personen wieder lebend aufgetaucht.

Erst im Jahre 1928 ist es dem Engländer Louis M. Nesbitt als erstem Weißen gelungen, mit zwei Italienern und fünfzehn Äthiopiern die

Danakil-Wüste zu durchqueren. Es wurde eine Expedition auf Leben und Tod. Drei der amharischen Begleiter des Engländers wurden getötet. Er verlor zehn seiner fünfundzwanzig Kamele und drei Mulis durch Verdursten, Verhungern oder Erschöpfung. Nesbitt selbst schrieb später über seine Expedition ein Buch mit dem Titel »Zum Höllenloch der Schöpfung«, das allerdings nur in England und in den USA erschienen ist. Aus diesem Buch erfuhr dann eine erstaunte Welt unter anderem auch zum ersten Mal von dem Brauch der Afars, dem getöteten Feind den Penis abzuschneiden und ihn als Trophäe mitzuführen.

Obwohl die Regierung in Addis Abeba schon seit langem jeden mit der Todesstrafe bedroht, der diesem Brauch noch huldigt, haben die südlichen Afarstämme bis heute nicht von ihm abgelassen. Die Genitalien des getöteten Feindes zeichnen noch immer den Krieger aus, und ein junger Mann, der ein Mädchen heiraten will, muß dessen Vater mindestens einen dieser Siegesbeweise vorzeigen können.

Warum das so ist? Die Völkerkundler wissen noch keine endgültige Antwort. Manche vermuten, die Afars würden glauben, mit der Trophäe die Kraft des geschlagenen Feindes übertragen zu bekommen; wahrscheinlicher aber ist diese Deutung: Die Wüste mit ihren kargen Lebensbedingungen gestattet nur einer kleinen Zahl von Menschen, in ihr zu existieren. Wenn eine neue Ehe geschlossen wird, und damit auch die Wahrscheinlichkeit einer Nachkommenschaft gegeben ist, dann muß vorher ein Mensch sterben, um Platz für einen neuen zu schaffen. Die Wüste erlaubt es nicht, sich unbeschränkt zu vermehren.

Eine grausame Logik.

Die Afars sind strenggläubige Muslims. Bis vor kurzer Zeit wurden sie in einer Art Selbstverwaltung von drei Sultanen regiert, die dann aber von der äthiopischen Regierung ihrer Positionen enthoben wurden. An der Wirklichkeit änderte das allerdings nicht viel. Die drei gingen in den Untergrund und organisierten einen Befreiungskampf, der in erster Linie von Sultan Ali Mira geführt wird. Von ihm heißt es, er habe die volle Unterstützung Saudi-Arabiens. Die Rebellen nennen sich A.L.F., Afar Liberation Front.

Seit 1976 ist die Danakil-Wüste militärisches Sperrgebiet. Äthiopische Truppen riegeln sie weitmaschig ab und dies nicht nur, weil die

Afars den Aufstand proben. Viel entscheidender für diese militärischen Maßnahmen sind die Befreiungskämpfe in Eritrea, für das die Danakil-Wüste gewissermaßen das Hinterland bildet. Der Waffennachschub für die Truppen der Eritreischen Befreiungsfront (E.L.F.) geht zu einem Teil durch die Danakil-Wüste. Ferner ist sie Fluchtgebiet politisch Verfolgter, die nach Djibouti oder in den Jemen hinausgeschleust werden. Gegen hohe Bezahlung. Bei hohem Risiko.

Und so ergab es sich, daß einer der armseligsten und rückständigsten Flecken der Erde an den unmittelbaren Rand eines politischen und militärischen Pokerspiels der Weltmächte rückte. Denn die Sehnsucht der Eritreer, die mal von den Ägyptern beherrscht wurden, dann von den Türken, den Italienern und nun von den Äthiopiern, deren Wunsch also, endlich frei und selbständig zu sein, ist nur die eine Seite dieses kriegerischen Schauspiels. Entscheidender wohl dürfte sein, daß die Großmächte selbst ihre Interessen auch hier haben.

Es geht um einen freien Zugang Äthiopiens zum Roten Meer, es geht um Militärbasen und um Radarstationen, mit denen man das Rote Meer unter Kontrolle haben will – es geht um die Macht auch in diesem Winkel der Welt.

Für das Hirtenvölkchen der Afars in der Danakil-Wüste, die Kämpfer der »Eritrean Liberation Front« und die »Eritrean People's Liberation Forces«, zweier manchmal rivalisierender Befreiungsbewegungen, geht es nicht primär um Radaranlagen. Für sie geht es um den Traum, den alle Menschen seit Jahrhunderten träumen: frei zu sein.

Verändertes, unsicheres Addis Abeba

Astirs Warnung

Eine Straße, eine ganz gewöhnliche Straße – voller Schmutz und Unrat, holprig, mit tief ausgespülten Löchern im Asphalt der Fahrbahn und besonders hoch eingefaßten Fußwegen. Am Tage priesen hier zahllose Händler ihre armseligen Waren an, huschten grazile Frauen in weißen Baumwolltüchern über die Straße, leuchtete eine grelle Sonne jeden Winkel fleckenlos aus. Am Tage pulsierte das Leben hektisch in dieser Straße; keine Frage, daß jedermann hier seines Weges gehen konnte, ohne daß er auch nur einen Gedanken an Angst oder Unsicherheit verschwenden mußte.

Doch jetzt war dieselbe Straße ein Alptraum. Keine Menschenseele belebte die Dunkelheit, nur ein paar struppige, ausgehungerte Köter verschwanden spurlos in irgendwelchen Ecken, sobald sie unsere Schritte hörten. Einige wenige Laternen warfen trübes Licht, das längst nicht ausreichte, um gegen die überall wuchernden Schatten anzukommen.

Und dann diese Mauern! Manchmal zwei, ja teilweise bis zu drei Meter hoch rahmten sie die Straße zu beiden Seiten wie einen Gefängnishof ein. Hin und wieder unterbrach ein Tor den schmutziggrauen Kalkputz. Sonst nichts – kein Fenster, kein Licht, kein Laut.

»Allein möchte ich hier um keinen Preis gehen«, sagte Klaus und zog die Schultern zusammen, als fröstelte es ihn. »Hast du nicht auch das Gefühl, daß wir von allen Seiten beobachtet werden?« Ich nickte nur kurz und blickte mich zum Wer-weiß-wievielten-Male um. Hatte ich da nicht eben noch leichte Schritte hinter uns gehört? Klang da nicht aus einer Ecke ein Wispern? Bewegte sich dieser Schatten dahinten nicht?

Nichts.

Aus weiter Ferne drangen plötzlich verschwommene Musikfetzen an unser Ohr. »Das muß aus Richtung ›Enrico‹ kommen«, brummte Klaus. »Wäre froh, wenn wir schon dort wären.«

›Enrico‹ – das stadtbekannte italienische Café, unweit der Churchill-Road, der Prachtstraße von Addis Abeba, neben der Addis Abeba Bank. Dort waren eventuell noch Menschen.

Doch bis zum ›Enrico‹ waren es sicher noch gut 500 Meter – eine Ewigkeit, wie es uns schien. Uns – das waren Klaus und ich. Horst

war im Hotel geblieben und tippte Tagebuchnotizen in seine Schreibmaschine.
Wir waren bei Astir gewesen. Astir wohnte in den Slums von Addis, in einer dieser simplen Lehm- oder Wellblechhütten, die das ganze Stadtbild beherrschen. Was sind dagegen schon die wenigen Prachtbauten, wie das Postamt, die Commercial-Bank, das Hilton und andere, mit denen man nach außen hin sein Niveau heben und der Welt Wohlstand vorgaukeln möchte? Und diese Welt läßt sich nur allzu gern täuschen, vermutlich, um das permanent schlechte Gewissen nicht zu wecken. Wer von den Touristen macht sich schon die Mühe, ein paar Schritte abseits der Geschäftsstraßen zu gehen, sich das zum Himmel schreiende Elend am Rande dieser glänzenden Scheinwelt anzusehen? Wer geht schon gern dorthin, wo die Menschen ihre Notdurft auf der Straße verrichten müssen, wo Hunger und Krankheiten die Gesichter prägen, trotz »Brot für die Welt«, und wie die humanitären Aktionen bei uns alle heißen mögen?
In diesem Jammertal wohnte Astir. Wohnen – welch ein Wort für dieses Vegetieren! Astir war achtzehn Jahre alt.
Sie war eine Schönheit, eine bunte Blume inmitten des Sumpfes. Als wir vor einem Jahr unsere Expedition zum Omo starteten, hatten wir sie auf dem Mercato, dem Markt von Addis Abeba, kennengelernt. Wolfgang Brög, damals unser Kameramann, hatte sich in den wenigen Tagen, die uns zur Verfügung standen, mit Astir besonders angefreundet; er hatte sie wieder und immer wieder fotografiert und ihr versprochen, ein besonders schönes Bild zu schicken.
Astir hatte genickt und gelacht, und wahrscheinlich hatte sie gedacht: Ach, ihr Ferendschis, ihr Fremden, was ihr uns alles so versprecht!
Vermutlich hatten wir an diesem Tag die Meinung einer kleinen Afrikanerin über die Ferendschis ein wenig ins Wanken gebracht. Wir waren nämlich zu ihr gegangen, um ihr die Fotografie zu bringen, dazu viele, viele Grüße von Wolfgang. Ein großes, buntes Bild in einem hübschen hölzernen Rahmen – merkwürdig nahm es sich aus über dem einfachen Nachtlager des Mädchens, auf dem Brettchen, das ihre paar Habseligkeiten trug. Aber es gab noch weit Ärmere. Wenn sie das Zimmer verließ, mußte sie es gut abschließen, damit ihr das wenige erhalten blieb. Nun ja, Astir kannte sich aus in den Gesetzen, die in den Slums gelten.

Das Mädchen hatte uns mit frischgeröstetem Kaffee bewirtet. Als wir ihn bezahlen wollten, lehnte sie entrüstet ab. Wir seien doch Freunde, gab sie uns zu verstehen, von Freunden aber nimmt man kein Geld. Sie wollte alles über Wolfgang wissen. Und als wir ihr erzählten, daß er für einen seiner Filme einen Ehrenpreis bekommen habe, da strahlten ihre Augen vor Stolz, als sei sie selbst ausgezeichnet worden. Astirs Eltern wohnten auf dem Lande. Sie hatte nie eine Schule zu sehen bekommen. Nie hätte sie auf dem Lande ausreichend Geld verdienen können. Aber es kam die Zeit, da war sie auf sich allein gestellt. So kam sie nach Addis Abeba. Aber auch hier gab es für sie keine Arbeit. Wie hunderttausend andere Mädchen hoffte sie deshalb allabendlich auf einen Gast, der ein paar Stunden bei ihr blieb und ihr dafür vielleicht fünf Mark unter die Tischdecke aus Zeitungsbogen schob. Von diesen armseligen Almosen ernährte sie nicht nur sich und ihre dreijährige Tochter, sondern sie besuchte auch dreimal pro Woche einen Englisch-Kursus in der John F. Kennedy-Evening-High-School.

Als wir aufbrachen, hatte sich die Dunkelheit über Addis Abeba gelegt. Es war 23 Uhr. Um 24 Uhr begann die Sperrstunde. Höchste Zeit, nach Hause zu gehen, denn ein Taxi war jetzt nicht mehr zu bekommen. Während der Sperrstunde durfte sich niemand ohne Sondergenehmigung auf der Straße sehen lassen. Er wurde verhaftet oder beschossen.

»Ihr müßt vorsichtig sein«, gab uns das Mädchen mit auf den Weg. »Nachts ist es in dieser Gegend nicht sehr sicher. Wollt ihr nicht lieber hier bleiben?«

»Keine Sorge«, winkte ich ab. »Wir sind ja zwei.« Wir verabschiedeten uns. Zu ›Enrico‹ hin stieg die Straße leicht an. Die hohen Mauern beiderseits der Straße warfen das Geräusch unserer Schritte zurück.

»So ein Mädchen«, riß mich Klaus aus meinem Grübeln. Er hatte also ebenso wie ich an Astir denken müssen. »Stell dir doch mal vor, welch ein Leben sie hier führt. Jeder Tag ist wirklich Kampf. Kampf ums Überleben. Sie kann froh sein, wenn sie immer was zu beißen hat. Es ist zum Heulen. Wirklich zum Heulen!«

In diesem Augenblick hörten wir, wie hinter uns ein Motor angelassen wurde. Er sprang nicht sofort an, der Fahrer mußte den Starter drei-, viermal betätigen, ehe der Funke zündete. Ich drehte mich um.

Zwei Lichter krochen auf uns zu. Der linke der beiden Scheinwerfer leuchtete nur matt. Wahrscheinlich funktionierte bei ihm nur das Standlicht.
Wir setzten unseren Weg fort. Ein Auto – nun ja, das war wirklich nichts zum Fürchten. Im Gegenteil, plötzlich erschien mir die vorher so tot daliegende Straße voller Leben. Das Fahrzeug kam näher. Im Schein einer Laterne erkannten wir einen Landrover. Er war grau gespritzt, so wie die Wagen der äthiopischen Armee oder Polizei. Und er trug auch eine schwarze Nummer auf weißem Feld. Alle Regierungsfahrzeuge waren so gekennzeichnet.
Um dem Auto auszuweichen, gingen wir von der Mitte der Fahrbahn auf die linke Seite. Die Scheinwerfer schwenkten fast im selben Moment ebenfalls nach links.
»Was ist denn das für ein Typ?«, knurrte Klaus wütend. »Will der uns etwa auf die Hörner nehmen?«
Der Wagen war herangekommen. Mit schleifender Kupplung fuhr er neben uns her. Der Fahrer hatte die Scheibe heruntergedreht und musterte uns ungeniert. Ein großer, bulliger Kerl, in dem breiten Gesicht weit auseinanderstehende Augen und eine eingedrückte Nase, so wie man sie bei Boxern oft sieht. Er trug einen schmalen Schnurrbart und kurzen Bürstenhaarschnitt, war mit einem uniformähnlichen Hemd bekleidet, und ich schätzte ihn auf etwa vierzig Jahre. Lässig lenkte er mit zwei Fingern der linken Hand, die Rechte im Wageninneren war nicht zu sehen. Er war allein. »Hallo!« Seine Stimme fuhr uns an wie verrostetes Blech. »Where are you coming from? What are you doing in Addis?«
Das Englisch klang etwas gequetscht, war aber korrekt. Offenbar war er nur auf ein Gespräch aus.
»Wir sind Touristen«, entgegnete Klaus. »Wir kommen aus Deutschland. Und wer sind Sie?«
Er ging auf die Frage gar nicht ein. »Ihr seid Touristen?« fragte er erneut, und mir schien es, als klinge so etwas wie Spott oder Hohn durch seine Stimme. »Ihr habt gar keinen anderen Grund, in Addis zu sein?«
»Nein«, antwortete ich ihm. »Welchen anderen Grund sollten wir schon haben? Und wenn schon, dann ginge dies auch niemanden etwas an.«

Er kümmerte sich überhaupt nicht um meine barsche Antwort. Zweifelte erneut: »Ihr habt wirklich keinen anderen Grund?«
»Nein, keinen.«
»Wirklich nicht?«
»Nein, zum Kuckuck.«
»Wirklich??«
»Das ist mir zu blöde«, zischte ich wütend. »Komm, laß ihn weiterfahren, wenn er uns nicht glauben will.«
Ich blieb absichtlich ein paar Schritte zurück und wollte auf die andere Straßenseite gehen.
In diesem Augenblick hörte ich, wie der Äthiopier Klaus auf Deutsch ansprach.
»Bleiben Sie noch einen Moment. Ich habe noch eine Frage an Sie.«
Überrascht wandte sich Klaus ihm wieder zu.
»Sie sprechen Deutsch?«
Er antwortete nicht direkt. Statt dessen: »Ich habe ein Problem.« Und nach einer kurzen Pause wieder: »Ich habe ein Problem.«
»Na, was denn?«, wollte Klaus wissen. »Sagen Sie es doch schon.«
Der Äthiopier wiederholte wie ein Automat: »Ich habe ein Problem.«
Vermutlich waren seine Deutsch-Kenntnisse damit bereits erschöpft.
Ich wunderte mich über Klaus' Geduld. Gerade wollte ich ihn auffordern, den offensichtlich Angetrunkenen doch einfach fahren zu lassen, da schrie er: »Rüdiger, paß auf, er schießt!!«
Klaus' Schrei, sein Hechtsprung hinter den Wagen, der aufheulende Motor und der davonbrausende Landrover waren eins.
Klaus war sofort wieder auf den Beinen.
Unsere Schritte hämmerten laut die Straße zurück. Die Angst preßte mir den Brustkorb zusammen. Nur jetzt nicht hinstürzen, dachte ich, nur nicht hinstürzen. Ehe der Äthiopier wenden kann, müssen wir bei Astir in die Seitengassen eintauchen. Bis dahin aber verwehrten uns die Mauern die Flucht zur Seite.
Ich wagte es, mich kurz umzudrehen. Der Landrover war weiter vorwärtsgeschossen. Er entfernte sich schnell und hatte nicht gewendet. Im nächsten Augenblick war er aus unserem Blickfeld verschwunden.

»Was war denn los?« Wie merkwürdig zitternd meine Stimme in der Stille klang.
Klaus stand der Schreck noch im Gesicht geschrieben. »Der Kerl sprach mich doch auf einmal auf deutsch an«, berichtete er stockend. »Angeblich hatte er ein Problem. Aber was für ein Problem, damit wollte er nicht rausrücken. Ich weiß auch nicht, ob er nicht weiter konnte oder nicht weiter wollte. Jedenfalls winkte er mich an den Wagen, und ich Dussel ging auch ran. Irgendwas an seiner Art kam mir merkwürdig vor. Ich dachte aber noch, er hätte zu tief ins Glas gesehen. Plötzlich packte er mit seiner linken Hand, die immer aus dem Fenster gebaumelt hatte, meinen Arm. Im gleichen Moment ließ er mit der rechten das Steuer los und langte neben sich auf den Sitz. Im Schein der Straßenlampe kriegte ich gerade noch mit, wie er zu einer schweren Pistole griff. Ich habe sogar noch gesehen, daß sie olivgrün war.« Er atmete tief durch.
Ich überlegte. Zurück zu Astir? Jetzt, wo alles vorbei war, erübrigte sich das eigentlich. So drehten wir um in die alte Richtung, wieder bergauf zu Enrico. Still und verlassen lag die Straße vor uns, so, als sei nicht das Geringste geschehen.
»Mensch, daß man aus einem Torweg heraus überfallen werden könnte, damit habe ich ja insgeheim gerechnet«, murmelte Klaus noch immer recht verstört. »Aber aus einem Auto –.«
»Jedenfalls hat uns Astir nicht umsonst gewarnt«, entgegnete ich.
Wir waren noch etwa zweihundert Meter vom Café ›Enrico‹ entfernt, auf der Höhe des Restaurants ›Oros Copo‹. Es war geschlossen. Zweihundert Meter bis zur Sicherheit. Da stieß mich Klaus an:
»Guck doch mal, ist das nicht ein Auto in der Nebenstraße da vorn?«
Er hatte recht. Mit leise laufendem Motor stand ein Wagen an der Ekke. Ohne Licht.
Ich zweifelte keine Sekunde. »Das ist der wieder. Der lauert dort auf uns. Los, zurück.«
In diesem Augenblick fuhr der Wagen an. Die Lichter flammten auf, links der nur matt leuchtende Scheinwerfer. Unverkennbar.
Wie auf Kommando rasten wir los. Klaus mit seinen langen Beinen war im Nu ein Stück vor mir. Ich hörte den Motor aufheulen und wagte einen Blick über die Schulter zurück. Der Landrover war um

die Ecke gebogen und kam hinter uns her. Der Abstand verringerte sich schnell. Die vielen Schlaglöcher hinderten den Fahrer nicht, kräftig aufs Gaspedal zu drücken. Zehn Sekunden vielleicht noch, wenn wir großes Glück hatten, zwanzig, dann mußte er uns eingeholt haben.

»Wir müssen in einen Torweg rein«, keuchte ich. Sonst haben wir keine Chance.«

Noch ein paar Schritte. Plötzlich bog Klaus scharf nach rechts ab. Im nächsten Augenblick war er verschwunden, als hätte der Erdboden ihn verschluckt.

Da sah auch ich das Tor, bremste kurz und tauchte in die Dunkelheit ein. Im ersten Moment sah ich gar nichts, dann gewöhnten sich meine Augen an die plötzliche Finsternis. Ich sah Klaus vorn in einem Hof stehen, umringt von Soldaten. Wir waren auf dem Gelände des sogenannten ›Treasure House‹ gelandet. Mit viel Gestik versuchte Klaus, den Uniformierten unsere Lage zu schildern. Die begriffen überraschend schnell. Vier von ihnen, mit halbautomatischen Gewehren bewaffnet, stürmten an mir vorbei auf die Straße.

Etwa zwanzig Meter vor dem Torweg stand mit laufendem Motor der Landrover. Die unterschiedlich leuchtenden Scheinwerfer schienen uns höhnisch anzugrinsen. Deutlich erkannten wir das Nummernschild: »Addis Abeba 8183«. Da heulte der Motor auf, mit einem Satz jagte der Wagen auf uns zu. Die Soldaten warfen sich fluchend zur Seite, einer von ihnen riß mich zu Boden. Im nächsten Augenblick war der Spuk vorüber, das Auto im Dunkeln verschwunden.

Aufgeregt redeten die Äthiopier durcheinander. Klaus zerriß es beinahe vor Zorn.

»Warum haben die denn nichts unternommen?«, tobte er.

»Vermutlich haben sie die Regierungsnummer gesehen«, gab ich zu bedenken.

Ein Uniformierter kam auf uns zu, offenbar ein Unterführer. Er würde uns zwei von seinen Leuten abstellen, machte er uns klar, die könnten uns bis zur Churchill-Road begleiten und ein Taxi stoppen.

Wir fragten nicht weiter. Wir waren froh, mit heiler Haut entkommen zu sein. Als wir tatsächlich noch eine Taxe gestoppt bekamen, bot ich den Soldaten fünf Bir, fünf Mark, an. Sie lehnten stolz ab. Wir

stiegen ein, drückten ihnen dankbar die Hand und – die Geldnote hinein. Sie lachten freundlich und akzeptierten sie dann doch.
So erreichten wir klopfenden Herzens unser Hotelzimmer.

Ein alter Bekannter

Ach, Himmel, wie hatte sich diese Stadt verändert! Früher einmal ließ sie mit dem Slogan »Thirteen months of sunshine« für sich werben, jetzt war kein Gedanke mehr an dreizehn Monate Sonnenschein, an unbeschwerte Touristen-Fröhlichkeit, jetzt standen gepanzerte Fahrzeuge an allen wichtigen Punkten, jetzt mußte man sich Leibesvisitationen gefallen lassen, wenn man die Post betreten wollte, die Bank, ein Regierungsgebäude, ja, sogar, wenn man ins Hotel ging. Von Mitternacht bis fünf Uhr morgens herrschte Ausgangssperre, die Stille der Nacht wurde oft von Schüssen zerrissen, und die Restaurants, in denen sich früher sorglose Gäste drängelten, zeigten sich jetzt meist trostlos leer.
Addis Abeba, zu deutsch: Neue Blume, war von der Revolution gezeichnet, einer Revolution, die 1974 begonnen hatte und deren endgültiger Weg noch immer nicht abzusehen war. Der Sturz des Kaisers Haile Selassie, die Übernahme der Macht durch junge Offiziere, hatten eine Epoche beendet, die erst vor knapp hundert Jahren eingeleitet worden war. 1883 gründete Kaiser Menelik II. Addis Abeba. Die junge Metropole seines Reiches wuchs schnell. Erst nur Zeltstadt, genügten wenige Jahrzehnte, um aus Addis Abeba ein wirkliches Zentrum zu machen.
Ein Zentrum – in dem sich jetzt die Einwohner gegenseitig zu bekriegen schienen. Als ich ein Jahr zuvor den Omo befuhr, hatte ich diese tragische Entwicklung in Addis Abeba bereits zu spüren bekommen. Doch was sich damals erst in Ansätzen zeigte, war jetzt an der Tagesordnung. Unsicherheit überall, Demonstrationen, Verhaftungen, Überfälle, Separations- und Unabhängigkeitsbestrebungen in fast allen Provinzen, wilde Gerüchte über die Kämpfe mit den Rebellen in Eritrea, und immer wieder Berichte über Auseinandersetzungen an der Grenze zu Somalia. Äthiopien war zu einem Land geworden, in dem niemand mehr weiß, was der nächste Morgen bringt.

Trotz der späten Abendstunde riefen wir Heiko an. Er ließ uns gar nicht erst ausreden, sondern war zehn Minuten später mit Frau Schenay zur Stelle.

»Glaubt ja nicht, daß euch etwas Besonderes passiert ist«, sagte er lakonisch, als wir ihm unser Erlebnis geschildert hatten. »Da gibt es hier beinahe täglich noch ganz andere Dinge.«

Heiko Karels gehörte zum Ressort des Militärattaché der deutschen Botschaft in Addis Abeba. Seit vielen Jahren schon leistete er in Äthiopien seinen Dienst, lebte hier mit seiner türkischen Frau und seiner reizenden Tochter. Ich kenne Heiko seit meiner dritten Expedition im Jahre 1975. Damals besorgte er uns zwei Hubschrauber, mit denen wir Michael Teichmanns Mörder jagten. Weiß der Kuckuck, wie so manches meiner Abenteuer ausgegangen wäre, wenn Heiko nicht bei so vielen Gelegenheiten geholfen hätte.

»Daß es sich um ein Regierungsauto handelte, das hat so gut wie gar nichts zu sagen«, winkte er ab. »Im Gegenteil. Wenn wir in dieser Richtung Nachforschungen anstellen, dann stehen wir sofort vor verschlossenen Türen. Auf die Europäer legt man eben zur Zeit hier wenig Wert, zumindest nicht, wenn sie aus dem westlichen Europa kommen.«

Dann erzählte uns Heiko, daß es in Addis Abeba Untergrundorganisationen gibt, die sich darauf spezialisierten, Weiße zu überfallen. Sie verfolgen damit offenbar zwei Ziele. Zum einen wollen sie Unruhe in die kleine weiße Kolonie von Addis Abeba bringen, die sowieso von Woche zu Woche an Mitgliedern verliert, zum anderen aber geht es ihnen darum, die Regierung von Äthiopien zu provozieren. Wenige Tage zuvor war sogar der deutsche Botschafter, Dr. Lankes, in seinem Wagen beschossen worden. Wenn auch zum Glück ohne ›Erfolg‹.

»Aber wir wollen mal gar nicht das Lied vom armen, gejagten Weißen singen«, fuhr Heiko jetzt mit spöttischem Unterton in seiner Stimme fort. »Wenn ihr wüßtet, wie die Landeskinder hier mit sich selbst umspringen, dann müßte eure Empörung sofort in Mitleid umschlagen. Da bespitzelt einer den anderen, da ist jeder jedermanns Feind. Beinahe täglich durchkämmen Suchkommandos die Slums. Dann werden wahllos Leute verhaftet, manchmal sogar an Ort und Stelle erschossen, weil irgend jemand irgendein Kriegsrecht angewendet wissen will.«

Beinahe hilflos zuckte Karels die Schultern.

»Die meisten der Verhafteten werden in die schon überfüllten Gefängnisse gesteckt. Was dort mit ihnen geschieht, das kann man nur ahnen. Manchmal greifen sie sich auch Kinder. Vor einigen Tagen erst fand hier in der Innenstadt eine natürlich gelenkte Demonstration von Jugendlichen statt. Die Kinder zogen durch die Straßen, schrien in Sprechchören, daß sie Hunger hätten und daß sie von der Regierung verlangten, satt zu essen zu kriegen. In einer Ecke stand dann plötzlich ein Polizeikordon. Mit Knüppeln haben sie mitleidlos auf die Kinder eingeschlagen, haben sie auseinandergejagt, einen Teil verhaftet und nachts konnte man dann vor den Toren der Stadt Gewehrsalven hören. Glaubt ja nicht, daß sie sich die Mühe machen, die Leichen der Erschossenen fortzuräumen. Das erledigen die Hyänen für sie. Einen so reich gedeckten Tisch wie in diesen Monaten haben die wohl noch nie serviert bekommen. Wenn sie aber doch einmal einige Leichen abtransportieren ins ehemalige Haile-Selassie-Hospital, dann strömen sofort ganze Menschenprozessionen dorthin. Alles Leute, die irgendwelche Familienangehörigen vermissen. Da hoffen sie dann, Klarheit zu finden. Und wißt ihr, wie das abläuft, wenn eine Frau ihren erschossenen Ehemann findet? Dann wird der Arzt gerufen, der zählt die Einschüsse. ›Sechs Einschüsse à 30 Bir macht 180 Bir‹. Er schreibt die Rechnung, die Frau muß zur Kasse, und erst wenn sie bezahlt hat, kann sie ihren Mann mitnehmen.«

Wir schwiegen. Was sollten wir auch zu dem sagen, was uns Karels hier in der relativen Geborgenheit eines Hotelzimmers erzählte? Verbittert drückte er seine Zigarette aus. Gestern hatte ich ihn noch in ganz anderer Stimmung gesehen. Gestern, als wir in seinem Hause einen Vortrag hielten und dabei auch den Botschafter der Bundesrepublik, Dr. Lankes, kennenlernten. Als wir dem Diplomaten erzählten, was wir vorhatten, daß wir unter anderem im Süden der Danakil-Wüste unsere Wassergewinnungsmethode erproben wollten, da leuchteten Lankes Augen begeistert auf. »Kauft mal gleich ein Kamel für mich mit«, hatte er uns scherzhaft aufgefordert. »Ich komme sofort mit euch.«

Heiko Karels stand im Hintergrund und zog die Mundwinkel nach

unten. Natürlich glaubte er uns kein Wort. Sicher ahnte er, was wir wirklich vorhatten. Offiziell durfte er natürlich davon keine Notiz nehmen. Denn die Danakil-Wüste war militärisches Sperrgebiet.
Heiko Karels stand auf und trat an das Fenster. Er zündete sich eine Zigarette an. Als er den Rauch aus der Nase blies, sagte er: »Vor einigen Wochen hat die Regierung das alte Geld entwertet. Auf den alten Scheinen war noch das Bild von Haile Selassie. Die wurden also eingezogen und neues Geld ausgegeben. Aber die Umtauschaktion wurde so kurzfristig angekündigt, daß viele Leute erst von ihr erfuhren, als sie bereits abgeschlossen war. Na und? Hatten sie eben ihr Geld verloren. Das war sicher auch einer der Hintergedanken dieser ganzen Aktion. Ich möchte nicht wissen, wieviele Millionen der Staat damit verdient hat! Übrigens: auch wer den Termin einhalten konnte, der gehörte noch längst nicht zu den Glücklichen. Denn natürlich wurde nicht alles Geld eingetauscht, ach, wo denkt ihr hin! Es gab nur eine bestimmte Menge pro Person. Wer erheblich mehr besaß, als er auf der Bank deponiert hatte, der galt als Wirtschaftssaboteur. Und davon gibt es wohl eine ganze Menge.
Zu unserer Botschaft kam ein Mann mit zwei riesigen Koffern. Offensichtlich dachte er, Botschaften könnten Geld in jeder beliebigen Menge umtauschen. Interessiert traten wir näher, um zu sehen, ob er tatsächlich Geld in den Koffern hatte. Jawohl, er hatte. Und wißt ihr, wieviel? Anderthalb Millionen Bir! Dabei sah der Mann aus, als hätte er kaum satt zu essen. Wir sagten ihm, daß wir das Geld nicht tauschen könnten. Erst verstand er uns wohl nicht. Als er uns dann begriff, verschloß er ohne etwas zu sagen seinen Koffer und marschierte grußlos raus. Doch was soll ich euch sagen. Kaum saßen wir wieder in unseren Sesseln, da gab es Alarm. Hatte doch der Wahnsinnige tatsächlich seine beiden Koffer einfach angesteckt. Eins-Komma-fünf-Millionen Mark futsch.«
Urplötzlich wechselte Karels das Thema. »Ihr wollt also in die Danakil«, fragte er lauernd. »Daß ihr euch da nur am Rande aufhalten wollt, das könnt ihr vielleicht dem Botschafter erzählen. Der ist hier noch neu. Mir nicht. Ich kenne Nehberg zu gut. Mensch, mach mir nur nicht wieder Scherereien!«
Ich grinste ihn an. Er winkte vielsagend. »Brauchst gar nichts zu sagen. Mit Verrückten ist sowieso nicht zu reden. Und daß du dazu ge-

hörst, das habe ich dir ja nicht erst einmal gesagt. Macht also was ihr wollt. Aber wenn ihr eines Tages bei den eritreischen Rebellen hinter Stacheldraht sitzt, dann glaubt ja nicht, daß wir euch dort heraushelfen können.«
Bei all dieser Ablehnung versuchte ich es erst gar nicht weiter. Worum es uns noch ging, war, ein Empfehlungsschreiben zu bekommen. Irgendeinen amtlichen Schrieb, der die zuständigen Behörden veranlassen konnte, uns wenigstens ins Randgebiet der Danakil zu lassen.
»Geht man mal zum Weithaler«, sagte Heiko Karels, als seine Frau und er sich von uns verabschiedeten.

Wir brauchen Hilfe

Dr. Weithaler, ein Österreicher, der gleichzeitig auch noch der Direktor des Pocken-Ausrottungsprogramms der World Health Organization (WHO) ist, war zunächst begeistert und meinte dreißig Minuten lang: »Kein Problem, meine Herren. Kein Problem, whatsoever.« Doch als er sich endlich mal die Mühe machte zuzuhören, wohin wir genau wollten, schlug er die Hände über dem Kopf zusammen und stöhnte ohne Unterlaß: »Ja, seid's Ihr dann verruckt? Wißt's Ihr überhaupt, was da los ist??«
Pause.
»Da kann ich nur sagen whatsoever! Whatsoever, meine Herren! Kommt mir nicht hinterher und sagt, der alte Weithaler hätte euch nicht gewarnt! Whatsoever, meine Herren!« So hatten wir denn einen Rat, der uns zwar nichts gab, aber leider auch kein Empfehlungsschreiben.
Wir betrachteten die Audienz als beendet. Da war uns Frau Weithalers Rat schon sympathischer, den sie uns, als wir uns verabschiedeten, mit auf den Weg gab: »Wenn ihr wirklich den Eritreern in die Hände fallt, dann macht euch keine Sorgen. Das sind sehr faire Leute.«
Dies bestätigte auch ein anderer Bekannter. Florian Menzel. Seit vielen Jahren arbeitete er als Landwirtschaftsexperte im Lande. Er hatte uns schon häufig mit praktischen Ratschlägen versorgt und kannte

das Land von der Basis her so gut wie kaum ein zweiter. Bei alledem war er nie überheblich. »Die Eritreer? Das ist eine Kampftruppe, die sich strikt an die Genfer Konvention hält. Ich habe noch nie Negatives über sie gehört. Wenn ihr wirklich zu ihnen stoßt, appelliert an ihre Gastfreundschaft. Dann werden sie euch weiterhelfen. Da fällt mir ein, geht doch mal zur britischen Botschaft. Vor einem Jahr haben die Eritreer bei Dallol drei Engländer und einen Polen festgenommen. Ihren Landrover haben sie beschlagnahmt und die Leute nach einem halben Jahr Gefangenschaft in den Sudan abgeschoben. Zeit müßt ihr also mitbringen. Die britische Presse ist damals arg über die Eritreer hergefallen. ›Unschuldige in gnadenloser Gefangenschaft‹ und so weiter. Ich wußte aber bereits einen Tag nach dem Vorfall über meine Informationsquellen, daß die drei sich dermaßen dumm und beleidigend den Eritreern gegenüber benommen haben, daß diesen gar keine andere Wahl blieb, als sie festzusetzen.«

Damit hatte Menzel uns ein Stichwort gegeben. Wir trabten also zur britischen Botschaft. Ein hemdsärmeliger Diplomat mit schwarzen Hosenträgern über'm weißen, offenen Hemd zeigte uns die großen Presseberichte der Boulevard-Zeitungen in England: »Auf gar keinen Fall möchte ich Ihnen empfehlen, auch nur in die Nähe dieses Gebietes zu gehen.«

Ähnlich verliefen auch unsere weiteren Erkundigungen. Der eine ermutigte uns, der nächste riet uns dringend, sofort nach Hamburg zurückzufliegen.

Bei einem 3,75-Bir-Filetsteak vom Grill des Harambee-Hotels hielten wir Kriegsrat. Horst räusperte sich: »Wir haben da noch das tolle Empfehlungsschreiben der Uni mit.«

Himmel! Das Empfehlungsschreiben! Richtig! Bei allem Wirrwarr hier hatten wir es schon ganz vergessen. Vorsorglich hatten wir es uns bereits in Hamburg von einer Bekannten mit piekfeinen IBM-Lettern in vornehmstem Oxford-Englisch auf Original-Universitätspapier schreiben lassen.

Vor Freude und Hoffnung vergaßen wir fast, unsere Steaks zu Ende zu essen. Mit glühenden Köpfen hockten wir zusammen und kontrollierten noch einmal den Text:

»An den Direktor der Chemischen Fakultät der Universität Addis Abeba . . . ein Mitarbeiter unseres Instituts, Herr Horst Walther,

befaßt sich mit der Wassergewinnung aus Luftfeuchtigkeit in ariden Zonen. Das experimentelle Stadium ist so erfolgreich abgeschlossen worden, daß er seine Forschungsarbeit nun in der Praxis fortsetzen möchte. Äthiopien erscheint uns aus meteorologischen Gründen für diese Arbeit prädestiniert.
Wir wären Ihnen sehr verbunden, wenn Sie seine Bemühungen wohlwollend unterstützen würden.
Mit freundlichem Gruß . . .«
»Knapp und zackig«, lobte Klaus. »Komm her Rüdiger, hier schreibst du hin ›Prof. R. Nehberg‹ und du, Horst, gehst damit morgen zur Uni. Nimm vorsichtshalber noch die Fotos von den Laborarbeiten mit.«
Und so kam es, daß Horst sich am nächsten Morgen mit sehr gemischten Gefühlen in ein Taxi setzte und für fünfundzwanzig Pfennige zur Uni am Arat-Kilo-Platz fuhr.
Professor Gouin, ein Franzose, schüttelte sein weises Haupt. »Ich werde Ihnen da kaum weiterhelfen können. Wegen der Unruhen an den Lehranstalten sind wir alle unserer Positionen bis auf weiteres enthoben worden. Es tut mir wirklich leid. Die Idee dieser Art von Wassergewinnung ist großartig.«
Der Herr Professor sackte ein wenig in sich zusammen und dachte angestrengt nach. Plötzlich richtete sich sein Oberkörper wieder auf. Seine Augen leuchteten. »Gehen Sie zu Ato Mohammed! Er ist in führender Position im Water Resources Department am Mexico Square. Grüßen Sie ihn von mir. Er wird Ihnen bestimmt weiterhelfen.« Mit diesem Rat versehen tauchte Horst wieder im Hotel auf. Wir sollten und wollten ihn begleiten. Auf ging's zu Ato Mohammed. Ato heißt übrigens nichts anderes als ›Herr‹.
Professor Gouin hatte recht. Mohammed war beinahe noch begeisterter als wir selbst von der Wasseridee. Während wir einen erfrischenden Tee schlürften, schrieb er unter unsere Fälschung: »An die Tourist Organization – Lieber Ato Lemma, ich würde mich wundern, wenn Du dem Bittsteller nicht weiterhelfen würdest. Ich meine, daß seine Arbeit in keinster Weise geeignet sein könnte, Äthiopien zu schaden. Im Gegenteil. Ich finde die Idee in höchster Weise förderungswürdig.

Dein Freund
Mohammed.«

Ato Mohammed drückte uns kräftig die Hand. Schnurstracks sollten wir damit zur Touristenorganisation gehen. Für ihn gab es gar keinen Zweifel, daß Ato Lemma uns das gewünschte Empfehlungsschreiben geben würde.
Es war Samstagmittag. Nicht gerade die günstigste Zeit für ein solches Vorhaben. Trotzdem hatten wir um vierzehn Uhr das Dokument in den Händen. Es erlaubte uns ausdrücklich, am Rande des südlichen Danakilgebietes unserer Arbeit nachzugehen und – diese zu filmen! Und wenn wir erst einmal am Rande sein werden, hindurch durch die meisten Straßensperren, dann wäre es doch gelacht, wenn wir nicht auch ganz hineinkämen!
Glücklich strebten wir unserer Heimstatt, dem Harambee-Hotel, zu. Endlich schien es weiterzugehen.
Vor sieben Tagen waren wir in Addis angekommen. Unsere Maschine gehörte zu den letzten, die Äthiopien von Khartoum aus angeflogen hatten. Drei oder vier Tage später wurden dann die diplomatischen Beziehungen zwischen den beiden Ländern abgebrochen. Das war unangenehm für uns, denn von unseren insgesamt vierzehn Ausrüstungs-Gepäckstücken kamen nur dreizehn noch an. Das letzte blieb verschwunden. Vielleicht das wichtigste. Es handelte sich um einen länglichen Metallkanister. Gut versiegelt. Unsere Revolver und 600 Schuß Munition.
So waren wir also waffenlos. Horst hatte sich als erster damit abgefunden. Er hatte uns auf die Schulter geschlagen und gesagt: »Wißt ihr nicht mehr, was Gisela* gesagt hat. Sie meinte, es sei egal, ob wir Waffen hätten oder nicht. Zwar könnten wir einen Angriff möglicherweise abwehren – aber entkommen würden wir nie.« Also hatten wir uns damit abgefunden. Und nun, mit einem solchen Empfehlungsschreiben in der Hand, war das verlorengegangene Gepäckstück endgültig verschmerzt.
Eins ist heute, im nachhinein, sicher: Hätten wir die Waffen gehabt – die Reise hätte einen anderen Verlauf genommen. Vielleicht wären wir noch im Besitze unseres Eigentums. Aber vielleicht hätte einer von uns dafür auch sein Leben verloren.

* Gisela Schareina war acht Jahre Missions-Schwester unter den Afars. Wir lernten sie in Hamburg kennen und bekamen viele wertvolle Tips von ihr mit auf den Weg.

Kurioses aus der Steiermark

Klaus, Horst und ich löffelten also brav und bester Laune unseren Fruchtsalat, als hinter uns eine uns mittlerweile gut bekannte Stimme schnarrte.

»Hallo Nehberg, da sind Sie ja. Ich habe Sie schon gesucht.«

»Ich bin der Noll aus Österreich«, zischte mir Klaus ins Ohr, »Dein neuer Freund kommt.«

Und so war es denn auch.

Neben dem schmerzlichen Verlust unserer Waffen hatte es am Flughafen nämlich noch eine Überraschung gegeben. Und die hatte folgendermaßen begonnen.

»Hallo! Sind Sie nicht der Nehberg aus Hamburg?«

Verblüfft hatte ich mich umgedreht. Ein junger Mann hatte sich erwartungsvoll aufgebaut, fröhlich über das bärtige, sympathische Gesicht strahlend. Ich hatte ihn noch nie gesehen, doch da ich meinem Personengedächtnis mißtraute, antwortete ich zögernd:

»Ja, der bin ich. Aber ich kann mich nicht erinnern . . .«

»Können Sie auch nicht. Wir haben uns zuvor auch nie gesehen, haben uns nur geschrieben. Ich bin der Noll aus Laßnitzhöhe in der Steiermark, der Günther Noll. Als Sie damals in der ›HÖR-ZU‹ über die Omo-Expedition berichteten, da habe ich mich an Sie gewandt, weil ich auch diesen Fluß befahren möchte. Und Sie haben mir sehr freundlich geantwortet und mir meinen langen Fragebogen ausgefüllt zurückgeschickt.

Richtig, da war unter anderem auch so ein irre langer Fragebogen aus Österreich gekommen. Das war also dieser Noll gewesen. Da er das gleiche Hotel belegt hatte, hatten wir uns auf »demnächst« verabredet.

Und nun stand er vor uns, blickte uns treuherzig an und redete wie aufgedreht. Er freue sich so, uns zufällig hier zu treffen. Er habe alles genau nach meiner Regieanweisung gemacht: Dasselbe Boot, derselbe Starttermin, dieselbe Ausrüstung. In den nächsten Tagen wollte er mit seinem Begleiter starten, doch zunächst müßten sie nun versuchen, möglichst preiswert die Ausrüstung durch den Zoll zu schleusen. Er habe meine diesbezüglichen Tips noch gut in Erinnerung.

Inzwischen war Nolls Begleiter herangekommen. Am Flughafen hatten wir ihn nicht zu Gesicht bekommen. Ein blasser, unscheinbarer junger Mann. »Das ist Frank«, stellte ihn der Österreicher vor. »Ein Krankenpfleger aus München«. Viel mehr bekamen wir vorläufig nicht heraus. Frank hielt den Mund, spielte den Mißmutigen und verzog von Zeit zu Zeit das Gesicht, als würde er Schmerzen verspüren. Vor allem dann, wenn er sich beobachtet fühlte.

»Meinem Kumpel geht's nicht gut«, erklärte Noll verständnisvoll. »Er hat schon seit Frankfurt heftige Schmerzen in der Leistengegend.«

Nein, zum Arzt wolle er nicht gehen, antwortete mir Frank auf meine dementsprechende Frage.

Das machte uns stutzig.

Er würde unbekannten Medizinern, auch Europäern, nicht trauen, und im übrigen sei er ja ein guter Krankenpfleger und könne sich selbst diagnostizieren. Das sei eine ziemlich ernste Sache, an der er leide, setzte er bedeutungsvoll hinzu.

Später, als wir wieder auf unserem Zimmer waren, brach es aus Horst heraus: »Das ist vielleicht eine Type, dieser Frank. Wißt ihr, woran der leidet? Der leidet an Angst, nichts weiter. Der will auf möglichst elegante Tour einen Rückzieher machen, ohne daß es seinem Freund auffällt. Und der scheint wirklich drauf reinzufallen.«

»Ganz meine Meinung«, unterstützte ihn Klaus. »Das ist genau einer von der Sorte, die den Mund voll nehmen, und wenn es dann so weit ist, bekommen sie Angst vor ihrer eigenen Courage. Denn das mindeste, das er seinem Kumpel schuldet, wäre, zum Arzt zu gehen. Er braucht sich ja nicht behandeln zu lassen.« Schon am nächsten Tag bekamen Horst und Klaus recht.

»Wir werden unsere Expedition verschieben müssen«, eröffnete uns ein trauriger Günther Noll beim Frühstück. Mit einem blitzschnellen Seitenblick sah ich, wie meine beiden Begleiter sich zuzwinkerten.

»Frank geht's miserabel«, fuhr Noll fort. »Seine Schmerzen werden immer heftiger. Unter diesen Umständen kann ich es auf keinen Fall verantworten, ihn mitzuschleppen. Na ja, hilft nichts. Fahren wir eben nächstes Jahr zum Omo. Wenn ihr wollt, könnt ihr ja unsere Vorräte übernehmen, kostenlos natürlich. Wollte mich immer schon mal für den beantworteten Fragebogen revanchieren.«

Noll schien zu den beneidenswerten Menschen zu zählen, die durch nichts ihren Optimismus einbüßen. Er tat mir ein bißchen leid, weil er mit seiner Partnerwahl solches Pech gehabt hatte. Andererseits aber war es sicher gut, daß die Expedition platzte, bevor sie überhaupt begonnen hatte. Mit diesem Begleiter hätte der fröhliche Österreicher böse Überraschungen erleben können.

Der Vorschlag mit den Vorräten war natürlich gut und wurde von uns sofort akzeptiert. Dann brauchten wir in Addis nichts mehr einzukaufen.

Nach dem Frühstück schleppte uns Noll auf sein Zimmer. Wir unterhielten uns noch eine Weile, doch als er so gar nicht mehr auf das Thema zu sprechen kam, erinnerte ich ihn an sein Angebot.

»Die Vorräte? Wieso?« Er blickte mich voller Unverständnis an und deutete auf den Tisch vor uns: »Da stehen sie doch schon die ganze Zeit, du Penner!«

Ich glaubte meinen Augen nicht zu trauen. Das sollten die Vorräte für eine zwei- bis dreimonatige Expedition auf dem Omo sein?

Auf dem Tisch lagen: Ein Pfund Haferflocken, zehn Tüten Pudding-Pulver, 30 Tüten Schoko-Trunk, als Aufbaunahrung für Babys gedacht. Aus.

»Was denn, mit dem bißchen Kram wolltet ihr zum Omo?«, fragte Klaus verdutzt.

»Na, ja«, Noll schien nun doch ein wenig verlegen zu sein. »Wir wollten doch in der Hauptsache von Fisch und Fleisch leben. Das hier sollte nur unsere eiserne Reserve sein.«

Ganz gut, daß dieser komische Frank noch rechtzeitig »krank« geworden ist, dachte ich. Und als wir später in unserem Zimmer waren, schmiß sich Horst in komischer Verzweiflung auf sein Bett. Er griff seine geduldige Schreibmaschine und hämmerte die Episode sofort aufs Papier.

»Das kann doch nicht wahr sein, Kinder, das kann doch nicht wahr sein«, stöhnte er. Und dann: »Dieser Typ hat den falschen Namen. Der müßte nicht Noll heißen, der müßte Null heißen!«

Acht Wochen später allerdings, als die unwiderruflich letzte Tüte der Kraftnahrung unseren Gaumen passiert hatte, revidierte Horst sein Urteil. Er streckte sich wohlig in den Sand und korrigierte »Noll ist toll!«

Das zu seiner Rehabilitation.

Kurz vor dem Sprung

Das Telefon schrillte. »Mister Nehberg? Würden Sie bitte mal ins Foyer kommen? Sie werden erwartet.«

Wer konnte das denn sein? So früh am Morgen. Kurz vorm Start. Und wieder einmal mehr verspürte ich in der Magengegend ein unruhiges Gefühl. Hing das mit dem nächtlichen Überfall auf uns zusammen oder mit unseren Fälschungen? Wenn man schon keine ganz reine Weste hat, muß man mit allem rechnen.

Ich ging also vorsichtshalber zu Fuß hinunter und spähte dezent um die Ecke. Ein Äthiopier in grüner Uniform. Himmel, woher kam der bloß? Als hätte er meine Frage verstanden, wendete er sich dem Ausgang zu und schritt zu einem großen, leeren Bus. Er entnahm ihm eine versiegelte Plastiktüte. Damit kehrte er ins Hotel zurück. Auf dem Bus las ich »Ethiopian Airlines«. Ich war beruhigt, ging auf den Herrn zu und stellte mich vor.

»Ah, Sie sind Mr. Nehberg! Sie sind doch vor einem Jahr mit Ihrer Frau und Ihrer Tochter in Lalibela gewesen?« Lalibela ist ein ziemlich bekannter Wallfahrtsort in Äthiopien, und ich hatte ihn mit der Familie besucht. Dennoch sah ich den Mann ratlos an. Denn alles hatte ich erwartet, nur nichts in Zusammenhang mit dem vergangenen Jahr. »Ja«, erwiderte ich dann, »das stimmt. Kriege ich mein Fahrgeld zurück?«

»Nein, aber hatten Sie nicht damals ein Klappmesser an Bord?«

Das Klappmesser! Natürlich erinnerte ich mich! Als wir in Addis Abeba die DC 3 nach Lalibela bestiegen, mußten wir uns, wie immer, einer Leibesvisitation unterziehen.

Dabei hatte man mein Klappmesser gefunden. Da man der Meinung war, ich könnte damit mühelos die Maschine entführen, hatte man es mir abgenommen. Man hat ja so einen schlechten Ruf. Es wurde fein säuberlich in einer Plastiktüte verstaut. Zur Verwahrung. Am Zielort sollte ich es zurückbekommen.

Doch so sehr der Pilot nach der Landung auch suchte, das Messer blieb verschwunden. Allerdings – als wir zwei Tage später wieder zurückflogen, winkte der Pilot schon von weitem und stolz aus dem Cockpit-Fenster. »Mr. Nehberg, ich habe ihr Messer gefunden. Hier ist es!«

Freudig lief ich unter die Maschine.
»Werfen Sie es bitte runter!«
»Das geht nicht!«
»Warum nicht? Es ist doch stabil genug.«
»Nein, weil ich es wieder in Verwahrung nehmen muß, solange Sie an Bord sind.«
War ja auch logisch. So geduldete ich mich bis zur Landung in Addis.
Der Pilot kam mir noch in der Maschine entgegen. Sein ratloses Gesicht sagte alles. Aber er bestätigte es noch einmal: »Ihr Messer ist schon wieder weg! Langsam glaube ich an Gespenster. Aber machen Sie sich keine Sorgen. Es wird sich wieder einfinden. Wir schicken es Ihnen ins Hotel.«
So blieb mir nichts anderes übrig, als ohne mein Messerchen nach Deutschland zurückzufliegen.
Und nun, genau ein Jahr später, stand ich hier im Foyer des Harambee, und das Langvermißte wurde mir ausgehändigt, wie angekündigt: »Wir schicken es Ihnen ins Hotel.«
Manches klappt eben doch – wenn auch verspätet. Wahrscheinlich heißen die Dinger deswegen Klappmesser.
Aber damit nicht genug. Ein wenig glückstrahlend begleitete ich den Uniformierten zu seinem leeren Riesenbus, mit dem er das Messer so sicher hertransportiert hatte, als ich erneut angesprochen wurde. »He, Mister, ich krieg noch fünf Bir von dir!«
Breitbeinig hatte sich ein etwa 16jähriger Junge neben mir aufgebaut. Um seine Forderung zu unterstreichen, hielt er mich auch gleich am Arm fest.
Ich sagte kein Wort, grätschte nur meine Beine und blickte ihn an. Dachte ich doch, er würde mich augenblicklich loslassen. Weder hatte ich das Kerlchen je gesehen, noch standen ihm meiner Meinung nach fünf Bir zu.
»Weißt du nicht mehr?«, bohrte er weiter. »Ich sollte dir doch vor einem Jahr einen Hund beschaffen für deine Reise an den Omo?« Es gab keinen Zweifel. Ich hatte doch schon mit ihm zu tun gehabt. Und auch in diesem Falle dämmerten mir allmählich die Zusammenhänge. Mehreren Jungen hatten wir damals gesagt, sie sollten Ausschau nach einem jungen Wachhund halten. Für den Erfolgsfall hatten wir fünf

Bir zugesagt. Aber nichts hatte geklappt. »Ich hatte einen Hund! Aber als ich ihn brachte, da wart ihr schon abgereist.« Er blickte mich triumphierend an und streckte mir seine braune Hand entgegen. »Okay, okay! Ich glaub's zwar nicht, aber was soll's«, murmelte ich und gab ihm die Münzen.

Es wurde mir einmal mehr klar, wie wenig man als Ausländer in dieser Stadt unerkannt bleiben kann. Deshalb drängte ich dann auch beim Frühstück zum Aufbruch.

Wir wurden außerdem den Gedanken nicht los, daß der Überfall auf Klaus möglicherweise doch nicht nur Zufall gewesen war, und der Täter einen zweiten Versuch starten könnte. Zumal er sich darüber im klaren sein mußte, daß wir ihn bei der Polizei angezeigt hatten.

Eine reichliche Woche Addis Abeba. Wir hatten unsere Ausrüstung zusammen, unsere Vorräte ergänzt, ein Schneider hatte uns einen praktischen Baumwolldress geschneidert, wir hatten ein Schreibheft voll guter Tips und ein Empfehlungsschreiben. Kurzum – wir waren soweit.

Am 9. Januar, 7 Uhr, verließen wir die äthiopische Hauptstadt. Richtung Gewani.

Einschlupf

Drei Versuche hat jeder

Gewani war natürlich eine Pleite. Schenay Karels hatte uns in ihrem großen Mercedes hingebracht. Keine Maus hätte mehr Platz gehabt zwischen unserem vielen Gepäck. Runde vierhundert Kilometer auf einer relativ guten Straße, durch hügeliges, dünn bewohntes Land, das schließlich in eine ebene Steppe überging. Urplötzlich war dann zur linken Hand eine Agip-Tankstelle aufgetaucht. Gegenüber, auf der anderen Straßenseite, eine Bergkette. Nackter, unbewachsener Stein. Gleichzeitig die Grenze zum Land der verfeindeten Issas von Somalia. Hinter der Agip-Tankstelle ein weißer Flachbau mit zehn Türen. Alles recht ungepflegt. »Hotel, Kneipe und Puff in einem«, erklärte uns Schenay. Und setzte lakonisch hinzu: »Hier schmeiß ich euch raus. Gewani liegt nur zwei Kilometer abseits der Straße. Das Hospital drei weitere Kilometer dahinter. Mit meinem Wagen komme ich da nicht hin, der Weg ist zu rauh. Am besten ist es, wenn ihr euer Zeug im Hotel abstellt und erst mal zu Fuß zum Hospital geht. Aber macht das auf keinen Fall bei Dunkelheit.«

Das Hospital – damit meinte sie die Station des Roten Kreuzes. Es wurde von Dr. Aebersold, einem Schweizer Arzt geleitet, der schon lange Zeit hier tätig war. Einer von diesen Idealisten, die nicht müde werden, an das Gute im Menschen zu glauben, die auf alles verzichten, was gemeinhin uns Europäern am Leben gefällt und nur ihre Aufgabe vor sich sehen: Helfen. Und das, obwohl ihnen die Behörden nur Steine in den Weg werfen.

Wir hatten in Addis Abeba bereits von Dr. Aebersold gehört. Er könnte uns vielleicht am ehesten mit Afars bekanntmachen, die uns in die Danakil-Wüste führen würden, hieß es. Denn dies war eine der wichtigsten Voraussetzungen für unsere Expedition überhaupt: einheimische Führer zu finden. »Lassen Sie sich auf gar keinen Fall darauf ein, eventuell allein in die Danakil zu gehen«, hatte mich schon Schwester Gisela in Hamburg gewarnt. »Fremde, die ohne einheimische Führer das Gebiet betreten, sind Selbstmörder. Sie gelten als vogelfrei und werden bei nächster Gelegenheit ausgeraubt oder umgebracht.«

Der Schweizer Arzt empfing uns, ohne allzu große Überraschung zu zeigen; beinahe so, als würde er jeden Tag in seiner Abgeschiedenheit

Europäer zu Besuch haben. Unverblümt weihten wir ihn in unser Vorhaben ein.
»Vielleicht kann der Scheich helfen«, überlegte Dr. Aebersold. »Ich werde euch morgen zu ihm bringen.« Abends erzählte er uns ein wenig von seinem Leben. Aebersold hatte sich vor einiger Zeit in ein blutjunges Afarmädchen verliebt. Vermutlich war das ein weiterer Grund für sein langes Hiersein. Einer ehelichen Verbindung schien nichts mehr im Wege zu stehen. Aebersold hatte das Vertrauen der Familie erworben, so daß der Vater ihm nach längeren Verhandlungen seine bildhübsche Tochter versprach. Dann aber erhob ein Onkel Einspruch gegen die Heirat. Bei den Afars ist es nämlich üblich, daß die gesamte Familie bei einer Eheschließung mitentscheidet. Der Onkel drohte, Aebersold zu töten, wenn er nicht von dem Mädchen lassen würde. Und so endete der Traum eines Schweizer Arztes an der Halsstarrigkeit eines die Fremden hassenden oder einfach der Tradition zu sehr verhafteten Afars.
Am nächsten Morgen brachte uns Aebersold zu Scheich Ssalaati. Die Verhandlungen mit dem Scheich, der in Gewani eine Art Bürgermeisterrolle spielte, entwickelten sich zu unserer Überraschung recht unkompliziert.
Ssalaati mochte vierzig Jahre alt sein. Er war klein, wendig und herzlich. Wir wurden schnell handelseinig und gingen nur noch Hand in Hand durchs Dorf. Gegen acht Bir pro Tag wollte er uns führen. Die Kosten für Kamele und Treiber sollten extra bezahlt werden. Wie hoch die seien, das hänge vom Umfang unseres Gepäcks ab, erklärte er uns in recht gutem Arabisch.
»Das kann doch nicht wahr sein«, staunte ich. So glatt und reibungslos durfte das doch einfach nicht gehen. Und richtig: Als wir schon glaubten, alle Hürden genommen zu haben, kam das Haupthindernis: Plötzlich nämlich forderte der Scheich uns auf, nun erst einmal zur Polizeistation zu gehen, um eine Genehmigung für das Betreten der Danakil-Wüste einzuholen.
Verflucht! Das war natürlich genau das, was wir unter allen Umständen vermeiden wollten. Nur keine Begegnungen mit der Polizei. Nur nicht erst offizielle Stellen darauf aufmerksam machen, was wir vorhatten!
Nun mußten wir allerdings gute Miene zum bösen Spiel machen.

Wenn wir es jetzt ablehnten, zur Polizei zu gehen, dann würden wir uns erst recht verdächtig machen. Ob wir wollten oder nicht, wir mußten es riskieren.
Die Polizeistation befand sich im Zentrum der kleinen Siedlung. Vor dem Eingang hing eine verschmutzte Flagge. Wahrscheinlich hatte sie früher einmal die Farben Äthiopiens gezeigt. Jetzt zeigte sie nur noch den Staub der Steppe. Die Polizeistation bestand aus ein paar Räumen und einer mehr als spärlichen Einrichtung – ein Tisch, zwei Stühle, ein klappriger Schrank – allerdings verfügte man über ein hochmodernes Funkgerät. »Vorsicht!«, signalisierte es in mir, »damit können sie in Sekundenschnelle den Sicherheitsdienst in der Hauptstadt informieren.« Der Polizeichef Mekonnen Maru war ein dicklicher Leutnant, der uns mißtrauisch musterte. Neben ihm sein Assistent, jung, mit wachen, argwöhnischen Augen.
Klaus übernahm die Gesprächsführung. Er erzählte den beiden, daß wir Wissenschaftler seien, daß wir Experimente zur Wassergewinnung durchführen wollten, was ja schließlich auch Äthiopien zugute kommen würde. Wir reichten unser Empfehlungsschreiben rüber – beifallheischender Blick zu den Polizisten, aber die zeigten keine Reaktionen – und sagten, daß wir aus allen diesen Gründen in die Danakil-Wüste ziehen möchten.
Der Dicke hatte sich bequem in seinen Stuhl zurückgelegt, spuckte hin und wieder gekonnt in eine auf dem Boden stehende Blechbüchse und unterbrach schließlich Klaus' Redefluß. Ob wir denn nicht wüßten, daß Krieg im Lande herrsche? Ob wir uns denn überhaupt in Addis Abeba bei der Sicherheitspolizei gemeldet hätten? Unser Empfehlungsschreiben der Tourist Organization mit dem imposanten Stempel des Ministry of Information nötigte ihm nur ein verächtliches Schmunzeln ab. Hier habe nur die Security zu entscheiden, nicht das »alberne Touristenbüro«.
Schließlich könnten wir doch unsere Versuche überall machen. Warum gerade hier, warum gerade in der Danakil-Wüste, die doch militärisches Sperrgebiet sei?
Horst schaltete sich ein. Mit gedrechselten wissenschaftlich klingenden Formulierungen versuchte er zu erklären, warum sich diese Gegend am besten für unsere Versuche eignen würde. Doch er hätte sich seinen Vortrag genauso gut schenken können. Bei dem Dicken biß er

auf Granit. »Keine Genehmigung!«, fuhr er uns an. Wenn überhaupt, dann könne uns nur Addis Abeba eine Sondererlaubnis erteilen. Er auf keinen Fall. Und dann forderte er uns ultimativ auf, bis zum nächsten Morgen zehn Uhr Gewani zu verlassen.
Der Assistent ergänzte zu unserer Überraschung sogar in Deutsch: »Die Daten, die Sie suchen, finden Sie ebensogut im Archiv unserer Universität.«
Was nutzte es schon, ihnen zu sagen, daß uns tagesdurchschnittliche Luftfeuchtigkeitstabellen nicht viel helfen könnten. Was nutzte es schon, ihnen von unserem Zeolith zu erzählen und daß wir feststellen wollten, mit welchem Tempo zu welcher Tageszeit bei welchen relativen Luftfeuchtigkeiten es sich voll beladen würde.
Die beiden sagten nein. Basta. Aus. Zurück. Alles Scheiße.
Eine Pleite, eine Riesenpleite. Bedrückt zogen wir ab. Dabei durften wir noch froh sein, daß sie uns so laufen ließen. Schließlich hätten sie mit ihrem Funkgerät auch unverzüglich Addis Abeba von unseren Wünschen informieren können. Und das hätte zweifellos das Ende unserer Reise und die Ausweisung aus dem Lande bedeutet.
Noch am selben Tag brachte uns Dr. Aebersold nach Addis Abeba zurück. Ein allzu großes Opfer war es zum Glück nicht für ihn, er hatte in diesen Tagen sowieso in der Hauptstadt zu tun, er mußte neue Medikamente und Vorräte holen. Da war es schon egal, ob er nun ein, zwei Tage früher oder später fuhr. Und schließlich reist es sich in Begleitung besser und sicherer.
Wir waren also keinen Schritt vorangekommen. Zehn Tage waren vergangen, und die Danakil-Wüste schien uns verschlossener denn je. Sollte es wirklich unmöglich sein, unsere Expedition überhaupt zu starten? Langsam fingen wir an, selbst daran zu zweifeln. Ja, wir erwogen auch bereits Alternativ-Länder. Nur nach Hause wollten wir auf keinen Fall.
Ich mußte wieder daran denken, was mir Schwester Gisela in Hamburg gesagt hatte: »Stellen Sie es sich nur nicht so leicht vor, in die Danakil-Wüste zu kommen«, hatte sie unser Vorhaben skeptisch kommentiert. »Das ist normalerweise schon schwer. Jetzt aber, wo praktisch Krieg in Äthiopien herrscht, wird das fast unmöglich sein.« Und wer sollte dies wohl besser beurteilen können als diese Frau, die acht Jahre als Missionsschwester unter den Afars gelebt hatte?!

Nun waren wir also wieder in Addis Abeba. Wie sollte es weitergehen? Wir klapperten alle unsere Kontaktstellen ab. In der Red Sea Mission zu Addis Abeba hörten wir dann zum ersten Mal von Osman. Ein Mischblut sei er, erzählte man uns, die Mutter war eine Araguba, der Vater ein Afar. Osman hatte sieben Jahre lang in der Missionsstation Rasa Guba als Krankenpfleger gearbeitet, und wenn uns überhaupt einer helfen könne, dann nur er. »Der kennt die südliche Danakil-Wüste wie kaum ein zweiter« erzählte uns Walter Greeuw, ein Holländer, »er hat dort überall Verwandte und beste Beziehungen. Osman kann Kamele besorgen, kennt die besten und sichersten Wege und überhaupt, Osman ist genau euer Mann!«
Im Dorf Robi, etwa auf halber Strecke zwischen Addis Abeba und Dessie, sei Osman als Hakim tätig, dort versorge er mit seinen medizinischen Kenntnissen die wenigen Bewohner. Und dann wußte der Holländer noch etwas: Osmans größter Wunsch sei es nämlich, einen staatlich anerkannten Kursus als Krankenpfleger zu besuchen. Wenn wir ihm dazu später einmal verhelfen würden, dann würden wir alles von ihm verlangen können.
Das war ein wertvoller Hinweis. Ich dachte sofort an Dr. Aebersold, von dem ich wußte, daß er Krankenpfleger ausbilden durfte, die später beim Roten Kreuz ein Examen ablegen konnten.
Einen Tag später waren wir in Robi. Es regnete in Strömen. Robi – ein Häufchen unglaublich schmutziger, verkommener Hütten; die des Hakims Osman unterschied sich nicht um eine Spur von den anderen. Der einzige lehmig-schmierige Raum war vollgepropft mit Patienten. Sie hockten auf einem dreckverkrusteten Eisenbettgestell. Auf einem zweiten Bett klebten vier bis sechs Kinder. Die genaue Anzahl konnte man wegen der Dunkelheit und des Gewusels auf dem Bett nicht genau bestimmen. Alle litten an Trachom, der eitrigen Augenkrankheit. An einem Bettpfosten war eine junge Katze an einem fünfundzwanzig Zentimeter langen Faden angebunden. Ursprünglich mußte ihr Fell einmal weiß gewesen sein. Jetzt war es lehmig. So wie in Osmans Haus alles lehmig war.
Wir waren, ehrlich gesagt, enttäuscht. Nicht die kleinste Winzigkeit erinnerte daran, daß er sieben Jahre lang als Dresser, als Krankenpfleger, in der Mission gearbeitet hatte. Die Enttäuschung dauerte an, bis er selbst in den Raum trat: klein, zierlich, eher Mannequin als Kämp-

ferfigur, freundliches Gesicht, auseinanderstehende Zähne, um die Hüfte das Afar-Lendentuch, ein Hemd, Sandalen, nichts weiter.
Sein freundliches, selbstbewußtes und pfiffiges Auftreten ließ uns alles Enttäuschende vergessen.
Die Patienten schmiß er kurzerhand raus, als wir ihn nach vielem Händeschütteln um die Ehre eines kurzen Gesprächs baten. Wir verstanden uns auf Anhieb. Osman redete nicht erst viel um den heißen Brei herum, er sagte zu, uns führen zu wollen. Zehn Bir pro Tag verlangte er. Dazu einen Brief, in dem wir ihm versprachen, er dürfe nach Abschluß der Expedition bei Dr. Aebersold einen Kursus als Krankenpfleger mit Examen machen. Wir hatten bei dieser Zusage nicht einmal ein schlechtes Gewissen, obwohl Aebersold ja von unserem Versprechen noch gar nichts wußte. Denn wir hatten bei ihm erfahren, wie dringend er immer gute und willige Helfer suchte. Kein Risiko also, dieser Brief. Osman versprach, zwei Kamele zu besorgen, und außerdem wollte er noch seinen Vater mitbringen. Und einen Onkel. Den aber kostenlos! Treffpunkt sollte in circa sieben Tagen die Red Sea Missionsstation Rasa Guba sein.
Zwanzig Bir zahlten wir an. »Ich muß meiner Frau etwas zu essen hierlassen«, meinte er, »und noch einiges regeln. Aber ihr könnt euch auf mich verlassen.«
In sieben Tagen sollte es also losgehen.
Wir reisten per Autostop überglücklich nach Addis Abeba zurück. Ob Schenay uns noch einmal unser Gepäck befördern würde? Natürlich konnten wir uns auch einen Wagen mieten. Oder im Bus anreisen. Aber all das war uns zu auffällig. Schenays Charme, verbunden mit ihren guten Amharisch-Sprachkenntnissen, schienen uns der beste Schild gegen neugierige Straßenkontrolleure des Militärs. Aber es sollte noch besser kommen.
Mit einem Kuchenpaket aus Enricos Konditorei unterm Arm, wollten wir uns bei Walter Greeuw von der Red Sea Mission für den wirklich fündig gewordenen Osman-Tip bedanken und gleichzeitig ein Lexikon für die Afar-Sprache, das sogenannte Afaraf, erwerben. Ein Mitglied der Mission hatte es in mühevoller Kleinarbeit zusammengestellt.
Unser Kaffeekränzchen brachte unerwartet einen weiteren Erfolg. Walter Greeuw, der kleine, aber stämmige, rothaarige Missionar,

hatte am Vorabend Wolfgang Brögs Film vom Omo gesehen. Den preisgekrönten. Er war davon so begeistert, daß er uns ein unbezahlbares Angebot machte.

»Wenn ihr noch einen Tag Zeit habt, dann fahre ich euch – denn morgen muß ich zum Zahnarzt, und übermorgen früh fahre ich nach Rasa Guba zurück. Mein Landrover ist zwar knackvoll, aber wenn ihr euch irgendwo zwischenquetschen könnt und eure Kisten aufs Kofferdach knallt, dann wird's schon gehen.«

Am liebsten wäre ich Walter um den Hals gefallen. Nur dazu kam ich nicht. Denn auch Klaus war vor Glück außer sich und trat mir derart »liebevoll« vors Schienbein, daß ich unter den Tisch rutschte.

Heinz Burchardt, ein Mitarbeiter der Mission, gesellte sich zu uns.

»John von der Social Interior Mission liegt im Krankenhaus.«

»Was sagst du?«, wollte Hanni, seine charmante Schweizer Ehefrau ganz aufgeregt wissen. »Das sagst du hier so nebenbei? Was ist denn passiert?«

Heinz Burchardt schmunzelte vor sich hin. Genüßlich schlürfte er die Kaffeetasse leer und knabberte ein Mürbteigplätzchen, das Hanni selbst gebacken hatte. »Rüdiger, wie schmeckt es dir? Wenn ich daran denke, daß du Konditor bist, schäme ich mich richtig. Denk aber daran, daß wir hier so schlecht an gute Zutaten kommen.« Diesem Schamgefühl ehrgeiziger Hausfrauen ist es zuzuschreiben, daß einem als Konditor sehr häufig der selbstgebackene Kuchen vorenthalten wird. Verdammt nochmal! Wo der doch oft so gut schmeckt!

»Tja, das soll so gewesen sein: Er fuhr auf einer Landstraße durch Afar-Rebellengebiet. Irgendwo bei Gewani war die Fahrbahn plötzlich mit Steinen blockiert. Ihr wißt ja, so wie es auch die Schiftas machen. Kindskopfgroße Kiesel quer über die Straße. Du hältst an, willst sie an die Seite legen und dann kommen die Banditen aus dem Versteck gestürmt. ›Mit mir nicht, meine Herren‹, dachte sich wohl John und nagelte mit Full Speed über die Kieselmänner hinweg.«

Burchardt lehnte sich in seinen Sessel zurück.

»Tja, und dann haben die Rebellen hinterhergeschossen?«

Hanni war ganz aufgeregt. Offensichtlich kannte sie John recht gut. Auch wir hingen an den Lippen des Missionars, denn so kurz vorm Start interessierte uns jede Kleinigkeit von den Afars.

»Nein«, bequemte er sich endlich mit der Antwort. »Es war gar keine

Rebellenfalle. Die Polizei hatte die Markierung ausgelegt. Die Wagen sollten von der Fahrbahn die Böschung hinabgeleitet werden und dann durch ein Flußbett und an der anderen Seite wieder rauf. Das letzte Hochwasser hatte die Holzbrücke weggerissen. Damit hatte John natürlich nicht gerechnet. Vor einer Woche war die Brücke jedenfalls noch dagewesen. Und so sauste er kopfüber in den Abgrund. Daß er noch lebt, verdankt er den Rebellen. Sie haben ihn gefunden, notdürftig zusammengeflickt und auf die Straße gelegt. Der nächste Militärkonvoi hat ihn dann dort gefunden.«

Es wurde noch ein netter Nachmittag. Schließlich, bevor es dunkel wurde, verabschiedeten wir uns. Wir wollten rechtzeitig zurück sein, denn mit der Nacht in Addis Abeba hatten wir ja genügend schlechte Erfahrungen gemacht.

Burchardt brachte uns zum Tor und drückte uns herzlich die Hand. »Hoffentlich haben Sie Glück! Es wird die letzte Chance für Europäer in den nächsten Jahrzehnten sein, ins Afarland zu gelangen. Und weil Sie darüber berichten wollen, freut es mich um so mehr, Ihnen helfen zu können. So wird vielleicht manch einer in Europa von einem interessanten, stolzen Volk erfahren, von dem er bisher nichts wußte. Die Afars werden Ihnen imponieren.«

Burchardt sollte recht behalten. Es war die letzte Chance. Ein halbes Jahr später wurde das Missionseigentum ersatzlos enteignet, die letzten beiden Stationen in Assab und Rasa Guba geschlossen, die Missionare ausgewiesen. Ein weiteres halbes Jahr später, im Januar 1978, wurden der Militärattaché der deutschen Botschaft, Hauptmann von Münchow und seine Mitarbeiter des Landes verwiesen. Die deutsche Schule wurde enteignet. Am 22. 1. 1978 mußte sogar der deutsche Botschafter Lankes binnen vierundzwanzig Stunden Äthiopien verlassen. Nicht besser erging es Heiko Karels und anderen Freunden. Sie arbeiten zur Zeit alle wieder in Deutschland.

Der nächste, der letzte Tag in Addis verging wie im Fluge. Alles wurde noch einmal ausgiebig genossen. Ein Abschiedsbrief nach Hause. Absendetag: 24. Januar 1977. Gewagte Prognose: ». . . bemühen uns, Anfang März wieder zu Hause zu sein.« Vorsichtshalber schrieben wir aber nicht dazu, welchen März welchen Jahres wir meinten. Ungewöhnlich vorausschauend von uns, wie sich erweisen sollte. Denn es wurde eine lange Reise.

Von Polizeikontrollen zwar überprüft, aber unbehelligt, erreichten wir am frühen Nachmittag des 25. Januar Robi. Robi, so meinte Walter, sei unser letztes Risiko, weil in Robi ein Politisches Gefängnis mit angegliederten Plantagen sei. Es wimmelte hier infolgedessen von Polizei.

Der Robi-River führte Hochwasser. Das Umland war ein Morast. Wir meldeten lediglich Osman unsere Ankunft, die für ihn das Startzeichen zum Aufbruch war. Am nächsten Morgen würde er losmarschieren und in zwei Tagen in der Mission eintreffen. Wir parkten vor einem unscheinbaren Seitenweg.

»Von hier in östlicher Richtung sind es genau sechzig Kilometer bis Rasa. Jetzt müssen wir erst einmal die Schneeketten anlegen.«

Walter Greeuw, der piekfein gekleidet war, scheute den ärgsten Dreck nicht. Er kroch von allen Seiten unter den Wagen, um die Ketten ordentlich zu befestigen. »Sonst kriege ich von den drei Frauen in der Rasa-Mission was zu hören. Immer bin ich es, der die Ketten verliert, und ohne die Dinger sind wir aufgeschmissen.«

Wir waren auch mit ihnen aufgeschmissen. Tausend Meter weit hatten wir uns durch den Morast gewühlt. Immer tiefer hatte sich der Wagen in den schwarzen Lehm gefressen. Und dann saßen wir fest. Hoffnungslos. Dreißig Kinder versuchten sich mit großem Hallo beim Schieben (und Stiebitzen) – aber der Karren lag wie festgeschweißt. Wir wühlten wie die Berserker. Aber weder kamen wir mit den Schaufeln in den Lehm hinein, noch halfen untergelegte Steine.

Mich bewegte dabei nur eine Sorge: Durch dieses Malheur waren wir zum Mittelpunkt eines Volksauflaufs geworden. Wann würde der erste Schnüffler nach unseren Pässen oder sonstwas fragen? Wann würden wir hier einem Polizisten auffallen?

Ich beschloß die Flucht nach vorn. Wo eine Plantage ist, logelte ich, gibt's auch Traktoren. Während die anderen unverdrossen weiter den Lehm auf seine Zähigkeit testeten, stapfte ich unbemerkt davon. Ich hatte meinen Freunden nichts gesagt, um sie im Falle des Fehlschlags nicht zu enttäuschen.

In einem Geräteschuppen sprach ich mit dem Obergerätemeister. »Sind Sie Missionar?«, wollte er wissen. »Ja, ja«, erwiderte ich mit nur zwei Sekunden Verzögerung. Okay, dann möge ich im Gefängnis beim Direktor nachfragen. Er sei nur der Gerätewart und dürfe solche Entscheidungen nicht fällen. Mir rutschte das Herz in die Hose. Gefängnis? Die brauchten ja dann nur noch die Tür zuzuschlagen, und ich saß in der Falle. Man würde uns zurücktransportieren nach Addis, dort würde man feststellen, daß wir bereits einmal aus der Danakil ausgewiesen worden waren. Und da drei mal drei neun macht, würde man bald ahnen, was wir wirklich wollten. Aber was half's? Angriff ist die beste Verteidigung.

»Der Direktor läßt bitten.« Ich hatte das schwere Eingangstor passiert und sah mich einem schlanken, sympathischen Manne gegenüber.

»Guten Tag. Ich heiße Rudi. Ich soll für kurze Zeit als Arzt in der Rasa-Mission helfen. Nun sitzen wir hier im Schlamm fest. Dürfte ich vielleicht Ihre Gastfreundschaft in Anspruch nehmen und Sie um einen Traktor bitten? Hundert Meter müßte er uns ziehen. Dann sind wir auf dem Festland.«

Der Direktor zwirbelte seinen Kugelschreiber zwischen Daumen und Zeigefinger seiner rechten Hand. »Eine Stunde kostet uns ein Traktor acht Bir. Können Sie das bezahlen, Bruder Rudi?«

Neun Minuten später zog uns ein Riesen-Caterpillar wie ein Elefant, der ein Streichholz aufzuheben hat, aus dem Sog des Morasts.

Das war also gutgegangen. Die Ketten blieben vorsichtshalber auf den Rädern. Nach vier Stunden kamen wir in tiefer Dunkelheit in Rasa an. Frau Greeuw, die australische Ehefrau des Missionars, Inge Olsen, eine kleine, energische Dänin und Robbi, eine chronisch freundlich lächelnde Irin mit herrlichem Gebiß und keckem Pferdeschwanz, erwarteten uns schon. Drei Frauen und ein Mann! Missionar müßte man sein!

Natürlich gingen wir nicht gleich schlafen, obwohl wir hundemüde waren. Schließlich bekamen unsere freundlichen Gastgeber nicht jeden Tag Besuch von Europäern, da gab es viel zu erzählen. Als Horst aber nach einiger Zeit die merkwürdig hoch eingesetzten Fenster auffielen, und er fragte, warum man denn eine so ungewöhnliche Bauweise gewählt habe, sagte Inge Olsen:

»Weil hier hin und wieder reingeschossen wird. Und wenn wir tiefer als die Fenster sitzen, dann kann man uns wenigstens nicht so leicht ausmachen.«

Sie sprach's so beiläufig, die kleine, brünette Dänin, als ob sie ein

Tanzvergnügen schilderte. »Wenn die Dunkelheit hereingebrochen ist«, setzte sie hinzu, »dann ist es sowieso nicht ratsam, sich außerhalb der Mission aufzuhalten – jedenfalls für einen Fremden nicht.«
Und Robbi warf auch noch eine bezeichnende Anekdote in die Runde:
»Gestern hatte ich Jubiläum, Walter.«
»Wieso? Sollte ich das vergessen haben? Was für ein Jubiläum?« Robbi kicherte nur.
»Mir ist der fünfte Afar vom Stuhl gefallen! Ist das nichts?« Sie blickte triumphierend in die Runde und klärte uns Laien dann auf.
»Wißt ihr, ich denke beim Arbeiten nicht immer daran. Wenn dann der nächste Patient an die Reihe kommt, sage ich »Nimm Platz!« Und da die meisten noch nie einen Stuhl gesehen haben, steigen sie entweder von hinten auf oder setzen sich oben auf die Lehne – und prompt kippen sie um. Das schlimme dabei ist – dann sind sie wirklich krank.«
Ein gefahrvolles, ungewöhnliches Leben führten die vier hier. Hühner zum Beispiel, Hühner hielten sie sich in großer Anzahl, aber nicht etwa der Eier wegen, sondern wegen der vielen Skorpione. Für das Federvieh nämlich sind diese giftigen Tiere Leckerbissen, und sie wissen sie auch überall zu finden. Sie waren Garant dafür, daß die beiden blonden Kinder der Greeuws hier ungefährdeter spielen konnten.
Oder die Bettler, die hin und wieder die Mission heimsuchten. Zerlumpte Kerle, oft vom Aussatz zerfressen, das Herz dreht sich einem bei ihrem Anblick um. Inge Olsen aber meinte knochenhart: »Nie etwas ohne Gegenleistung geben.« Und prompt verlangte sie von den Bittstellern, daß sie mindestens dreißig Minuten lang von einem Tonband Gospellieder und Gebete anhören mußten, bevor ihnen Tee und Brot gereicht wurde. Inge: »Wenn sie etwas bekommen, ohne daß man von ihnen was verlangt, dann verlieren sie im Nu jede Achtung vor dir. Das ist nun mal so in Afrika. Geschenkt wird einem hier nichts.«
Am dritten Tag kam Osman. Er brachte seinen Vater Homed, seinen Onkel Omar und zwei Kamele mit. Wir begrüßten uns mit vielen Umarmungen und freundlichen Auf-die-Schulter-klopfen, doch als Osman unser Gepäck sah, bekamen wir das erste Mal seinen Unwillen zu spüren.

»Diesen ganzen Kram wollt ihr auf zwei Kamele verladen?«, jammerte er. »Ach, was seid ihr doch für Unwissende! Ihr wollt wohl unsere Tiere ermorden, wollt uns unseren ganzen Besitz nehmen. Um das alles zu transportieren, da brauchen wir mindestens noch einmal zwei Kamele.«

So machte er sich dann wenig später auf den Weg in eine der umliegenden Ortschaften. Zwei Stunden später war er wieder zur Stelle. Und mit ihm kamen nicht nur zwei weitere Kamele, sondern auch gleich noch ihre beiden Aufseher – Ibrahim und Nassib. Sie würden als Treiber mitziehen, erklärte uns Oman kurzerhand. Für je fünf Bir täglich, Lohn für Mann und Tier.

Himmel, auf unsere Reisekasse kamen unvorhergesehene Belastungen zu!

Ohne sich um unsere langen Gesichter weiter zu kümmern, nahm er Walter Greeuw und seine Frau an die Seite und tuschelte mit ihnen. Besorgte Gesichter. Was war denn nun schon wieder los? Osman verschwand für eine Stunde im Nebel des Morgens. Befriedigt kam er zurück und schlürfte den heißen Abschiedstee. »Der kann sich auf was gefaßt machen!«, murmelte er.

»Was ist denn, Osman? Wer?«

»Als ich für euch durchs Dorf ging, um noch zwei Kamele zu finden, sah ich das Kamel, das sie meinem Bruder Mohamed Said geklaut haben.« Selbstzufrieden und mit listigem Blick inhalierte er den Tee. »Wir dachten immer, es hätte sich nur verlaufen. Aber jetzt weiß ich, daß er es geklaut hat! Denn er hat das Zeichen verändert.«

»Und was hat er zu deinem Vorwurf gesagt«, wollten wir wissen. »Was für 'n Vorwurf? Ich bin doch nicht so dumm, ihm meinen Verdacht zu sagen. Dann läßt er es verschwinden, bevor mein Bruder hier sein kann.« Und nach einer Weile setzte er hinzu: »Ich wäre ein schlechter Führer, wenn ich so unüberlegt handeln würde. Nein, ich habe einen Boten zu meinem Bruder geschickt. Ihr kennt meinen Bruder nicht. Aber würdet ihr ihn kennen, dann wüßtet ihr, daß er das Kamel wiederbekommt.« So hörten wir zum ersten Mal von seinem Bruder Mohamed Said. Dessen gefürchteter Ruf erwies sich später als wirkungsvolle Waffe.

Die erste Nacht unter den »Freien«

Wir hatten uns hingelegt und warteten auf den Schlaf. Über uns das aus Millionen Sternen bestehende Dach einer südlichen Nacht, die allerdings auch ihren Tribut an unsere technisierte Welt zu zahlen hatte: Denn in beinahe regelmäßigen Abständen löste sich einer dieser funkelnden Punkte und zog schnurgerade über den dunklen Himmel.
»Satelliten«, meinte Horst schläfrig. »Kreisen inzwischen schon eine ganze Menge da oben rum.«
Ich hatte sie auch gesehen. Eigentlich unvorstellbar, was die Menschen alles so vollbrachten. Die einen stürmten zu den Gestirnen, während andere noch Tag für Tag um die nackte Existenz kämpfen mußten. Die einen lebten schon in der Zukunft, die anderen noch in der Vergangenheit. Horsts Mitteilung nahm ich kaum noch wahr. Ich erinnerte mich vor mich hindösend an den ersten Abend unter den Afars und mußte lächeln. Die erste Burra. Das erste Camp in der Freiheit unter den »Freien«. Wir alle waren berauscht gewesen. Glücklich, daß wir es doch noch geschafft hatten, obwohl zunächst alles so schief zu laufen schien. Glücklich, weil dieses Leben unseren geheimsten Wünschen entsprach: Wir als Wanderer unter Nomaden. Vor uns eine unberechenbare Wüste mit unkalkulierbaren Bewohnern.
Und gleich dieser allererste Abend am knisternden Feuer mit dem blubbernden Reis (mit Milchpulver, Zucker, Zimt, Rosinen) brachte uns ein Erlebnis, daß ich noch immer gedanklich verarbeiten mußte.
Wir hatten uns ums Feuer gehockt. Die sechs Männer des »Dorfes« und wir. Die Frauen melkten die Ziegen.
Die Gastgeber und unsere Begleiter hatten das fünfte, das letzte, Gebet vollendet. Nun begann das Plaudern. Wann hatte man je Europäer am Feuer gehabt?! Was gab es da alles zu fragen und zu erzählen! Osman war ein guter und geduldiger Dolmetscher. Seine Englischkenntnisse waren uns eine sehr wertvolle Hilfe.
»Hussein, der ältere hier, will wissen, ob ihr verheiratet seid.«
»Ja, Klaus und ich sind es. Horst hat eine Freundin.«
»Das erste kann ich übersetzen. Was eine Freundin ist, so wie ihr es versteht, werde ich abändern. Das begreift hier niemand. Ich werde

sagen, er sei ledig, aber seine Familie hat ihm bereits eine Frau bestimmt.«
Und damit basta. Osman regulierte vieles mit seiner Dolmetschertechnik. Warum auch Probleme aufwerfen, die doch niemand versteht?
Unseren Afars reichte das. Allein unsere Gegenwart bot ihnen unendlichen Gesprächsstoff. Jeder stützte sich dabei auf sein Gewehr. Es war wie ein unablegbarer Körperteil.
»Habt ihr Kinder?«
»Ja, ich eine Tochter und Klaus zwei.«
»O Allah! Nur eine bis zwei Töchter und keine Söhne?« Osman stöhnte.
»So ist es, und wir sind zufrieden.«
»Ich werde übersetzen, daß ihr jeder auch einen Sohn habt. Sonst könnt ihr nämlich keine guten Ärzte sein.«
Osman manipulierte wieder. Eigentlich brauchten wir überhaupt nicht zu antworten. Nur dann wäre es ja aufgefallen, wer hier die Auskünfte gab.
Von Stund an verfügten Klaus und ich über einen kräftigen, gesunden Sohn, dem sich noch weitere anschließen würden, sofern Allah uns seine Gnade nicht entzog.
Wir spürten deutlich die Anerkennung, die man uns entgegenbrachte.
»Seht ihr die Frau da vorn?«
Natürlich sahen wir sie. Stand sie doch nur fünf Meter entfernt. Sie hatte ihren linken Ellenbogen auf die rechte Hand gestützt und lehnte ihr Haupt ein wenig nachdenklich und neugierig zugleich in die linke Handfläche. Als wir zu ihr hinüberschielten, lächelte sie und drehte sich verschämt weg. Die Afars lachten. Der Obergastgeber zeigte immer wieder auf uns und sie und schnabulierte munter drauf los.
Beinahe ahnten wir, was da auf uns zukam, noch bevor Osman seine Übersetzung über das Lachen der anderen hinwegbrüllen konnte.
»Hättet ihr Lust, mit dieser Frau in die Hütte zu gehen?«
Unsere Ahnung hatte uns also nicht getrogen. Es war allerdings auch nicht schwer, denn wir waren vorgewarnt. Hatten wir doch selbst gerade zwei Abende vorher noch herzhaft geschmunzelt und uns un-

merklich in die Rippen geknufft, als Walter, der Missionar, seine Erlebnisse zum besten gab: »Das ist durchaus keine Seltenheit, wenn man euch eine Frau anbietet. Mir ist das mehr als einmal passiert.«

Da er nicht fortfuhr, wollten wir ihm auf die Sprünge helfen: »Und wie hast du dich verhalten?« Denn es interessiert einen ja schließlich, wie sich ein Missionar in einer solchen Situation verhält.

Walter schielte verschmitzt zu seiner temperamentvollen, hübschen Frau hinüber und stotterte: »Na ja. Wenn man die Leute kennt und die Sprache beherrscht, ist das weiter kein Problem. Da kann man Magenbeschwerden oder Kopfweh vorgeben und ist entbunden von der Verpflichtung. Das versteht jeder. Aber, wie gesagt, einem geachteten Gast wird das durchaus häufig passieren.« Und nun passierte es uns. Ausgerechnet am allerersten Abend unter den Afars.

»Sie heißt Hiyaam. Das heißt etwa Liebesrausch. Hussein meint es ernst. Er bittet euch sogar drum. Hiyaam ist seine Frau. Schon seit dreizehn Jahren. Sie kriegt keine Kinder. Aber er braucht dringend Kinder. Sie sollen ihn verteidigen und ernähren, wenn seine Körperkräfte schwinden. Er bietet sie euch nicht nur aus Gastfreundschaft an. Die Kinderlosigkeit ist das härteste Los, das einem Mann hier widerfahren kann.«

Wums. Da hockten wir nun. Mucksmäuschenstill war es geworden am Feuer. Fragende und belustigte Augenpaare blickten uns fest an.

»Sie sieht ja nicht schlecht aus«, nuschelte Klaus in seinen verfilzten Bart.

»Ihr Lächeln gefällt mir« ergänzten Horst und ich wie aus einem Munde. Aber damit erschöpften sich unsere Beobachtungen und wichen einer allgemeinen Verlegenheit.

»Ich glaube, die meinen es gar nicht ernst«, warf Horst ein, ohne seine Lippen unnötig zu strapazieren.

Doch Hussein, der freigiebige Ehemann, bediente sich mittlerweile einer eindeutigen Fingersprache, um unsere Aufmerksamkeit wieder auf sich zu lenken und um etwaigen Mißverständnissen vorzubeugen.

Die vier- bis achtjährigen Mädchen und Jungen, die längst nähergerutscht waren, wollten sich totlachen und ahmten die Gesten Husseins nach. Man war allerseits voll aufgeklärt.

»Gefällt sie euch denn nicht?«, Osman schaltete sich wieder ein und schaute uns erwartungsvoll an.
»Warum stellst du dich denn nicht zur Verfügung?«, wollte Klaus wissen, doch Osman verbaute uns sofort diesen Fluchtweg: »Er hat sie euch angeboten. Er hofft, daß das Kind etwas von eurer Weisheit mitgekommt.«
Das Kind! Uns durchfuhr ein Schreck. Man stelle sich doch nur einmal vor . . .
Mit einem Mal wurde uns wirklich bewußt, was es heißt, wenn verschiedene Kulturkreise aufeinandertreffen.
Was sollten wir sagen? Sitten, Gebräuche, Erziehung oder eheliche Treue? Die Begriffe hüpften nur so durch meinen Kopf, suchten den Weg zur Zunge, doch immer wieder stoppte ich, dies alles zu erklären hatte doch gar keinen Sinn.
Wir sahen uns nicht wenig ratlos an. Meine Stimme klang mir fremd, als ich sagte: »Hm. Das Angebot ist für uns sehr ehrenvoll und die Schönheit der Frau . . . doch es . . . ist . . .«
Ich kam ins Stocken und schaute hilfesuchend meine Freunde an. Wir waren in der Klemme, denn wir alle waren uns bewußt, daß unser Zögern, unser Herumgedruckse von unseren Gastgebern über kurz oder lang als Ablehnung und somit als Beleidigung aufgefaßt werden würde.
In diesem Moment stand Klaus auf und gebot mit theatralisch ausgebreiteten Armen dem lustigen Geschnatter und Gefeixe am Lagerfeuer Einhalt.
Er verbeugte sich vor Hussein, vor dessen Frau, die immer noch verschämt wegblickte und vor allen anderen.
Schlagartig war es ruhig geworden und hätte jetzt jemand die berühmte Stecknadel bei sich gehabt und sie fortgeworfen, wir hätten ihr Fallen hören können.
Klaus blickte unseren Gastgeber an und begann zu sprechen: »Wir sind uns der Ehre wohl bewußt, die du, Hussein uns zuteil werden lassen willst, doch ein Gelübde unserem Gott gegenüber, verbietet es uns allen, dein ehrenvolles Angebot anzunehmen.«
Mir stockte der Atem, Horst ebenfalls. Um Klaus zu unterstützen, begannen wir beide höchst eifrig, wie aufgezogene Rasselteddys, mit den Köpfen zu nicken. Mit den Augen tastete ich Osmans Gesicht ab.

Er übersetzte das von Klaus Gesagte mit eindrucksvoller Stimme, machte es für den Angesprochenen glaubhaft, doch in seinen Augen las ich, daß er Bescheid wußte.
Unbeirrt spann Klaus nun den einmal gefundenen Faden weiter: »Bevor wir mit unserer Reise begannen, um euch und euer schönes Land zu besuchen, beteten wir zu unserem Gott, daß er uns sicher führen soll und baten ihn um ein glückliches Gelingen unserer Reise. Wir schworen ihm Enthaltsamkeit. Und ist auch unser Gott nicht der eure, so werdet ihr dennoch verstehen, daß uns der Schwur heilig ist und nicht gebrochen werden darf.« Klaus hörte auf zu sprechen und wir lauschten der Übersetzung Osmans. Hussein, der im Schneidersitz nah am Feuer saß, legte die Hände auf seine Knie und sackte ein klein wenig in sich zusammen. Oder schien es uns nur so? Sein Gesicht nahm zum Glück jedenfalls keinen abweisenden Ausdruck an, im Licht des Feuers sahen wir, wie ein leichtes Lächeln über seine Züge glitt, je weiter Osman mit seiner Übersetzung kam. Als Osman zu sprechen aufhörte, trat wiederum Stille ein. Wer mußte jetzt etwas sagen? Hussein? Horst? Oder etwa ich?
Mich durchfuhr ein Schreck! Was machte denn Klaus nun wieder? Alle starrten ihn an. Und er? Er knöpfte sich in aller Seelenruhe das Hemd auf und nestelte an seinem Brustbeutel herum. Wir alle vernahmen das leise Klingen der Münzen. Offensichtlich hatte er gefunden, was er suchte. Mir erschien es schon provozierend langsam, wie er nun wieder den Brustbeutel schloß und sein Hemd zuknöpfte.
Er ging auf Hussein zu, blieb vor ihm stehen und sagte: »Die Schönheit deiner Frau ist so groß, daß ihr Bild in dem Land, aus dem ich komme, mit Sicherheit auf einer Münze erscheinen würde, so wie auf dieser Münze hier, die ich dir schenke.« Er drückte dem verdutzten Hussein doch tatsächlich eine Fünfzig-Pfennig-Münze in die Hand. Osman übersetzte wieder und als er geendet hatte, erhob sich Hussein, den Stolz nicht verbergend, und umarmte Klaus. Das Stimmungsbarometer machte einen ungeheuren Satz nach oben, Hussein wurde von seinen Leuten umringt, sie alle wollten die Münze sehen.
»Du bist ein ganz verdammter Pokerspieler, Klaus!«, Horst und ich hatten uns zu ihm gesellt und ihm ob dieses Coups erst einmal or-

dentlich in die Rippen geboxt, natürlich so, daß es keiner der Anwesenden, Klaus natürlich ausgenommen, merken konnte.
»Ich hab' zwar keine Ahnung vom Pokern, aber nach dem, was ich so aus Filmen kenne, ist das entweder ein Royal Flash, 'n Full House oder 'ne Straße gewesen, was ich da ausgespielt habe. Geklappt hat es jedenfalls.«
»Und ob«, stimmten wir ihm zu, »und die Nummer mit dem Geldstück war ja wohl die Krone.«
Mit einem Mal stand Osman vor uns. Er musterte nachdenklich unsere Gesichter, sagte aber kein Wort. Endlich wandte er sich ab, um seinen Platz am Feuer wieder einzunehmen.
Lächelte er nicht ein klein wenig?
»He, Horst – ich denke gerade an unseren ersten Abend unter den ›Freien‹ . . .«
Keine Antwort.
Ich stützte mich auf.
Horst und Klaus, links und rechts von mir plaziert, schlummerten selig und süß.
Ich ließ mich zurückfallen.
Na denn, gute Nacht.

Schweinezucker und Schweineflocken

»Ein Freund willst du sein, ha, ein Freund? Oh, Allah strafe einen armen Sünder nicht zu hart, schütze mich bitte vor solchen Freunden! Behüte mich vor diesem Lumpenkerl! Wolltest mich austricksen, ha? Ungläubiger Teufel, hast wohl gedacht, mit dem kann ich's machen, ha?!«
Osman hatte seinen großen Auftritt. Mit wehendem Umhang tanzte er vor mir auf und ab. Der kleine, grazile Kerl verrenkte sich wie eine Schlange, stieß die Arme alle paar Sekunden ruckartig in die Luft, dann wieder trommelte er mit beiden Fäusten auf seinen Bauch und aus den kohlrabenschwarzen Augen schossen Zornesblitze gegen mich.
Es war die Wiederauferstehung von Hadschi Halef Omar. Ja, genauso mußte Karl May seine legendäre Romanfigur vor sich gesehen ha-

ben, als ein strampelndes, zuckendes, schimpfendes Temperamentbündel, unglaublich komisch in seinen Zornesausbrüchen.

Himmel, wenn er bloß nicht merkt, wie ich mich über ihn amüsiere! Ich preßte das Kinn gegen die Brust, um Osman das verräterische Zucken meiner Mundwinkel nicht sehen zu lassen. Gut so, mochte er getrost glauben, ich sei mächtig zerknirscht, würde mir seine Schimpftiraden zu Herzen nehmen. Dann ging das Gewitter vielleicht schneller vorüber. Widerworte hätten es sicher nur schlimmer gemacht. Osman war ein Naturereignis, es mußte sich eben austoben.

Es waren unsere kleinen »Schweinezeichnungen«, die ihn so in Erregung brachten. Aber in Dreiteufelsnamen – was hätten wir schließlich auch anderes machen sollen? Hätten wir untätig zusehen sollen, wie unsere unersetzlichen Vorräte von Tag zu Tag mehr zusammenschmolzen? Hätten wir die Hände in den Schoß legen sollen, nur um Osmans Zorn nicht zu wecken?

Vor unserer Abreise hatten wir ausdrücklich vereinbart, daß jeder unserer Afarbegleiter sich selbst zu ernähren habe. Natürlich hatten sie es gelobt – aber tatsächlich etwas mitgebracht hatte nur Osman; und zwar einen Beutel voll Makkaroni. Alle anderen vertrauten auf die Freigebigkeit unserer jeweiligen Gastgeber. Als das nicht immer klappte, wurden wir angegangen. Die Schnorrerei, mit unermüdlicher Geduld vorgetragen, wuchs sich innerhalb weniger Tage zur krassen Forderung aus.

Osman selbst hielt sich zwar zurück mit den Ansprüchen, aber sein trauriger Blick, den er ständig von seinen trost- und salzlosen Nudeln auf uns warf, wirkte noch viel massiver. Die Backen voll mit Nudeln, stierte er in seinen Topf und übersetzte uns die Essenswünsche seiner Begleiter. Monoton, leise, ohne die Nudeln in seinen Wangen durcheinander zu bringen, wie jemand, der sehr verzweifelt ist und nur seine Pflicht tut. So schrumpften unsere wertvollen Haferflocken, der Kaffee, der Zucker, das Mehl – bis Horst den rettenden Einfall hatte.

»Schweine«, grinste er hinterhältig. »Ich hab's: Schweine!« Und als wir ihn ratlos anschauten, setzte er hinzu:

»Schweinefleisch! Na, klickt's noch nicht?! Denkt doch mal daran, daß die Jungs glauben, Allah würde sie in die finsterste Verdammnis stoßen, wenn sie Schweinefleisch essen. Daran müssen wir uns halten. Wir müssen ihnen nur irgendwie vormachen, daß in unseren Vorräten viele Produkte vom Schwein enthalten sind. Und ich weiß auch schon, wie wir das machen. Wir malen einfach kleine Schweine auf die Vorratsbehälter. Aus. Sollt mal sehen – ab sofort ist das für die tabu.«

Klaus prustete los. »Du hast wohl zu sehr unter der Sonne gelitten? Haferflocken aus Schweinefleisch! Mensch, das kannst du doch diesen gerissenen Wüstensöhnen nicht weismachen.«

»Hast du vielleicht eine bessere Idee?«, knurrte Horst zurück. »Zumindest können wir es doch mal probieren. Immer noch besser, als gar nichts zu tun. Klappt's nicht, müssen wir uns eben was anderes einfallen lassen.«

Wir probierten es also. Und um glaubwürdiger zu wirken, sicherten wir mit den kleinen Schweinebildchen nicht gleich alle unsere Vorratsbeutel, sondern nur die mit den wichtigsten Produkten.

Als sie danach ihre Forderungen erhoben, sträubten wir uns so energisch wie immer. Dabei ließen wir nun durchblicken, daß wir sie nicht recht verstehen könnten. Erstens hätten wir ja getrennte Küche vereinbart. Aber selbst, wenn wir das noch hinnähmen, verstünden wir nicht, warum sie, zweitens, so sehr gegen ihren Glauben verstießen. Es sei nicht Geiz, daß wir uns so anstellten, sondern echte Sorge und großes Unverständnis ob der Tatsache, daß sie als gute Muslims partout Schweineprodukte essen wollten. Sicherlich nur, weil ihre Dorfbewohner sie hier nicht sehen könnten. Aber schließlich gäbe es ja Allah. Und der sähe es auf jeden Fall. Auch nachts. Ob sie noch nie von dem Sprichwort gehört hätten: »Vor Allah bleibt nichts verborgen, so wie vor der Fliege keine Wunde verborgen bleibt.«

Das Ding schlug ein wie eine Bombe.

Mit fragenden, hervorquellenden Augen und offenem, scheinbar ausgetrocknetem Mund stierten sie uns an. Sie sagten nichts. Jedenfalls nichts zu uns.

Aber um so lebhafter war dann die Diskussion untereinander. Obwohl wir die Sprache nicht verstanden, spürten wir ihr Mißtrauen.

Der Erfolg war jedenfalls der, daß niemand mehr an unsere »Schweineflocken«, den »Schweinezucker« und das »Schweinemehl« ging. Zwei Tage lang.

Bis Osman sich noch einmal und bei Tageslicht unsere Haferflocken ansah und sie eindeutig als »Oats« identifizierte, aus denen man in der Mission allmorgendlich »porridge« gemacht hatte! Deshalb also sein Zorn. Deshalb hüpfte er hier vor mir wie ein Gummiball auf und ab, verfluchte uns in alle drei Ewigkeiten, und um der besseren Wirkung willen auch gleich alle unsere Väter, Mütter, Brüder, Schwestern und Frauen mit. Wie undankbar wir doch seien, schrie er mit seiner sich überschlagenden, fistelnden Stimme. Habe er sich nicht in seiner ganzen Weisheit und Güte unser angenommen? Habe er nicht alles für uns, seine Schützlinge, getan? Wären wir nicht ohne ihn rettungslos verloren? Und nun dies? Austricksen, ihn, den Osman, der fest geglaubt hatte, Freunde um sich zu haben! Klaus und Horst hatten sich eiligst aus dem Staube gemacht, als sie Osman zornig auf uns zutraben sahen. Er hielt eines von diesen merkwürdigen Schweinebildchen in der Hand, weit von sich gestreckt, als scheue er schon dessen Nähe. Vermutlich lagen die beiden nun irgendwo in der Wüste, hinter einem der dichten Dornenbüsche und amüsierten sich königlich, während ich hier den Blitzableiter für Osman spielen durfte.

Es war unser vierzehnter Tag in der Danakil-Wüste. Kein Tag verging wie der andere. Die Eindrücke und Erlebnisse wechselten stündlich. Fleckenlos blau lag der Himmel über dem spärlich bewachsenen Land. Spröder, erodierter Boden, aber immer noch mit Bäumen und Büschen bestanden. Fast alle zwei Tage kreuzten wir sogar wasserführende Bäche, die vom Hochland herabsprudelten. Sahen wir Gazellenherden, dann war auch eine Burra (Grashütte der Afars) nicht fern. Gazellen ziehen die Menschennähe vor. Sie fühlen sich dort sicherer vor den Hyänen. Die Bäume, Büsche und Gräser hatten im Laufe ihrer Entwicklung gelernt, sich gegen das Gefressenwerden dadurch zu schützen, daß sie entweder bitter schmeckten oder ein Stachelkleid trugen. Dieses Dornengewand wiederum machten sich auch die anspruchslosen Landeskinder zunutze, wenn sie ihre Burras mit einer dicken Dornenhecke umgeben. Sie schützt die Bewohner nicht nur vor den Hyänen, sondern auch vor räuberischen Nachbarn.

Wir kamen ziemlich schlecht voran. Mindestens vierzig Kilometer hatten wir uns als Tagesleistung vorgenommen, doch wenn wir jetzt zwanzig schafften, waren wir heilfroh.

»Wenn das so weitergeht, dann dauert unsere Expedition nicht zwei Monate, sondern mindestens sechs«, stöhnte Horst.
»Wirst wohl noch ein weiteres Semester dranhängen müssen«, maulte ich zurück. Die glühende Hitze und die sich allmählich einstellende Eintönigkeit der Tage drückten auf unsere Stimmung. Für das langsame Tempo unserer Karawane waren unsere Führer verantwortlich. Sie waren unglaublich erfindungsreich, wenn es darum ging, einen Grund für eine längere Pause zu finden. Wahrscheinlich ging es ihnen darum, möglichst viele bezahlte Tage herauszuschinden. So leicht verdienten sie schließlich ihr Geld sonst nicht. Und so fanden sie dann immer neue Gründe, uns aufzuhalten. Mal durften die Kamele nicht so stark strapaziert werden, weil es sich angeblich um ältere Tiere handelte, die uns sonst einfach den weiteren Dienst verweigern würden, dann wieder konnte Opa Homed nicht so recht weiter. »Meine Füße«, jammerte er stets, »meine armen Füße. Oh, nehmt doch Rücksicht auf einen alten Mann. Hier müssen wir rasten!« Dann wieder, weil angeblich der letzte Schattenbaum, der letzte Laubbaum für die Tiere, das letzte Wasser, die letzte Burra vor uns aufgetaucht war. Osman selbst gab sein Bestes. Aber gegen die Sturheit des Omar und das Phlegma der Treiber Ibrahim und Nassib war er machtlos.
Wie alle Afars waren Osman und seine Leute stranggläubige, ja, fanatische Muslims. Die Rechtgläubigen aber, wie sie sich nennen, verrichten fünfmal am Tage ihre Gebete. Somit waren für uns also schon Tag für Tag längere Unterbrechungen vorprogrammiert. Denn mit dem Beten allein ist es ja nicht getan, es müssen die umfangreichen rituellen Waschungen vorgenommen werden, bevor die vielen Verbeugungen, das Niederfallen in Richtung Mekka, das Berühren des Bodens mit der Stirn und das oft wiederholte Bekenntnis folgen: »Es gibt keinen Gott außer Allah, und Mohammed ist sein Prophet.«
Zu allem Überfluß versuchte sich Osman bei uns ständig und unverdrossen als Missionar. Ausgerechnet er, der uns von der Mission als einer der wenigen Bekehrten vorgestellt worden war. Immer wieder forderte er uns temperamentvoll auf, zum rechten Glauben überzuwechseln, abzulassen von dem, was wir als Christentum bezeichneten, in dem – Osman schüttelte sich förmlich, wenn er darauf zu sprechen kam – Gott gleich in dreierlei Gestalt auftritt, als Vater, Sohn

und Heiliger Geist. »Wie kann man so etwas nur glauben«, entsetzte er sich stets aufs neue. »Gott ist einmalig, unverwechselbar. Oh, ihr Ungläubigen, ihr wollt so klug sein und seid so dumm!«
So lernten wir während der ersten Tage sehr viel. Vor allem, Geduld zu üben.
Stets lange bevor die Nacht hereinbrach, suchte Osman nach einem passenden Lager. »Eine gute Milchkuh und ein guter Gast kommen stets vorm Dunkelwerden zur Burra«, belehrte er uns. »Der Gastgeber will sehen, mit wem er es zu tun hat. Und fern von einer Burra einfach im Busch zu schlafen, bedeutet den Tod. Wer sich nicht bei den Menschen meldet, führt etwas Böses im Schilde. Der ist vogelfrei und wird niemals lebend der Dankalia entkommen.«
Zu Beginn der Reise fanden wir noch Burras für die Nacht. Je nachdem, wie gut man Osman, Homed und Omar kannte, wurden wir kühl oder heiß und innig aufgenommen.
Während wir in gebührendem Abstand anzuhalten hatten, ging Osman vorweg, um uns anzumelden und vorzustellen. Die »Tatsache«, daß wir »Ärzte« waren, ließ fast alle Gastgeber weich werden. War der Hausherr geneigt, uns aufzunehmen, dann kam er uns entgegen, reichte die Hand und wies uns, meist außerhalb der Dornenhecke, die seine Hütten umgab, einen Lagerplatz zu.
Die Hütten selbst waren einfach. Ein paar mitgeführte, biegsame Äste waren in die Erde gesteckt worden, der Zwischenraum mit Grasmatten ausgefüllt, ein Eingangsloch freigelassen – fertig. In Minutenschnelle konnte eine solche Behausung aufgebaut und ebenso schnell wieder abgebaut werden.
Die Einrichtung bestand aus ein paar Töpfen, Kamelsätteln, Betten aus Palmfasern, Feuerstelle und neben der Hütte dann die Gebetsstelle, ein Viereck nur, fein säuberlich mit Gras ausgelegt. Anfangs wunderten wir uns darüber, daß die Hütten nie in unmittelbarer Nähe von Wasserstellen standen, aber Osman wußte dafür einen einleuchtenden Grund: Wasserstellen werden auch von Räubern und von wilden Tieren aufgesucht – sie sind also Gefahrenpunkte.
Wir schliefen nebeneinander auf dem Boden. Neben uns der Hausherr mit dem Gewehr im Arm – Beschützer seiner Sippe und seiner Gäste. Einziger Komfort: unsere fünfundfünfzig Gramm leichten Aluminiumfolien, die sehr vielseitigen Schutz boten – gegen den

Schmutz der Erde, gegen Insekten, Kälte, Staub, Regen und Wind. Da sich aber an ihrer Innenseite das von uns verdunstete Körperwasser niederschlug, war es ratsam, die Garderobe anzubehalten oder zunächst eine Decke über sich zu breiten.
Eines Morgens erklärte uns Osman, er wüßte nun für eine Weile den Weg nicht. Wenn wir uns nicht verirren wollten, dann müßte von nun an sein Onkel Omar die Führung übernehmen.
Ich wunderte mich nicht mehr. Und Klaus meinte trocken: »Ist doch egal, ob du uns führst oder ein anderer. Hauptsache, es führt uns überhaupt jemand.«
Doch Osman machte uns nun schnell klar, daß dies nicht so egal war, wie es uns zunächst schien:
»Da ja nun Omar nicht nur Begleiter, sondern Führer ist, müßt ihr ihn auch bezahlen«, trumpfte er auf. Und als er unsere entrüsteten Mienen sah, setzte er schnell hinzu: »Er wird es ganz billig machen, weil ihr Freunde seid, er verlangt nur drei Bir pro Tag.«
Verflixte Sippschaft! Die wollten uns offenbar richtig ausnehmen. Und redeten dabei immer noch von Freundschaft. Doch was half es schon, daß wir widersprachen, schacherten, maulten; wir waren ihnen ausgeliefert und mußten zu alledem noch gute Miene zum bösen Spiel machen. Denn wenn uns Osman und seine Leute sitzenließen, dann waren wir völlig aufgeschmissen. Das wußten sie natürlich auch.
Einen Tag später kam dann der nächste Schachzug. Osman meinte, wir müßten jetzt einen Tag Pause einlegen. Und ohne überhaupt unsere Antwort abzuwarten, erklärte er:
»Ibrahim und Nassib haben nichts mehr zu essen. Sie haben sich uns so schnell angeschlossen, daß sie keine Zeit mehr hatten, genügend Lebensmittel mitzunehmen. Und ihr wollt ihnen ja auch nichts geben. Unser jetziger Gastgeber hat erlaubt, daß wir länger bei ihm bleiben. Ibrahim und Nassib werden von hier aus zur Farm bei Gewani gehen, um Bohnen zu kaufen. Auch wir anderen brauchen neue Vorräte. Gebt uns einen Vorschuß. Heute abend werden sie zurück sein.«
So blieben wir. Gaben Vorschuß. Und warteten. – Einen Tag. Zwei Tage. Am Abend des zweiten Tages kamen sie zurück. Einen Beutel mit zehn Kilogramm Makkaroni auf dem Rücken. Völlig erschöpft.

»Nassib kann nicht schwimmen. Und der Awasch ist so tief, daß wir einen Riesenumweg machen mußten, bis wir durch eine Furt ans andere Ufer gelangten.«
Wir waren verärgert.
»In Ordnung«, fuhr ich Osman an, »aber sag ihnen, daß sie für die Zeit keinen Lohn kriegen werden.«
»Das wird nicht gehen«, antwortete Osman gleichbleibend freundlich.
»Warum nicht?«
»Sie sagen, daß sie die Nudeln nicht gebraucht hätten, wenn sie zu Hause geblieben wären. Sie sagen, daß sie bei einem so anstrengenden Tagewerk mehr Essen benötigen als sonst. Und dies geschieht schließlich auf euren Wunsch so. Es ist also nicht ihre Schuld, daß sie weg mußten, um Nahrung zu besorgen. Siehst du das ein?«
Ja, wir hatten das um des lieben Friedens willen noch eingesehen. Aber die Schnorrerei hörte nur für kurze Zeit auf. Dann war wieder alles beim alten – bis uns eben die »Schweine-Idee« gekommen war. Aber auch sie half uns nicht weiter. Im Gegenteil. Osman war sauer, wir waren sauer.
Ich antwortete ihm gar nicht mehr. Was sollte ich schon sagen? Abends hockten wir vor der Hütte unseres Gastgebers. Es kam kein richtiges Gespräch zustande. Ich lag auf der Erde und starrte wortlos in die untergehende Sonne, die wie ein riesiger, feuerroter Ball am Himmel hing. Horst zeichnete die an diesem Tag gemessenen Luftfeuchtigkeitswerte und andere Daten ein. Klaus studierte die verschiedenen Karten und meinte plötzlich:
»Hier in der Nähe muß die Stelle sein, wo Nesbitt seinen ersten amharischen Begleiter, Bayonna, verlor.«
Gemeint war Louis M. Nesbitt, dem es 1928 als erstem Weißen gelang, die Danakil-Wüste zu durchqueren.
Wir beugten uns über die Karte, und die alte Geschichte fiel uns wieder ein:
Während Nesbitt im Awasch badete, waren Bayonna und zwei andere Amharen in den Busch gegangen, um Gras für die Tiere zu schneiden.
Einer der beiden jungen Afar-Führer, der die Expedition in diesem Gebiet führte, begleitete sie. Er hatte sich bei einem anderen Amha-

ren ein Gewehr geliehen, denn er selbst besaß nur einen Speer. Aus heiterem Himmel erschoß er Bayonna aus nächster Nähe. Er versuchte auch, die anderen beiden Männer zu töten, verfehlte sie aber. Bevor sie ihre Waffen ergreifen konnten, floh der junge Afar. Verstört trafen die Freunde Bayonnas im Lager ein. Sofort machte sich ein eilig zusammengestellter Trupp auf die Suche nach dem Mörder, doch die hereinbrechende Nacht vereitelte die Verfolgung.

Der Mörder wurde nie gefangen.

Es gilt als sicher, daß der junge Afar sich nicht nur das Gewehr beschaffen wollte, sondern auch die Heiratstrophäe. Bald darauf verlor Nesbitt zwei weitere Begleiter. Der eine wurde ermordet, als er abseits vom Camp auf die grasenden Tiere achten sollte. Der andere ging einem entlaufenen Tier nach. Von dieser Suche kehrte er nicht zurück.

»Das ist fast auf den Tag fünfzig Jahre her, dennoch hat sich nichts geändert. Getötet wird wie eh und je. Mit der Gille, dem Speer, dem Gewehr und mit Gift.

Ihr kennt ja Giselas Empfehlung: Bietet euch ein Afar nach einem Streit ein Versöhnungsmahl an, lehnt es lieber ab. Es könnte vergiftet sein.

Laßt uns den Streit mit Osman und seiner Familie nicht ganz so schwer nehmen. Vielleicht müssen wir uns auch nur besser anpassen«, Klaus sah uns an.

Horst und ich nickten.

Die Bekehrung

Lange sagte niemand etwas. Jeder hing seinen Gedanken nach.

»Anpassen. Wir müssen uns besser den Gegebenheiten anpassen«, grübelte ich für mich im stillen. Und nach einer Weile verkündete ich laut:

»Ich werde Moslem!«

Horst goß gerade frischen Tee nach.

»Hast du 'ne Meise?« empörte er sich, »damit treibt man keine Späße!«

Aber Klaus schlug mir derart auf die Schulter, daß der herrliche Tee im Sand versickerte. »In eben dieser Sekunde wollte ich euch genau dasselbe vorschlagen. Der Islam hat mich schon immer interessiert. Und ich bin sicher, daß wir mit unseren Begleitern viel besser klarkommen, wenn wir erst einmal ihre Glaubensbrüder sind.«

Horst hörte sich das alles mit unbewegtem Gesicht an. Während Klaus und ich noch weiter fabulierten und bereits eine Hadsch nach Mekka ins Programm aufnahmen, meinte er nur: »Macht, was ihr wollt. Ich trete nicht über. Aber ich kann ja fortan als euer Diener fungieren.«

»Findest du den Islam weniger glaubwürdig als das Christentum?« bohrte Klaus.

»Nein. Es gibt hier wie dort Thesen und Regeln, die ich nicht akzeptieren kann. Nimm doch bei uns nur einmal die Mär von Himmel und Hölle, das Beichten, die Jungfrauen-Geburt et cetera. Stell dir vor, irgendeine schwangere Frau würde heutzutage erzählen, sie sei Jungfrau wie Maria damals. Man würde den Kopf schütteln und sie als Spinnerin abtun. Bei uns sind das jedoch fest verankerte Fakten im Christentum. Aber selbst wenn man das alles als Fabeln abtun würde – dann bleibt doch immer noch Christi Idee von der Nächstenliebe. Und die finde ich gut. Ohne Achtung vor den Mitmenschen, ohne Liebe, ohne soziale Verantwortung, ist doch ein Leben auf dieser Erde überhaupt nicht denkbar.«

»Okay«, warf Klaus ein, »ab heute, verzeih mir, betrachte ich dich als unseren Diener. Das wird unseren Wert beträchtlich steigern. Fang man gleich an und schieb noch einen Tee rüber. Ich jedenfalls werde Mohammedaner.«

»Vor allen Dingen wird man kein Mohammedaner«, antwortete ihm Horst sachlich. »Das ist so eine Bezeichnung, die bei uns viele nachplappern, ohne überhaupt eine Ahnung davon zu haben. Die Leute hier beten nämlich nicht Mohammed an, sondern Allah, den für sie einzig rechtmäßigen Gott. Mohammed ist nicht sein Sohn, sondern lediglich sein Prophet.«

»Das finde ich einen viel glaubwürdigeren Aufbau als bei den Christen«, warf ich ein, »die Sache mit Gott und Sohn und Heiligem Geist. Richtig nennt man sie Muslim. Das kommt aus dem Arabischen und heißt soviel wie ›sich Gott unterwerfen‹. Wie Horst schon sagt, wenn du zu einem Muslim »Mohammedaner« sagst, dann beleidigst du ihn, zumindest aber zeigst du ihm, daß du von seiner Religion keine Ahnung hast. Und diese Religion übrigens ist der Islam. Das Wort kommt ebenfalls aus dem Arabischen und hat zweierlei Sinn: zum einen bedeutet es den Frieden der Seele, aber auch den Frieden der Welt, zum anderen weist es den Weg, wie man zu diesem Frieden gelangt, nämlich durch die Hingabe an Allah, durch Gottergebenheit.« Ich wunderte mich selbst, was ich noch behalten hatte vom Arabisch-Unterricht an Hamburgs Volkshochschule. Klaus' Interesse war sofort hellwach.

»Ihr wißt ja da offensichtlich recht gut Bescheid, erzählt ein bißchen mehr darüber! Wenn man euch so hört, sollte man meinen, ihr wäret schon längst Muslims.«

Horst hatte die Arme unter dem Kopf verschränkt. »Na ja, ein wenig beschäftigt habe ich mich mit dieser Religion schon lange. Seit meiner Zeit in Persien. Schließlich gibt es rund sechshundert Millionen Menschen auf der Welt, die an Allah glauben, rund eine Million übrigens bei uns in der Bundesrepublik – da sollte man sich schon etwas drum kümmern.«

Nach einer Pause fuhr er fort:

»Also, was muß man mindestens wissen? Zum Beispiel, daß Mohammed, oder auch Muhamed, von 570 bis 632 in Mekka und Medina lebte. Als er vierzig Jahre alt war, erschien ihm der Erzengel Gabriel, offenbarte ihm Gottes Willen und seine Berufung zum Propheten dieses Willens. Doch in seiner Vaterstadt Mekka stieß Mohammed fast nur auf Ablehnung. Deshalb begab er sich mit seinen Anhängern nach Medina, wo er zum Herrn der Stadt wurde. Nach zahlreichen Kämpfen konnte Mohammed dann 630 im Triumph nach Mekka zurückkehren. Er übernahm dort das Heiligtum des Islams, die Kaaba, das ist ein würfelförmiges Bauwerk, in dessen Südostecke ein schwarzer Meteorit eingemauert ist. Die Kaaba stellt das Ziel aller Pilger-Fahrten dar, in Richtung der Kaaba werden alle Gebete der Muslims geführt. In diesem Zusammenhang ist auch interessant, daß Allah in der Vorstellung der Muslims undarstellbar ist, weil es nichts gibt, was ihm gleicht. Deshalb gibt es in den Moscheen keine Statuen oder Abbildungen, die Allah darstellen.«

Klaus unterbrach ihn, um sich noch einen Mehlpfannkuchen mit Himbeermarmelade zu angeln. Nachdenklich schob er die Lappen

von einer Backe in die andere, was mich als »Koch vom Dienst« fast beleidigte.
»Die einzelnen Offenbarungen, die Allah durch seinen Propheten übermitteln ließ, sind in den 114 Suren des Korans niedergeschrieben. Dabei ist man nicht chronologisch vorgegangen, die Suren sind vielmehr nach der Länge geordnet. Für den Muslim nennt der Koran vor allen Dingen fünf Grundpflichten: den unbedingten Glauben an Gott und an Muhamed als seinen Propheten, das fünfmalige Gebet täglich, die Zahlung einer Armensteuer einmal im Jahr durch die Besitzenden, das Fasten im Monat Ramadhan – das ist der neunte Monat des islamischen Jahres – und eine Pilgerfahrt nach Mekka, falls die materiellen Voraussetzungen gegeben sind. Sehr wichtig für den Muslim ist weiterhin der Dschihad, der Heilige Krieg. Er ist ihm als Pflicht zur Ausbreitung des Islams aufgetragen. In einer Sure des Koran heißt es dazu: Erschlaget die Götzendiener, wo ihr sie findet. Wenn sie jedoch bereuen und das Gebet verrichten und die Armensteuer zahlen, so laßt sie des Weges ziehen.«
Es war dunkel geworden. Ohne Dämmerung hatte die Nacht den Tag abgelöst. Klaus hatte den Pfannkuchen besiegt und sagte: »Ja, seht ihr, und davon gehe ich aus. Ich glaube schon, daß dieser Osman und seine Leute auf ihre Art einen Heiligen Krieg gegen uns führen. Wir sind eben für sie die Ungläubigen. Mit uns können sie machen, was sie wollen. Sie könnten uns eigentlich sogar bestehlen, belügen, betrügen, unseren Weg aufhalten. Wenn wir uns aber zu ihnen bekennen, wenn wir ihre Brüder werden, dann müßten sie sich sicher anders verhalten.«
Und nach einer Weile setzte er hinzu: »Es wäre so einfach. Wir brauchten vor Zeugen nur das Glaubensbekenntnis nachzusprechen, schon wären wir nach den Richtlinien des Koran Muslims.«
In dieser Nacht fand ich wenig Schlaf. Unruhig wälzte ich mich hin und her, und obwohl ich mich durch Schäfchenzählen und ähnliche Tricks dazu zwingen wollte, meine Gedanken einfach abzuschalten, kam ich immer wieder ins Grübeln. Horsts spontane Ablehnung, dem islamischen Glauben beizutreten, wirkte in mir nach. Wie hatte er noch reagiert? »Damit treibt man keinen Spaß!« Das waren seine Worte. Genau so hätte mein Vater gesprochen, und auch der Pastor, der mich konfirmierte, oder meine früheren Lehrer. Ja, verdammt

noch mal, diese wenigen Worte drückten genau das aus, was an Erziehung in bezug auf Religion in unserer Generation drinsteckt. Was einem als Kind eingepaukt wurde, das kann man nicht so einfach abschütteln. In kurzen Phasen eines flachen Halbschlafs, die meine Grübeleien unterbrachen, sah ich mich in Traumbildern in meine Kindheit zurückversetzt. Szenen aus dem Gottesdienst, dem Konfirmandenunterricht, aus der Schule kamen hoch, all die ernsten und mahnenden Worte, denen ich irgendwie geglaubt hatte, aber nicht, weil sie mich überzeugten, sondern weil sie mich einschüchterten. Die Geschichte aus der Bibel, in der der Gotteslästerer von einem Blitz getroffen wird.

Muslims, Buddhisten, Hindus oder wie die Andersgläubigen auch immer heißen mochten, für mich waren das damals alles »Heiden«. Arme Verblendete, die von unseren Missionaren von ihrem gefährlichen Irrweg abgebracht werden mußten.

Und nun wollte ich zum Islam übertreten. Aus reinem Opportunismus. Nur um des schnellen und augenblicklichen Vorteils willen. Der Blitz würde mich treffen.

Ich war wieder hellwach. Ich versuchte meine Gedanken zu ordnen. Natürlich war das heutzutage alles nicht mehr so. Ich hatte Missionare kennengelernt, junge überzeugte Christen, die ihre Aufgabe ganz anders sahen, die den Menschen vor allem helfen wollten und ein großes Maß an Toleranz gegenüber andersartigen Sitten und Gebräuchen übten. Und ich hatte von Theologen gehört und gelesen, die all das Gleichnishafte, alle die Fabeln und Wunder, die den christlichen Glauben umranken, beiseite schoben, weil sie den Blick auf das Wesentliche behindern. Nun ja, ich nenne mich ›Christ‹. Aber bin ich es wirklich? Oder übernehme ich nur das, was in unserem ›christlichen‹ Abendland schon seit Generationen so tief eingewurzelt ist, daß man es als selbstverständlich hinnimmt, ohne sich noch allzu viele Gedanken darüber zu machen? Aus der Kirche bin ich jedenfalls ausgetreten, als ich 20 Jahre alt war. Aber was will das schon heißen?

Ich glaube, daß es etwas Höheres, etwas Unerklärbares gibt, das wir mit dem Wort ›Gott‹ bezeichnen, weil es die einzige Möglichkeit ist, auf die unfaßbaren Wunder der Natur, des Menschen, des Weltalls und des eigenen Seins eine Antwort zu geben. Ich weiß es nicht, also glaube ich es.

Und das ist letztlich allen verschiedenen Religionen gemein: sie artikulieren den Glauben an einen Gott. Auch der Islam. Warum sollte ich also nicht ein Muslim sein können? Genauso gut, wie ich mich Christ nennen könnte? Meine innere Einstellung würde dadurch nicht verändert. Ich glaube nicht, den Islam dadurch zu beleidigen.
Ich wollte es tun. Meine Zweifel waren verflogen. Es war kein Verrat an irgendeiner Sache. Natürlich, ich erhoffte mir einen Vorteil davon. Einen Vorteil, der darin bestand, daß wir mit unseren Begleitern besser, das heißt vertrauensvoller und fairer umgehen konnten – oder besser gesagt: sie mit uns. Ist das Verrat? Es ist das Gegenteil davon.
Am nächsten Tag traten Klaus und ich zum islamischen Glauben über. Unser Gastgeber, ein alter Herr mit eisgrauem Bart, übernahm die Rolle des Imam, des Vorbeters. Er nahm uns das Glaubensbekenntnis ab: »Es gibt keinen Gott außer Allah, und Muhamed ist sein Prophet.«
Wir erhielten andere Namen. Ich wurde Abdallah genannt, der »Diener Gottes«, Klaus hieß von Stund an Jasin. Für den Alten war es wohl einer seiner glücklichsten Tage. Er hatte zwei Irrgläubige auf den rechten Pfad gewiesen. Er hatte sie aufgenommen in die große Familie Allahs. Er drückte uns immer wieder warm die Hände, betete ohne Unterlaß und buddelte zu guter Letzt in der Ecke seiner Gras-Moschee ein Lederbeutelchen mit grünen Kaffeebohnen aus dem Boden.
Wir waren davon so gerührt, daß wir ihn baten, zur Feier des Tages unseren Kaffee spendieren zu dürfen. Da Kaffeetrinken zu einem meiner Laster gehört, hatte ich mir fünf Kilo der verführerischen Samen mitgenommen. Der Imam ließ sich jedoch nicht davon abbringen, seine wenigen kostbaren Bohnen mit in die Pfanne zum Rösten zu werfen. Seine Frau verwandelte sie in einen köstlichen Trunk mit etwas Salz. Dazu wurde geröstete Hirse gereicht. Klaus rülpste zufrieden. Die Rülpser nahmen unsere Gastgeber dankbar und stolz entgegen. Rülpsen konnten wir auf Kommando. Klaus war der Expeditionsmeister. Der Diplomrülpser.
Osman war ebenfalls stolz und glücklich. Tief gerührt schloß er mich in seine Arme, räusperte sich ein paarmal und fuhr mich im nächsten Augenblick an:

»Wehe, wenn ich dich erwische, daß du wieder dieses Schweinezeug ißt!«
Horst aber war bei seiner Weigerung geblieben. »Ich kann das nicht mitmachen«, meinte er, »nehmt's mir nicht übel. Religion als taktisches Mittel, nein, da sträubt sich alles in mir. Laßt mich da raus.«
Zu Horsts Ruhm sei gesagt, daß er seine Rolle als unser Diener bis zuletzt tapfer durchgehalten hat, und wir waren schäbig genug, seine Dienerdienste schmählichst auszunutzen. Ein Pfiff, ein Kommando, und Horst schleppte Holz herbei, Horst kochte und Horst packte für uns. Dafür drückten wir ein Auge zu, wenn er seine Haferflocken stets luxuriöserweise mit Zucker und Milchpulver mischte, statt sie pur runterzuwürgen.
Der Imam, ein weiser alter Herr, entzifferte Horsts Gesichtsausdruck richtig. Denn er bat spontan, etwas zu dessen Bedenken sagen zu dürfen.
»Euer Freund mag offensichtlich euren Entschluß nicht teilen. Habe ich recht?«
»Ja, Magid, so ist es«, erwiderte Klaus.
»So laßt euch ein paar Worte erzählen.« Der Alte knabberte ein paar Hirsekörner, rüttelte sich noch einmal bequem in seinem Schneidersitz zurecht und fuhr fort: »Als ich jünger war und voller Kraft, habe ich Gottes Gebot befolgt und war in Mekka. Unglaublich viele Menschen waren dort versammelt aus Ländern, die ich nicht kannte, und deren Namen ich bereits wieder vergessen habe. Wir haben abendelang vor unseren Zelten gesessen und geplaudert. So hörte ich auch vom Christentum. Als ich es verglich mit meinem Glauben, war ich noch mehr überzeugt, den richtigen zu haben. Daß wir nur einen Gott haben, und nicht drei, wißt ihr ja bereits. Mohammed war und ist immer nur ein Mensch gewesen. Nicht wie Jesus ein Gottessohn. Er war der Prophet, der uns Gottes Willen verkündete. Weiter nichts. Allah bestraft auch nur Sünden, die tatsächlich begangen wurden, nicht aber böse Gedanken. Böse Gedanken sind bei uns erlaubt, denn die gibt einem der Teufel ein. Und dieser ist dem Menschen mit seinem freien Willen untergeordnet. Übrigens verehren auch wir euren –« und dabei schaute er zu Horst rüber – »Jesus Christus. Aber nur als einen Propheten. Einen sehr großen sogar. Was mich bei der Christen-Lehre noch sehr verwunderte, war, daß sie sich Gott als Va-

ter, als Menschen, vorstellen. Einer der Pilger hatte ein Bild bei sich, um es allen zu zeigen. Dieses Bild zeigte den Gott der Christen als alten Mann mit einem Bart auf einer Wolke. Im Islam ist das undenkbar, Gott ist viel zu groß, zu einmalig, er ist so unnachahmlich, daß es den Muslims verboten ist, ihn nachzugestalten.«

Noch lange sprachen wir miteinander. Endlich krochen wir todmüde unter die Aluminium-Folie und schliefen sofort ein.

Daß die Schwierigkeiten jedoch nicht zu Ende waren, erlebten wir schon am nächsten Tag. Ibrahim und Nassib erklärten unerwartet, sie würden uns jetzt verlassen. Gründe dafür gaben sie nicht an. Nach langem Feilschen konnten wir sie wenigstens überreden, uns ihre beiden Kamele zu verkaufen. Wir erfuhren später, daß sie nackte Angst vor den nächsten Stämmen hatten. Aber so etwas gab nie jemand zu. Es passierte uns später noch sehr häufig. Pro Tier mußten wir 380 Mark bezahlen. Großzügig bekamen wir dafür auch noch die Sättel. Bestes Zeichen dafür, daß man uns gehörig das Fell über die Ohren gezogen hatte. Trotz der Brüderschaft im Glauben ... – und obwohl ich gerade am Abend vorher Nassib wirkungsvoll medizinisch behandelt hatte. Und das war so gekommen: Wir saßen am Feuer, als mir bewußt wurde, daß Nassib sich ständig die Augen wischte. Sah er uns an, dann eigentlich nur mit geschlossenen Lidern. »Was hat Nassib eigentlich?« fragte ich Osman.

»Er hat krumme Wimpernhaare«, antwortete dieser.

»Mach bitte keine Witze, Muselmane. Was hat er wirklich?«

»Wenn Osman sagt, er hat krumme Wimpern, dann stimmt das, Abdallah. Osman belügt seine Brüder nicht. Sieh dir doch seine Wimpern an. Sie wachsen alle nach innen.«

Horst leuchtete mir mit der Taschenlampe. Tatsächlich waren die Wimpern der Grund für die fürchterlich entzündeten Augäpfel.

»Hat er das schon lange?«

»Ja, schon von Kind an.«

»Kann man denn nichts dagegen machen? Warum war er noch nie beim Arzt?«

»Doch. Das war er, aber das müßte operiert werden. So was kostet fünfzig Bir. Und die hat Nassib nicht. Nassib ist arm. Er ist ohne Vater aufgewachsen, und seine Mutter war blind.

Er mußte schon als Kind sich und die Mutter mit Holzsammeln

durchbringen. Bedenke, er ist auch hier nur als Treiber mitgeschickt worden. Das Kamel gehört einem reichen Galla-Fürsten.«
Nassib bekam von uns täglich fünf Bir, drei davon waren fürs Kamel. Die mußte er abführen. Zwei waren für ihn. Aber auch davon verlangte der Arbeitgeber die Hälfte, weil er Nassib mittels seines Kamels diesen Job überhaupt erst verschafft hatte. Plötzlich fanden wir es gar nicht mehr so schlimm, daß Nassib ohne Proviant mitgekommen war. Woher hätte er schon etwas nehmen sollen?
Wie häufig auf unseren Reisen waren wir ein wenig beschämt ob unseres Feilschens um einen Bir mehr oder weniger. Wer in diesen Ländern auf der untersten Stufe der Sozialleiter steht, dem wird keine Chance gegeben, die nächst höhere zu erreichen.
Irgendwie fühlten wir uns für Nassib plötzlich verantwortlich. Was waren schon 50 Bir! Was waren schon diese läppischen fünfzig Deutschen Mark, wenn wir später für Illustrierten-, Film-, Buch- und Vortragspublikationen ein Zigfaches erlösten!
Spontan sagte Horst: »Ich studiere zwar noch und habe mir das Geld für diesen Trip zusammengepumpt. Und ob wir die Reise finanziell auswerten können, weiß nur euer Allah. Morgen kann sie schon zu Ende sein, und dann bin ich pleite. Aber das Geld für Nassibs Operation kriegt er von mir, sobald er uns vereinbarungsgemäß bis Schiffra geführt hat.«
Es bedurfte keiner Worte. Wir wollten uns die Kosten selbstverständlich teilen.
»Halt die Lampe mal still«, versuchte ich meine Mitleidswelle zu übertünchen.
Und dann krempelte ich seine Lider über ein darübergelegtes Streichholz und schnitt mit einer scharfen Schere jedes seiner krummen Haare ab. Zuletzt gab's noch Augentropfen, Augensalbe, Schmerztablette, Vitamine und eine sanfte Schläfenmassage. Sicher war es das erste Mal in seinem Leben, daß Nassib so fürsorglich behandelt wurde.
Dies war genau zehn Stunden her. Nun hatte uns Nassib fristlos gekündigt.

Der Weg nach Schiffra

Unsere Wasserversuche

Heiß stand die Luft. Wie eine schwere Dörrpflaume lag uns die Zunge im Mund, zwischen den Zähnen knirschte der Sand. Sand, wo wir hingriffen, Sand und Staub. Dazwischen ein paar halbkahle Krüppelbäume mit grünen ledernen Blättern und holzige Dornbüsche, so weit das Auge reichte. Tagestemperaturen bis zu 60 Grad im Schatten sind hier nicht selten. Wir hatten angehalten, um wieder einmal Wasser zu machen. Und wir machten. Horst baute unsere Wassermaschine auf: einen Schirm aus gebogenen auseinandergefächerten Aluminium-Lamellen, einen Meter im Durchmesser. Die verstellbare Halbkugel, einem riesigen altertümlichen Foto-Blitzgerät ähnlich, ruhte auf einem niedrigen Dreifuß über Fels und Sand. Ihr abgeflachter Mittelpunkt, ein Gitternetz, war so eingestellt, daß die Sonnenstrahlen senkrecht auf ihn trafen. Auf dem Gitternetz stand ein verschlossener Glaszylinder mit farblosen würfelförmigen Perlen. Sie sollten unter dieser intensiven Sonneneinstrahlung Wasser ausschwitzen. Jeder Foto-Amateur kennt mittlerweile diese Perlen. Es sind Zeolithe, die wegen ihrer chemischen Fähigkeit, Feuchtigkeit aus der Luft abzusaugen und in sich aufzunehmen, in kleinen Packungen allen feuchtigkeitsempfindlichen Kameras und Linsen vor der Lagerung beigelegt werden.

Wir nutzten die Zeolithe nur umgekehrt: wir wollten das gehamsterte Wasser unter starker Hitzeentwicklung wieder flüssig und damit nutzbar machen. Kurzum – wir versuchten Luftfeuchtigkeit in Wasser zu verwandeln, und Luftfeuchtigkeit hat die Danakil-Wüste, die trockenste Wüste der Erde noch genug: rund 60 Prozent bei Nacht und selbst bei 60 Grad Tageshitze noch 28 Prozent. Horst, unser Chemikus, hatte alle Vorbereitungen getroffen. Wir hatten ihm dabei geholfen, nun hieß es warten, etwa zehn Minuten. Für unsere Führer war Horst der Watermaker. Sie bewunderten ihn, wenn er mit der verwegen aussehenden Schutzbrille über den Augen den Spiegel inspizierte, Meßdaten notierte oder mit den diversen Gerätschaften hantierte. Es sah alles recht professionell aus und ließ unsere Führer jedesmal aufs neue in Rufe des Erstaunens und Entzückens ausbrechen.

Die zehn Minuten waren vergangen. Leichter Dunst stieg von den

Perlen auf, die in den heißen gebündelten Sonnenstrahlen schwitzten. »Es geht los«, rief uns Horst zu. Klaus und ich hatten uns für ein paar Minuten zurückgezogen und genüßlich Tee getrunken.
Der Dampf schlug sich an der Wand des Glaszylinders nieder und auch an der meterlangen Glasröhre, die von der Retorte in den Schatten führte. Dort hatten wir ein Sammelgefäß, einen Meßbecher aufgestellt.
Und wieder trat ein, was wir beim erstenmal noch ungläubig registriert hatten, daß Sonne, Luft und Chemikalien Wasser geben: Es tropfte! Eine Stunde lang tröpfelte es aus der Röhre, dann war die Chemikalie leergeschwitzt, der Meßbecher voll – die Wüste hatte uns einen halben Liter Wasser geschenkt. Osman und Omar applaudierten. Wir freuten uns.
Sicher – ein halber Liter Wasser in der Wüste und ungenießbar dazu, ist nicht mehr als ein Tropfen auf den heißen Stein. Denn was uns da entgegenschwappte war reinstes destilliertes Wasser.
Also rührte ich zwei Teelöffel ordinären Wüstensand in unser Kunstwasser und schwenkte das Gemenge minutenlang, bis sich der Danakil-Dreck und damit ein paar wichtige Mineralien in der Flüssigkeit auflösten. Das so behandelte Wasser schmeckte, um es vornehm auszudrücken, äußerst nüchtern. Selbst Leckwasser aus einem auftauenden Eisschrank hat daneben noch Jahrgangscharakter. Doch wir waren nicht unzufrieden über unsere erzielten Ergebnisse. Unsere Experimente hatten uns bewiesen, daß man notfalls Wasser aus der Luft produzieren kann. Aber sie hatten auch gezeigt, daß es immer noch besser ist, wenn man ein Wasserloch in der Nähe hat – oder einen Wassersack am Kamelpackhalfter.
Dennoch: Sonne und ein Haufen farbloser Kristalle in der Wüste, ein neues technisches Prinzip – für viele, die am Rande der endlosen Dürre hausen, vielleicht ein kleiner Silberstreif am trockenen Horizont.
Für uns hatten sich die Wasserversuche auch in anderer Hinsicht gelohnt. Waren sie zunächst auch als Alibi gedacht, um Empfehlungsschreiben zu bekommen, die uns den Zutritt zur Danakil-Wüste ermöglichen sollten, so verschafften sie uns nun die Achtung und die Gastfreundschaft der Afar-Nomaden, deren Weg wir kreuzten. Die Afars waren uns zuvor als ausgesprochen zurückhaltend, ja als geradezu feindlich gegenüber allen Fremden geschildert worden. Daß sie

uns nun fast immer in ihren Burras aufnahmen und bewirteten, das hatten wir zu einem großen Teil unserer Wassermaschine zu verdanken.

Junus

Der Tag, an dem die Danakil-Wüste uns offenbar eine weitere Variante ihrer Vielseitigkeit präsentieren wollte, an dem sie uns die Zähne zeigen wollte – dieser Tag hatte wie schon viele vor ihm begonnen. Bereits nach zwei Stunden Marsch war der übliche Krach zwischen Klaus und Omar ausgebrochen. Omar führte seit kurzem die Karawane, weil Osman dieses Gebiet angeblich nicht gut genug kannte, während Omar ja sogar einen verwandten Scheich in der Gegend haben wollte. Immer wieder aber überraschte Klaus den schlitzohrigen Afar bei einem unerklärlichen Zick-Zack-Kurs. Und jedesmal gab es dann einen Mordskrach, wenn Omar erklären sollte, warum wir denn nicht die grobe Richtung Norden einhielten, sondern so merkwürdige und zeitraubende Umwege machten.

Es hatte sich also nicht viel geändert, seit wir uns zum Glauben unserer Begleiter bekannten. Nein, wenn man's recht betrachtete, überhaupt nichts. Eigentlich war es sogar mühsamer geworden. Denn nun kamen zu den zahllosen Pausen auch noch die Unterweisungen im Gebet.

»Dieser Irrführer«, murrte Klaus, »jetzt ist angeblich wieder ein Dikkicht vor uns, durch das wir unmöglich mit den hochbeladenen Kamelen durchkommen würden. Also wieder ein Stück zurück. Ach, hol's der Teufel!«

In den Mittagsstunden kamen wir an einen Fluß. Wie ein Forellenbach schlängelte er sich von einem Bergmassiv herab, breitete sich im Tal etwa zwanzig Meter breit aus, und sein kristallklares Naß hatte an den Ufern sattes Grün wachsen lassen. Ein geradezu idyllischer Lagerplatz.

Klaus und Horst versuchten sich als Angler. Als Köder dienten ein Skorpion und ein Tausendfüßler. Schon nach wenigen Minuten hatten zwei armlange Welse angebissen. Endlich einmal konnten unsere doch schon recht eintönig gewordenen Mahlzeiten angereichert werden.

In der Zwischenzeit war wie aus dem Nichts eine Gruppe junger Afars aufgetaucht. Neugierig umstanden sie unser Lager. Alle trugen Wickelröcke, während die Oberkörper unbekleidet der glühenden Sonne preisgegeben waren. Ein paar von ihnen besaßen Gewehre, die sie in der typischen Haltung mit nach hinten verschränkten Armen quer über die Schulter trugen. Vor dem Bauch baumelte jedem das Kurzschwert, diese mörderische, wie eine Sichel geschwungene Waffe. Manchmal war der Knauf mit Silberringen verziert. Osman hatte uns erzählt, daß jeder dieser Ringe einen getöteten Feind bedeute. Andere Stämme wiederum tragen die Siegestrophäen als Ring an bestimmten Fingern, und wieder andere stecken sich Federn ins Haar – für jeden Besiegten eine.

»Sie haben einen Kranken bei sich. Sie wollen wissen, ob ihr ihm helfen könnt.« Osman deutete auf einen jungen Mann, der ein wenig verlegen und merkwürdig breitbeinig da stand.

Also hatte Osman wieder vor seinen Landsleuten damit geprahlt, daß wir berühmte Hakims seien. Er tat das immer wieder, obwohl wir ihm gesagt hatten, daß wir nur gegen Bezahlung arbeiten würden und er das gleich klarmachen sollte. Denn immer wieder kam es zu Differenzen, wenn wir unseren bescheidenen Lohn forderten: einen Topf Milch.

»Was fehlt ihm denn?« wollte ich wissen.

»Das mußt du dir ansehen«, freute sich Osman und bearbeitete vergnügt seine Oberschenkel.

Ich war neugierig geworden und winkte den Afar heran. Der aber wich scheu zurück, er versteckte sich förmlich in einem nahen Gebüsch. Dabei ließen mich seine großen, ängstlichen Augen nicht los. Vermutlich will er sich vor seinen Brüdern keine Blöße geben, dachte ich.

»Komm mit«, forderte ich Osman auf, doch das war völlig unnötig. Der wollte sich das Schauspiel sowieso nicht entgehen lassen. Zögernd legte der junge Mann im Gebüsch seinen Wickelrock ab. Was ich sah, ließ mich schaudern. Ein vermutlich schon seit vielen Jahren bestehender Leistenbruch quälte den Afar. Wahrscheinlich hatte er noch nie einen Arzt aufgesucht. Groß wie ein Männerschädel hing der Hodensack herab. Er mußte schon beim Laufen mächtige Schmerzen haben. Mit der bloßen Hand konnte er den Inhalt des Ho-

densacks in den Leib zurückpressen. Sobald er sich wieder hinstellte, plumpsten die Därme aus der Bauchhöhle zurück.
Notdürftig legte ich ihm einen festen Verband an, der dem Gedärm keine Chance zum Herausfallen ließ. Osman mußte ihm klarmachen, daß er die Binde so fest wie möglich zu tragen hatte. Außerdem aber sollte er schnell eine Mission aufsuchen, um sich dort operieren zu lassen. Ich schrieb ihm eine »Überweisung«, die er stolz wegsteckte.
Ich wußte, daß es ein vergeblicher Rat war. Der Weg zur Mission würde ihn durch Feindesland führen. Immerhin, der junge Mann zog beglückt ab, johlend umringt von seinen Freunden. Und auch Osman war hochzufrieden mit mir.
Am anderen Flußufer war inzwischen ein hochgewachsener Afar aufgetaucht. Er mußte aus einer angesehenen Familie stammen. Das moderne Repetier-Gewehr, das er lässig über die Schulter trug, war reich mit Silber beschlagen. Außerdem trug er einen kleinen Teekessel. Seinen Kopf schmückte ein kostbar besticktes Käppi. Ohne von uns Notiz zu nehmen, legte er die Waffe und den gewaltigen Munitionsgurt ab, entledigte sich des Wickelrocks und begann sich in aller Seelenruhe zu waschen.
Omar rief ihm etwas zu. Er sah nur kurz auf, vollendete seine Wäsche und kam dann, fast splitterfasernackt, zu uns durch den Fluß gewatet. Das Gewehr ließ er am anderen Ufer liegen. Ein sicheres Zeichen dafür, daß er uns als harmlos ansah und die Gegend »sein« Revier war.
»Das ist Junus«, stieß mich Osman aufgeregt an.
»Woher soll ich wissen, wer Junus ist«, murrte ich zurück.
»Sein Vater ist einer der bedeutendsten Scheichs«, klärte mich Osman auf. »Er hat schon viele Feinde getötet.« – Und dann kam ihm plötzlich eine Idee: »Kannst du nicht versuchen, ihn als Führer für uns zu gewinnen? Dann haben wir nichts mehr zu befürchten!«
»Warum denn noch einen Führer?« ich blickte Osman mißtrauisch an. »Wir haben doch euch.«
»Wir können nur den Weg zeigen«, wand sich Osman verlegen. »Wir können euch doch nicht gegen Feinde beschützen. Junus – ja, der kann das! Den kennt hier jeder, ihn und seine Freunde wagt niemand anzugreifen.«

»Dann frag ihn doch mal, was er verlangt«, wandte Klaus schnell entschlossen ein, während ich noch rechnete, ob unsere Reisekasse eine weitere Belastung zuließ.

Junus hatte unseren Disput aufmerksam verfolgt. Fein lächelnd schaltete er sich jetzt ein: »Ich wäre geneigt, euch zu helfen. Ich verlange fünf Bir für jeden Tag.«

»Vier Bir«, sagte Klaus schnell. Zu schnell.

Ohne ein weiteres Wort zu verlieren, drehte Junus sich um, stieg in den Fluß und watete auf das andere Ufer zu. Auf halbem Wege warf er uns in verächtlichem Ton über die Schulter zu:

»Wenn ihr mit mir feilschen wollt, dann seid ihr nicht die richtigen Leute für mich. Wenn ich Flüchtlinge außer Landes bringe, bekomme ich hundert Bir pro Tag.«

Sprach's, kleidete sich an, griff sein Gewehr und verschwand mit langen, gleichmäßigen Schritten.

»Na, dann eben nicht«, gab sich Klaus unbeeindruckt, während ich verdutzt dastand. »Hast du so etwas schon erlebt«, staunte ich schließlich. »Handelt überhaupt nicht! Läßt uns einfach stehen!« Immer wieder schüttelte ich den Kopf. Osman dagegen murmelte zornige Flüche vor sich hin. Vermutlich war er mit unserer Handlungsweise mal wieder ganz und gar nicht einverstanden.

Endlich marschierten wir weiter. Und wieder ging es im unsicheren Zick-Zack-Kurs. Stunden später stoppte Omar unsere Karawane, weil er offenbar erneut die Orientierung verloren hatte.

»Was ist bloß mit ihm?« fragte ich Osman, der verdrossen hinter mir herstapfte. »Ich denke, Omar kennt sich hier so gut aus?«

»Wir mußten auf ein anderes Stammesgebiet ausweichen«, gab er nach kurzem Zögern zurück. »Das aber kennt er nicht so gut.«

»Und warum das?«

»Omars Bruder hat einen Mann erschlagen«, erzählte Osman. »Dessen Familie wohnt in dem Gebiet, das wir umgehen. Wenn wir dort durchziehen würden, dann müßte Omar die Blutrache fürchten. Und auch wir wären nicht sicher.«

Das bedurfte keiner weiteren Erklärung. Bei den Afars herrscht noch immer das Gesetz der Blutrache, obwohl sie von der Regierung verboten ist. Wenn eine Familie der anderen den Tod geschworen hat, dann muß alles andere zurückstehen. Regelrechte Kleinkriege toben

da häufig. Ich wunderte mich nicht mehr, daß Omar das Gebiet wie die Hölle mied.
Noch am Nachmittag ließ er absatteln und alles für das Nachtlager vorbereiten. Ich war viel zu müde, um dagegen zu protestieren. Die Hitze hatte mich ausgelaugt. In der letzten Stunde waren wir nur noch im Unterbewußtsein marschiert. Unsere Beine waren von den Dornenbüschen zerrissen, sie bluteten aus unzähligen kleinen Wunden. In meinem Kopf mußte jemand einen kleinen Motor eingesetzt haben. Das pochte und tuckerte ohne Unterlaß, manchmal verschwamm mir alles vor Augen. Kaum hatten wir angehalten, nahm ich eine Schmerztablette und schon lag ich. Im Dahindämmern nahm ich noch wahr, daß Horst einen Tee aufsetzte und ihn heute mit Hilfe seines Spiegels kochen wollte. Ich wollte noch auf das Getränk warten, weil mir der Gaumen ausgedörrt war, doch der Schlaf überwältigte mich vorher. Als ich erwachte, war aus einem strapaziösen Tag ein gefährlicher geworden.

Vier Galgenvögel

Es war ein bleischwerer, unruhiger Schlaf, aus dem ich gerissen wurde. Ich hatte von zu Hause geträumt – ein verdammt böser Traum. Maggy hatte mir eine Szene gemacht. Ich würde mich nicht genug um Kirsten kümmern, die schriebe in der Schule eine miese Arbeit nach der anderen, doch ich würde davon keine Notiz nehmen. Und überhaupt wachse ihr das Geschäft und die ganze Arbeit über den Kopf. Die Worte trafen mich wie Peitschenhiebe, ich fand keine Antwort, die Kehle war mir wie zugeschnürt. Träume, in denen man immer so wehrlos ist.
»Rüdiger! Eh, Rüdiger! Wach auf. Hier stimmt was nicht!«
Jemand zischelte in mein Ohr und rüttelte mich unsanft an der Schulter. Es dauerte einige Sekunden, ehe die Worte in mein Bewußtsein drangen.
Noch lag die Hitze wie eine Dunstglocke über dem Land. Das Atmen fiel Mensch und Tier gleich schwer. Obwohl ich nur einen leichten, luftigen Umhang trug und sonst nichts, war ich völlig durchgeschwitzt.

Wieder diese flüsternde, scharfe Stimme: »Mensch, Rüdiger, komm zu dir. Wach doch endlich auf!«
Urplötzlich war ich hellwach. Klaus saß neben mir. Sein sonst so gleichmütiges Gesicht wirkte besorgt. Unauffällig nickte er zur Feuerstelle hin und gab mir gleichzeitig mit einem sanften Schulterdruck zu verstehen, daß ich möglichst leise sein sollte.
Horst stand neben ihm, ein klein wenig gebückt. Er wirkte wie eine gespannte Feder.
Und dann sah ich sie.
Es waren vier. In etwa zehn Meter Entfernung hatten sie sich in einem Halbkreis um das Lager geschart. Zwei waren noch jünger, vielleicht fünfundzwanzig bis dreißig, aber kräftige Burschen. Sie trugen zerrissene, vor Dreck starrende, offene Hemden und Hosen, die knapp über die Knie reichten. Offensichtlich waren sie nur »Gefolge«. Neben ihnen hockte ein älterer Mann. Er hatte sicher schon die Fünfzig überschritten, wirkte aber sehr durchtrainiert. Wenn der Schein des Feuers über den unbekleideten Oberkörper huschte und die Schatten der Akazie auslöschte, dann sah man die Muskeln und Sehnen unter der pergamentenen Haut spielen. Unbeweglich saß er auf den Fersen, blickte finster ins Feuer, während der schmallippige, fest zusammengepreßte Mund eine schnurgerade Linie bildete.
Am gefährlichsten aber wirkte der vierte. Er war um die fünfunddreißig Jahre, trug das Haar sehr lang, so daß es weit über die Schultern fiel. Das grobe, vierkantige Gesicht wurde von wulstigen Lippen und tiefliegenden Augen beherrscht. Wenn er sprach, dann gab der Mund weit auseinanderstehende, ungleichmäßige Zähne frei. Am auffälligsten aber war die feuerrote Narbe, die sich von der Stirnseite über die ganze rechte Wange hinzog. Vermutlich ein Schwerthieb, überlegte ich.
Keiner der vier Männer trug eine Schußwaffe. Dafür hatten sie alle einen rasiermesserscharf zugeschliffenen Speer und das für die Afars typische Kurzschwert, Gille genannt. Im Umgang mit der Gille sind die Afars Meister. Es gibt für sie nichts Wichtigeres, als sich von klein an im Gebrauch dieser Waffe zu üben. Ein Weißer, der sie sich nicht mit einer Pistole oder einem Gewehr vom Leibe halten kann, ist verloren.
Osman hockte ihnen gegenüber. Sie führten eine von wilden Gesten

unterstrichene Diskussion. Die Gesprächsfetzen drangen bis zu uns, doch da sie in einem Afar-Dialekt sprachen, war der Inhalt der Auseinandersetzung nicht auszumachen.
Zweifelsohne aber handelte es sich um einen ernsthaften Streit, der da am Feuer tobte. Man mußte nicht erst Osmans Gesicht sehen, um sich davon zu überzeugen. Es war von einer merkwürdigen Mischung von Angst, Zorn und Resignation gezeichnet. Und die Worte schlugen scharf und dicht wie Hagelkörner ein.
»Was sind denn das für Typen?« fragte ich Klaus leise.
»Weiß noch nicht genau. Aber soviel ich bisher mitgekriegt habe, wollen die unser Gepäck durchsuchen. Der Struwwelpeter da, der das große Wort führt, behauptet, er sei von der Polizei.« Er richtete sich auf und rief zu Osman:
»He, nun sag uns doch schon, was los ist!«
Der drehte sich unwillig um. »Nicht jetzt!« schrie er aufgeregt. »Verhaltet euch ganz ruhig. Ich erkläre es euch später.«
Seine Stimme bemühte sich vergeblich um Gleichgültigkeit. Und dann sah ich, wie seine rechte Hand unauffällig zur Seite glitt, und sich dem Schwertknauf näherte. Woher hatte Osman die Gille? Er ging doch immer unbewaffnet.
»Hast du das auch gesehen?« flüsterte ich Klaus zu. Der nickte nur kurz. Osman habe schon den ganzen Tag das Gefühl gehabt, daß uns jemand folgte, erklärte er mir. »Als wir unser Lager aufschlugen und du dich gleich hingehauen hast, ist er zu einem Hügel gerannt und hat von dort aus lange den Weg beobachtet, den wir gekommen waren. Dann kam er plötzlich im Eiltempo zurück, ich sollte ihm deine Gille geben, und unmittelbar danach tauchten die vier auf. Sie müssen sehr auf Deckung bedacht gewesen sein, sonst hätte sie Osman eher ausgemacht. Unfreundliche Burschen, sage ich dir. Da gab es keinen Gruß, keine nette Geste. Seit einer Viertelstunde etwa quatschen sie mit Osman. Der hat mir nur einmal kurz zu verstehen gegeben, daß der Anführer zur Polizei gehören will, und daß er unser Gepäck durchsuchen will.«
»Der und Polizei!« höhnte ich zurück. »Guck dir doch die Visage nur an. Und die anderen sind auch nicht viel besser. Die wollen doch nur sehen, ob es sich lohnt, uns auszurauben. Hast du nichts von Gewehren oder Pistolen bemerkt?«

Klaus schüttelte den Kopf. »Nein, Schußwaffen scheinen sie nicht zu haben. Ich vermute, daß sie Osman und seine Leute einschüchtern wollen, um es dann nur mit uns zu tun zu haben.«
»Ein Mist, daß wir unsere Pistolen nicht mehr bekommen haben«, murmelte Klaus.
»Zähl nicht auf, was wir alles nicht haben. Laß uns lieber überlegen, was wir doch haben«, knurrte ich nervös.
Ich merkte, daß mich eine ziemliche Aufregung gepackt hatte. Seit dem Überfall am Blauen Nil, der unserem damaligen Kameramann Michael Teichmann das Leben kostete, nahm ich solche Bedrohungen nicht mehr so lässig hin wie früher. Ich hatte, wenn auch nicht viel, so doch wenigstens das gelernt, daß der erste Schlag nicht vom Gegner kommen durfte. Er mußte von uns erfolgen. Und er mußte auch wirken. Wenn alles für des Gegners böse Absichten sprach, so waren wir ohnehin rehabilitiert. Wenigstens vor unserem eigenen Gewissen. Mit Schafsgeduld abwarten bis der andere zuschlägt – das war nicht mehr mein Grundsatz.
»Das ist ja der Mist – wir haben drei Speere, und jeder hat seine Gille – das heißt, deine hat ja jetzt Osman«, überlegte Klaus. »Vergiß nicht: außerdem hat jeder noch ein Klappmesser und die Raketen. Laß uns die gleich schießfertig machen.«
Zu unserer Ausrüstung gehörte ein kleines Signalgerät, nicht größer als ein Kugelschreiber. Auf seinen Kopf wird eine fingerlange Signal-Rakete aufgesetzt, die mit einem Knopfdruck abgeschossen werden kann. Viele Wassersportler und Bergsteiger führen so ein Ding mit sich, für den Fall, daß sie mal in Not geraten.
Die Rakete steigt etwa fünfzig Meter hoch und bleibt dann zwanzig Sekunden lang in der Luft stehen. Wir hatten dieses kleine Gerät schon bei früheren Expeditionen mitgehabt, und es hatte uns manchen guten Dienst geleistet.
Klar, die Rakete, dachte ich. Vielleicht kann die uns ja wirklich helfen. Mit zwei Griffen hatte ich sie zur Hand und schußbereit. Ich sah, daß auch Horst sein Signalgerät herausgefingert hatte.
»Wenn wir sie gebrauchen müssen, dann laßt mich zuerst einen Warnschuß abgeben«, befahl Klaus. »Vielleicht lassen sie sich durch den Knall und das Licht einschüchtern. Sie werden glauben, daß wir einen Revolver haben.«

Der tiefe Schlaf

Die Auseinandersetzung an der anderen Seite des Feuers nahm noch an Heftigkeit zu. Der langhaarige Anführer der vier sprach schneidend und immer lauter auf Osman ein. Seine Sätze unterstrich er mit heftigen Faustschlägen in die linke offene Hand. Dann wies er mit einer kurzen, befehlenden Kopfbewegung zu uns.

Zögernd erhob sich Osman und kam zu uns. Er war sehr bedrückt. »Er bleibt dabei, er will das ganze Gepäck sehen.« Seine Stimme war ängstlich und leise. »Der mit den langen Haaren sagt, er als Afar-Hilfspolizist hätte das Recht, uns zu kontrollieren. Wir seien sehr verdächtig, denn wir hätten nicht die Straße benutzt, sondern Nebenwege. Angeblich ist er schon seit zwei Tagen hinter uns her. Und er schwört Stein und Bein, daß wir etwas zu verbergen hätten, sonst würden wir uns nicht so merkwürdig benehmen. Vielleicht seien wir sogar Spione.«

»Gibt es denn so was überhaupt – Afar-Hilfspolizist?« Horst hatte seine Stirn in skeptische Falten gezogen.

Osman zögerte einen Moment mit der Antwort.

»Ja, ja, die gibt es schon.« Er quälte sich förmlich mit der Antwort. Wahrscheinlich war es ihm nicht lieb zuzugeben, daß Afars die Geschäfte der Regierung besorgten. Aber Osmans Bedenken gingen noch in eine andere Richtung.

»Ich weiß nicht, ich weiß nicht . . .«, nachdenklich kratzte er sich immer wieder den Kopf. »Irgendwoher kenne ich den mit den langen Haaren. Wenn ich nur wüßte, wo ich ihn schon gesehen habe! Ich zergrübele mir schon die ganze Zeit den Kopf, aber ich komme einfach nicht drauf. Das Gesicht! – Ich möchte drauf wetten, daß der Kerl kein Polizist ist! Wenn ich doch nur drauf kommen würde.«

Klaus war wortlos zu unserem Gepäck gegangen und kramte darin herum. Sekunden später kam er zurück, in der Hand das Empfehlungsschreiben aus Addis Abeba.

»Da, versuch's doch mal damit«, schlug er Osman vor und gab ihm den Schein. »Vielleicht tut der Wisch ja seine Wirkung, wenn der die Stempel sieht.« Klaus hatte recht, vielleicht respektierte er tatsächlich die Stempel. Auf jeden Fall konnte ein Versuch nicht schaden.

Langsam schlenderten wir hinter Osman her, der schon wieder in ein erregtes Kauderwelsch mit dem Langhaarigen verwickelt war. Verzweifelt gestikulierend wandte er sich schließlich zu mir: »Er behauptet, euer Schreiben sei gefälscht. Und wenn wir uns weiter weigerten, das Gepäck durchsuchen zu lassen, dann würde er uns zwingen, mit ihm zur Polizeistation nach Robi zurückzukehren.«
Mit einem dreisten Lachen begleitete der angebliche Polizist Osmans Übersetzung. Seine drei Gefährten beobachteten uns gespannt.
»Kommt überhaupt nicht in Frage!« Klaus' Stimme klang hell vor unterdrücktem Zorn. »Der hat wohl 'nen Vogel, den ganzen Weg noch mal zurück.«
Ich überlegte fieberhaft. Was mochten die wohl wirklich im Schilde führen? Osman brachte mich mit einer halblaut dahingeworfenen Bemerkung schließlich dräuf:
»Zurück können wir gar nicht, ohne einen riesigen Umweg zu machen. Sonst müßten wir nämlich durch das Gebiet der Gallas, und das wird kein Afar tun, weil er dort vogelfrei ist. Nein, der will gar nicht nach Robi zurück. Wahrscheinlich erwartet er aber noch Verstärkung. Und er will mit uns seinen Leuten entgegengehen.«
Natürlich, das war's! Noch mehr von diesen Galgenvögeln waren hinter uns her. Bei den vieren handelte es sich vermutlich nur um den Vortrupp.
»Laß uns bloß sehen, daß wir so schnell wie möglich von hier wegkommen.« Klaus war sofort für die einzig logische Konsequenz aus Osmans Befürchtung. »Ganz egal wie. Wenn Osman recht hat, dann müssen wir es notfalls sogar mit Gewalt wagen. Immerhin sind wir sechs gegen vier.«
»Vielleicht sollten wir es vorher noch mal im Guten versuchen«, schlug Horst vor, der seelenruhig seinen Tee brühte. Und zu Osman gewandt:
»Sag ihm, wir würden nur mit zurückgehen, wenn er uns die Kosten erstattet.« Er überlegte einen Moment und fuhr fort: »Ein Tag kostet uns vierzig Bir. Und er muß das Geld im voraus zahlen.«
Das war natürlich nur ein Scheinangebot. Daß die vier über kein Geld verfügten, das war so sicher wie das Amen in der Kirche. Der Langhaarige hörte sich Osmans Vorschlag an, sprang plötzlich auf und schrie zornig auf ihn ein. Gleichzeitig riß er mit einer heftigen Bewe-

gung einige zerfetzte Ausweispapiere aus seiner Hosentasche, hielt sie Osman einen Moment vor die Nase, doch als er danach greifen wollte, steckte er sie blitzschnell wieder weg.
Osman ließ resigniert die Hand sinken. Kleinlaut übermittelte er uns dann, der Anführer der vier habe unseren Vorschlag abgelehnt. »Außerdem wollte ich mir mal seine Papiere zeigen lassen«, erklärte er weiter. »Aber ihr habt es ja selbst gesehen, wie schnell er sie wieder weggesteckt hat. Und wenn ihr euch jetzt noch lange weigert, ihm das Gepäck zu zeigen, dann will er es ohne eure Genehmigung durchsuchen.«
Es knisterte förmlich vor Spannung. »Sie werden zuerst die Speere werfen«, überlegte ich. »Seht zu, daß ihr immer die Kamele zwischen euch und ihnen habt. Und wenn sie sie geworfen haben und unsere Afars mit ihnen ins Handgemenge geraten, können wir mit unseren Speeren dazwischengehen. Eigentlich haben sie keine Chance. Auf keinen Fall dürfen wir unser Gepäck im Stich lassen.«
Horst bot uns und ihnen Tee an. Sie schlugen das Angebot ab. Kein Anzeichen zu einem Einlenken.
Omar mahnte zum Nachmittagsgebet. Überrascht konstatierten die Banditen, daß wir mitbeteten. Sie beteten ebenfalls. Aber unter einem anderen Baum. Die zwanzig Minuten des Zeremoniells mit Waschen und allem Drum und Dran waren eine Kampfpause. Gleich danach herrschte wieder Kriegszustand.
Ohne daß wir es besonders wahrnahmen, hatten sich Omar und Homed an Osman herangeschoben. Erregt tuschelten die drei miteinander. In selbstbewußtem herausfordernden Ton wandte sich dann Osman an den Langhaarigen.
»Er sagt ihm, daß Said Muhamed sein Bruder ist«, erläuterte uns Omar den Vorgang. Seine Miene war wieder etwas hoffnungsvoller geworden. »Said Muhamed ist in der ganzen Danakil-Wüste bekannt und gefürchtet. Er beliefert die Befreiungskämpfer mit Waffen und führt ihnen neue Soldaten zu. Er schmuggelt Menschen und hat schon fünf Feinde getötet. Erst vor zwei Monden hat er den letzten Penis von seinem Dach genommen und verscharrt. Wenn sich jemand mit Said Muhamed anlegt, dann ist er so gut wie tot. Und außerdem teilt ihm Osman mit, daß wir den Entschluß gefaßt hätten, sofort weiterzuziehen. Zwei Tagesmärsche voraus liegt Ataye. Dort gibt es

auch eine Polizeistation. Wenn er durchaus will, dann kann er uns ja dorthin begleiten. Das liegt wenigstens auf unserem Weg.«
Der Name Said Muhamed hinterließ Wirkung. Der Langhaarige sah plötzlich wesentlich kleinlauter aus. Aufgeregt flüsterte er mit seinem älteren Begleiter, der sich noch keinen Zentimeter von seinem Platz bewegt hatte.
In diesem Augenblick klatschte Osman in die Hände.
»Jetzt weiß ich's wieder! Jetzt weiß ich, wer das ist!« rief er unterdrückt. »Oh, verdammt!« Und ohne uns Näheres zu sagen, überfiel er den Anführer mit einem wilden Wortschwall. Der war verdutzt, griff dann noch einmal in seine Tasche, holte die Papiere zum zweitenmal heraus und reichte sie Osman. Diesmal konnte der sie unbehindert lesen. Triumphierend wandte er sich dann zu uns:
»Da! Ich hab's doch gewußt. Von wegen Polizist! Das ist Yaisi Abaru, und das hier sind keine Polizistenpapiere, sondern Entlassungsscheine aus dem Gefängnis von Addis Abeba. Da hat er fünf Jahre gesessen. Wegen Blutrache. Er hat einen Menschen erstochen. Früher kam er immer zu uns nach Robi zum Markt. Heute darf er sich da nicht mehr blicken lassen.«
Der Langhaarige hatte seinen Namen verstanden. Es war ihm klar, daß er das Spiel mit dem Polizisten nicht mehr weiterspielen konnte. Aber er war ein harter Brocken. So leicht ließ er sich nicht kleinkriegen. Er grinste uns frech an und sprach dann eifrig und in beschwörendem Tonfall auf Osman und Omar ein. Die schüttelten immer wieder die Köpfe. Schließlich drehte Osman ihm brüsk den Rücken zu.
»Er will uns auf seine Seite ziehen«, gab er mir zu verstehen. »Die Weißen, sagt er, sind alle schlecht. Wir sollen mit ihm gemeinsame Sache machen und euch überfallen. Dann würden wir auch einen großen Anteil an der Beute erhalten. Das sei nur ein kleiner Ausgleich dafür, daß es den Weißen so gut und den Afars so schlecht geht.«
Und nach einem Moment setzte er stolz hinzu:
»Aber ihr braucht euch keine Sorgen zu machen. Auf so ein Angebot gehen wir natürlich nicht ein. Wir sind keine Männer, die ihr Wort brechen. Aber wir sollten uns jetzt nicht mehr aufhalten lassen. Sonst kriegen die doch noch Verstärkung.«
Osman hatte recht. Die Sonne warf zwar schon lange Schatten und es

konnte nicht mehr lange dauern, bis die Dunkelheit das Land einhüllen würde, doch hier durften wir auf gar keinen Fall übernachten. Wir mußten unser Lager abbrechen und zusehen, daß wir so schnell wie möglich das fremde Gebiet verließen und in ein Scheichtum kamen, in dem Omar Verwandte hatte.

Ohne uns um die vier weiter zu kümmern, begannen wir, die Kamele zu packen. Niemand versuchte, uns daran zu hindern. Mir fiel ein Stein vom Herzen. Jetzt waren wir schon viel beweglicher, jetzt mußten wir nicht bei einer überstürzten Flucht unsere Ausrüstung zurücklassen. Doch wenig später sank meine Hoffnung wieder. Die ungebetenen Besucher waren uns nämlich ein paar Meter vorausgegangen und standen jetzt sprungbereit zu beiden Seiten des schmalen Pfades auf dicken Felsbrocken. Offenbar wollten sie uns den Weg verlegen.

»Laß uns so tun, als ob sie gar nicht da wären«, riet Horst. Doch als Homed mit dem Leitkamel aufbrach, stand ihm plötzlich eine lebende Mauer gegenüber. Körper an Körper hatten sich die vier auf den Weg gestellt und jetzt ließen sie über ihre Absicht auch nicht den geringsten Zweifel mehr aufkommen. Drohend waren die Speere gegen uns gerichtet. Der Alte hatte sofort sein Schwert gezogen.

Von einer Sekunde zur anderen hatte sich die Situation wieder dramatisch zugespitzt. Würden sie angreifen? Würden sie als erstes die Kamele töten? Ohne die Tiere waren wir verloren, selbst wenn wir hier heil herauskommen sollten.

Homed tobte wie ein Derwisch. Mit erhobenen Fäusten überschüttete er die Banditen mit einem Hagel von Flüchen, ohne auch nur die geringste Wirkung zu erzielen. Immerhin: noch griffen sie nicht an, ließen uns lediglich nicht weiterziehen. Sie hatten das Leitkamel am Führungsseil ergriffen, worauf es sofort stehenblieb.

Ein wenig ratlos verharrten wir. Was tun? Sollten wir versuchen, durchzubrechen? Mit den Kamelen? Aussichtslos. Mit den Speeren und Schwertern waren die Banditen uns dann überlegen.

Die Kamele hatten sich von selbst wieder niedergelegt. Auch wir hockten uns hin.

In diesem Augenblick nestelte Horst an seinem Überlebensgürtel, kramte zwei Tabletten hervor, warf sie sich in den Mund und sagte leichthin:

»Wir haben ja heute unser Resochin noch gar nicht genommen.«
Ihn schien das alles am wenigsten zu berühren.
»Mann, du hast vielleicht Sorgen«, stöhnte Klaus, holte aber nach kurzem Zögern ebenfalls seine Tabletten heraus und schluckte sie. Ich tat es ihm nach. Wenn wir schon gegen die Banditen kein Mittel wußten, so doch wenigstens gegen die Malaria.
Der Anführer hatte uns interessiert beobachtet. Dann rief er Osman hastig etwas zu. Der antwortete ebenso schnell. Ein kurzes Palaver entspann sich.
»Er will wissen, ob wir Medizin haben. Ich hab ihm gesagt, daß ihr große Hakims seid und natürlich alles bei euch habt. Jetzt verspüren sie auf einmal alle mächtige Schmerzen und bitten euch, ihnen zu helfen.«
»Das ist doch wirklich das letzte«, empörte sich Horst. »Erst wollen sie uns überfallen, und dann sollen wir sie auch noch kurieren. Die können uns mal . . .«
Ich ließ Osman übermitteln, daß Allah schon wissen werde, warum er sie mit Schmerzen gestraft habe. Doch damit erntete ich nur Gelächter. Sehr gläubig schienen die vier demnach nicht zu sein.
Klaus tippte mich verstohlen an. »Du, ich habe da so eine vage Idee«, flüsterte er. »Wir haben doch die Schlaftabletten. Die sehen doch genauso aus wie das Resochin.«
Bedeutungsvoll kniff er ein Auge zu.
Irrsinn, dachte ich. Das ist doch eine Wahnsinnsidee!! Mit Schlaftabletten gegen Räuber?! Herrgott, nein, das gibt's doch nicht einmal hier in diesem verrückten Land. Wenn schon, dann müßte es etwas sein, das sie sofort umhaut.
Horst mußte wohl meine Gedanken erraten haben. Aufmunternd stieß er mir in die Rippen:
»Ich halt's ja selbst für ziemlich unmöglich. Aber was kann es schon schaden, wenn wir's probieren? Sag selbst.«
Zu den Schlaftabletten hatte uns Gisela Schareina in Hamburg geraten. »Die Nächte in Dankalia sind so heiß, daß ihr froh sein werdet, wenn ihr wenigstens mit einer Tablette Schlaf finden werdet«, hatte sie gesagt. Daraufhin hatten wir uns hundert mitgenommen.
Ich überlegte noch einen Moment. Aber Horst hatte ja recht: Was

hatten wir schon zu verlieren? Auf einen Versuch konnten wir es getrost ankommen lassen.
»Man müßte mindestens für jeden sechs Stück nehmen«, überlegte ich halblaut.
»Aber sag Osman vorher davon nichts«, riet Klaus, »sonst verquatscht der sich noch.«
»Wir wollen nachdenken, ob wir ihnen helfen werden«, ließ ich Osman übermitteln. Die Räuber hatten offenbar alles Mißtrauen verloren. Sie waren nahe herangekommen, umstanden uns eng, allerdings noch immer die Speere drohend gezückt.
Wir taten, als ob wir lange zu beraten hätten. Dann mußte Osman abfragen, welcher Art ihre Schmerzen seien. Dem einen tat der Kopf weh, dem anderen der Bauch, der Anführer konnte schlecht hören, und einer von den Jungen beklagte sich über Brustschmerzen. Und einmal mehr machten wir die Erfahrung, die wir in Äthiopien schon immer gemacht hatten: Nichts ist als Handelsobjekt so begehrt wie Waffen und Munition – aber danach folgen dichtauf Medikamente jeder Art. Mit stoischer Geduld lassen sich die Eingeborenen behandeln, lassen sie sich Spritzen jeder Art geben, und Tabletten schlucken sie in bedenkenlosem Zutrauen zur Wunderkraft der Heilmittel weißer Männer.
»Jeder bekommt sechs Tabletten«, ließ ich Osman dolmetschen. »Und damit sie schneller helfen, lösen wir sie in Wasser auf. Als Honorar verlangen wir, daß sie uns ziehen lassen.«
Osman dolmetschte. Yaisi, der Gang-Boss, nickte und ließ uns seine heimtückische Antwort zuteil werden. »Erst sollen die großen Hakims beweisen, daß sie heilen können. Wir werden hier gemeinsam die Nacht verbringen und morgen früh weitersehen.«
Wir gaben uns mit diesem Versprechen scheinbar zufrieden. Ohne etwas für unsere Hilfe zu verlangen, hätten wir uns möglicherweise verdächtig gemacht.
Neugierig beobachteten die vier unser Tun. Osman schimpfte leise vor sich hin. Ich konnte mir denken, was er in seinen Bart grimmelte: Diesen Strolchen auch noch wertvolle Tabletten geben!
Die Frage war jetzt nur noch, ob sie den Trank auch schlucken würden. Doch meine Sorge war überflüssig. Gierig und mit verzückten Augen stürzten sie das mit den Tabletten versetzte Wasser herunter.

»Nun wart' mal ein bißchen«, lächelte Horst dem Ältesten der vier zu, »nun wird dir bald besser werden.« Und er wagte es sogar, ihm leicht die Schulter zu klopfen. Ja, Horst ging sogar soweit, die Olympus herauszuholen. Doch da kam Leben in Yaisi. Drohend schwang er den Speer gegen Horst. Und Horst packte die Kamera schnell wieder fort.

Oho! Die Feindschaft war also nicht vergessen!

Wir taten so, als ließen wir uns wieder zur Nacht nieder. Die Kamele wurden abgesattelt, angehobbelt und zum Äsen losgeschickt. Klaus entzündete ein neues Feuer, um das wir uns gruppierten. Osman und Omar beobachteten uns ein wenig ratlos, stellten aber keine Fragen. Vielleicht ahnte Osman sogar etwas. Yaisis Gruppe machte ihr Camp genau auf dem Pfad, den wir nehmen mußten.

Eine halbe Stunde verging. Noch immer kein Zeichen von Müdigkeit bei den Afars? Halt, gähnte da nicht einer? Nur keine überstürzten Handlungen!

Dreißig Minuten später. Niemand sprach mehr. Nur das Knistern des Feuers unterbrach die Stille. Eine unerträgliche Spannung lag über uns. In der Dunkelheit sahen wir, daß die vier sich niedergelegt hatten. Ob sie schon schliefen?

»Ich versuch's mal«, flüsterte Klaus, der die Ungewißheit nicht länger ertragen konnte. »Das Zeug müßte schon längst gewirkt haben.«

»Aber paß auf«, riet ich. »Ruf ihn nur von weitem an.«

»Keine Angst«, antwortete Klaus, »ich paß schon auf.«

Ganz normal ging er zu den vier Banditen. Aus einigen Metern Entfernung rief er:

»He, Yaisi, willst du nicht noch einen Tee?«

Nichts rührte sich. Klaus versuchte es noch ein zweites und ein drittes mal immer lauter, doch von den Afars kam keine Antwort. Regungslos lagen sie da.

Ein Gefühl ungeheurer Erleichterung befiel mich. Es hatte also geklappt! Es hatte geklappt!

Ich ließ jede Vorsicht außer acht und stürzte auf Osman zu. Umarmte ihn und trommelte mit den Fäusten gegen seine Brust. Der sah mich verblüfft an. Wahrscheinlich glaubte er einen Moment, dieser weiße Mann sei nun wirklich und endgültig übergeschnappt. Allah müsse wohl seinen Geist verwirrt haben. Doch schnell erklärte ich ihm alles,

sagte ihm, daß die Banditen mit Sicherheit einige Stunden schlafen würden. In der Zwischenzeit könnten wir genügend Weg zwischen uns und sie legen.
Endlich begriff er. Sein Gesicht verzog sich zu einem breiten Grinsen.
»Ha, ha! Schlafen also, die Strolche!« Ein schneller Seitenblick. Dann lachte er brüllend und schlug sich vor Vergnügen immer wieder auf die Oberschenkel. »Sind reingefallen, die Mistkerle! Ha, ha! Dumme Banditen, dumme Banditen!«
Mit wenigen Worten weihte er Omar und Homed ein. Seiner Stimme war anzumerken, wie erleichtert auch er über die unvermutete Wendung des Geschehens war.
»Sollten wir sie nicht fesseln, bevor wir abziehen?« schlug Horst vor. »Dann könnten wir doch noch einen größeren Vorsprung gewinnen.«
Doch Osman riet eindringlich ab. »Auf gar keinen Fall! Denkt an die Blutrache. Wenn sie gefesselt und wehrlos von Hyänen angefallen und vielleicht getötet werden, dann werden uns ihre Angehörigen so lange verfolgen, bis sie den Tod gerächt haben. Dann nutzt es uns auch nichts, wenn wir uns auf dem Land eines befreundeten Stammes befinden.«
»Aber jetzt sind sie doch praktisch auch wehrlos«, wandte Horst ein.
»Natürlich«, antwortete Osman. »Aber man würde an ihren Leichen keine Fesseln finden.«
Der Rest war Routine. Ibrahim, ein Miststück von einem Kamel, das jedesmal ein Heidentheater aufführte, wenn es sich auf seine vier Beine erheben sollte, blieb sich auch diesmal treu. Es brüllte und grölte empört, daß man Angst haben mußte, der Krach würde Tote wieder erwecken. Gott sei Dank schienen die vier Afars noch tiefer als Tote zu schlafen. Wir vibrierten vor Nervosität. Noch nie im Leben hatte ich selbst Schlaftabletten gegessen. Ich wußte nicht um ihre Wirkung. Nichts rührte sich bei unseren Banditen als wir aufbrachen.
Fünfhundert Meter mochten wir bereits hinter uns gebracht haben, als unser steiniger, schmaler Pfad einen rechtwinkligen Linksknick machte. Geradeaus blickte man in ein monderleuchtetes Tal. Omar

ließ einfach das Seil seines Kamels los, das sich augenblicklich hinlegte. Er warf sich auf die Erde, Gesicht nach Norden, Mekka, und rief immer wieder Allahs Namen. Spontan warfen wir uns alle daneben. Ich spürte, jeder war gleichermaßen froh über das gelungene Entkommen, und jeder hatte das natürliche Bedürfnis, sich dem Dankgebet anzuschließen.

Noch einmal Junus

Ein tiefer Schluck aus dem Wassersack und es ging weiter.
Die halbe Nacht marschierten wir durch. Ein riesengroßer, orangefarbener Mond ließ uns den Weg gut erkennen. Um Mitternacht hatten wir es geschafft. Wir befanden uns im Gebiet des Stammes, dessen Scheich mit Omar verwandt war. Die vier Halunken würden es kaum wagen, uns bis hierher zu verfolgen.
In einer einsam am Weg liegenden Hütte wurden wir freundlich aufgenommen. Omar zog am nächsten Morgen allein weiter. Er wollte in ein nahes Dorf, um einen bewaffneten Führer für uns zu gewinnen. Nach dem jüngsten Erlebnis hielten wir es doch für richtiger, nicht mehr ohne den Schutz eines Gewehres weiterzuziehen.
Drei Stunden später war er wieder zurück. In seiner Begleitung – Junus! Der Mann, den wir am Fluß getroffen hatten. Mit einem hintergründigen Lächeln nahm er Platz, nachdem wir ihn verlegen begrüßt hatten.
»Ihr habt nach mir rufen lassen?« Seine Stimme war tief und strömte Stolz und Selbstbewußtsein aus.
Aha, signalisierte es gleich in uns. Nun wird er seine Forderung hochschrauben. Wir wollten aber nicht mehr den Fehler wiederholen und mit ihm handeln.
»Was verlangst du, Junus?«
»Fünf Bir pro Tag.«
»Einverstanden.«
»Und wie ist das mit dem Rückweg?«
»Für den Rückweg zahlen wir den anderen auch nichts.«
»Ich rede jetzt nicht von den anderen. Ich rede von mir.«
Osman schaltete sich ein. »Das ist hier üblich. Wir haben eine Son-

dervereinbarung, weil ihr mir zu dem Arzthelfer-Zertifikat verhelfen wollt. Bietet ihm die Hälfte!«
»Was hältst du von zwei Bir, Junus?«
»Was hältst du von drei?« entgegnete er lässig.
»Sind dir zwei nicht genug?«
»Nein, ich habe dann zwar keine Verantwortung mehr für euch, aber ich muß meine schwere Waffe schleppen und hundert Schuß Munition.«
»Okay, wir sind einverstanden. Du bringst uns also bis Schiffra?«
»Jawohl, bis Schiffra. In sieben Tagen.«
»Wenn du allein zurückgehst, bist du schneller; du wirst in drei Tagen zu Hause sein.«
»Ja.«
»Aber wir haben auch eine Bedingung«, wollte ich nun unsere Ansprüche anmelden.
»Ich bin noch nicht fertig. Laßt mich ausreden.« Er nahm einen Schluck Wasser aus seiner Teekanne, die ständig am Gewehrlauf hing. »Meine Frau erwartet stündlich ein Kind. Ich muß ihr eine Helferin zur Seite geben. Die müßt ihr bezahlen.«
»Junus, welche Afar-Frau läßt sich solchen Dienst bezahlen?«
Junus lächelte. Er wußte das selbst. Aber er hatte es halt mal versucht, hatte er doch endlos Zeit für die Verhandlungen. »Für das tägliche Essen müßt ihr aufkommen«, fuhr er fort.
»Wir haben nur Nahrung, die du nicht magst.«
»Ich liebe süßen Kaffee.«
»Aber unsere allabendlichen Gastgeber werden dir zu essen geben.«
»Das reicht nicht immer. Ein guter Führer darf nicht vor Hunger Fehler machen.«
Junus war ein Experte. Wir kamen uns vor wie bei Verhandlungen zwischen Arbeitgebern und der Gewerkschaft.
»In Ordnung. Wenn du nicht satt wirst, sagst du es uns!«
»Außerdem brauche ich eine Decke für die Nacht.«
»Womit deckst du dich denn zu Hause zu?«
»Mit einer Decke. Aber ihr habt mich so unerwartet von dort fortgerufen, daß ich nichts einpacken konnte.«
»Wir können dir zehn Bir Vorschuß geben für eine Decke.«

»Ja, das ist gut.«
Nun durften wir auch unsere bescheidene Forderung stellen. Er sollte helfen, die Kamele zu packen und zu führen. Junus versprach es. Wir schüttelten uns die Hand. Junus schien ein guter Griff zu sein.
Da kam Osman und flüsterte: »Siehst du da hinten meinen Vater mit seinem Kamel?«
»Ja.«
»Er nimmt von hier aus die Abkürzung nach Hause.«
»Was nimmt er? Ich denke, er begleitet uns bis zur Straße Bati-Assab?«
»Er ist nicht mehr mit seinen drei Bir Tageslohn zufrieden, wenn Junus fünf bekommt.«
Omar hockte mit undefinierbarem Gesicht neben uns. Obwohl er durch uns hindurchblickte, entging ihm kein einziges Wort.
»Wie sollen wir denn jetzt mit nur drei Tieren weiterkommen? Die wären doch überlastet. Kann man hier ein Kamel kaufen?«
»Nein, die Leute sind arm.«
»Dann hole ihn zurück und sage ihm, wir würden ihm vier Bir geben.«
Osman eilte.
Omar flüsterte einen Kommentar und pulte mit seinen Fingern in den Fransen seines weißen Umhanges herum.
»Was hast du gesagt?«
»Wenn Junus fünf Bir kriegt, will ich auch etwas haben.«
Horst mischte sich ein. »Gib ihm auch vier. Aber an der Straße schießen wir ihn in den Wind.«
Omar bekam vier, Homed bekam vier, Junus fünf. Am Nachmittag ging es weiter. Richtung Schiffra.
Schiffra war ein wichtiger Punkt unserer Expedition; dahinter begann das von den aufständischen Afars kontrollierte Gebiet. Schon jetzt, am ersten Tag, mußten wir Junus mahnen, daß er genau wie wir alle beim Packen zu helfen hatte. Er machte – erfolgreich – zwei Knoten, hatte sein Versprechen gehalten und nichts von seiner Manneswürde eingebüßt.
Er führte auch mal eins der Kamele. Dann bat er mich, das Leitseil zu halten, da er urinieren müsse. Den Rest des Tages führte ich das Tier. Auch Homed und Omar waren groß im Notdurftverrichten. Sie

drückten uns die Taue in die Hand, nahmen diskret zwei, drei Steine auf (statt des Toilettenpapiers) und hockten sich neben den Weg. Irgendwann kamen sie dann hinterhergetrottet, mit einer Hand mindestens eine halbe Stunde ihren Wasserhahn unterm Gewand festhaltend. Wohl, damit kein Nachzüglertropfen in die Röcke rieselte.
Jedenfalls waren wir es, die die Kamele führten, absattelten, zum Essen schickten, sie wieder einfingen und erneut sattelten. Unser Entschluß festigte sich – sobald es ging, wollten wir mit weniger Tieren und nur noch mit einem bis zwei Führern weiterziehen.
Vier Tage dasselbe. Am fünften, mittags um elf Uhr, setzte sich Junus in den Schatten eines gewaltigen Baumes.
»Nehmt Platz!«
»Jetzt schon rasten?«
»Ich muß zurück nach Hause.«
»Ist hier Schiffra?« fragten wir.
Er überhörte die Frage und sagte: »Dort hinter dem Hügel liegt die Bati-Assab-Straße. Bis Schiffra sind es nur noch zwei Tage. Osman kennt den Weg. Er ist sicher. Ich gehe jetzt.«
Wir waren schockiert. Noch am Tage zuvor hatte uns Junus vor den aufgebrachten und feindseligen Bewohnern eines Dorfes beschützt, die uns den Weg durch ihr Land nicht erlauben wollten. Seelenruhig schickte uns Junus weiter, nahm sein Gewehr von der Schulter und sagte dem Dorfältesten:
»Das sind meine Freunde. Die gehen hier durch. Wenn dir das aber nicht paßt, dann mußt du eben mit mir kämpfen.«
Und nun wollte er uns plötzlich im Stich lassen?
»Warum Junus?« fragte ich verstört. »Haben wir dir etwas getan?«
Er schüttelte den Kopf. »Nein. Aber ich gehe zurück.« – Und nach einigem Zögern: »Meine Frau bekommt ein Kind. Ich will bei ihr sein.«
Wäre die Situation nicht so ernst gewesen, ich hätte laut gelacht. Keinem Afar-Mann würde es einfallen, auf seinen Verdienst zu verzichten, nur um seiner Frau bei der Geburt zu helfen. Ich wurde zornig und drohte, wir würden ihm dann eben nicht die ausgehandelte Summe für den Rückmarsch bezahlen.
»Ihr könnt mit mir nicht über mein Geld reden«, war Junus' kühle Antwort. »Ihr habt es doch nur getragen. Nun will ich es selbst tra-

Der Markt von Bati

Ein Wasserloch, das aus einer vulkanischen Quelle gespeist wird

Unser erster Führer Osman mit seinem Vater Homed

Afar-Mädchen

Menschen, die uns begegneten . . .

Ali Mudschahids Männer schlachten zu unseren Ehren einen Hammel

Die Wüstenbrote werden gebacken

Unsere Wasserversuche

Der Kamel-Unfall

El Hakin – Die Behandlung der Frau mit der Bauchwassersucht

Der Ertale-Vulkan

Dallol

Der Assale-Salzsee

Die E.L.F. stürmt Tessenei

Die Gefangenen werden abgeführt

gen.« Dabei putzte er gelangweilt sein Gewehr und hielt den Lauf wie zufällig auf mich gerichtet. Was blieb uns weiter übrig? Er hatte das Gewehr und damit den höchsten Trumpf.
»Zahl ihn aus«, knurrte ich ergrimmt zu Klaus, der die Reisekasse führte. Junus quittierte mit einem Kugelschreiber-Daumenabdruck.
Minuten später war er aus unserem Blickfeld verschwunden. Auch Osman hatte keine Ahnung, warum er uns so plötzlich verließ. Vielleicht aber wollte er es uns auch nur nicht sagen.
Wir lagen tatsächlich nur noch fünfhundert Meter südlich der Bati-Straße! Kein Auto weit und breit. Die Straße wurde weitgehend von Afar-Rebellen kontrolliert.
Was tun?

Verlassen

Allein hockten wir im Schatten des Riesenbaumes. »Laß uns gleich reinen Tisch machen«, forderte Klaus. »Homed will ohnehin nur bis Schiffra mitkommen. Omar ist jetzt schon überflüssig. Ihn sollten wir ebenfalls gleich auszahlen.«
So geschah es auch. Ohne Gemütsregung dolmetschte Osman unsere Querelen. Als Omar seinen Sold hatte, bat auch Opa Homed nebst Kamel vorzeitig um die Abrechnung.
»Macht euch keine Sorgen«, tröstete uns Osman. »Wir werden schon weiterkommen. Laßt uns eine Burra ansteuern und Rat halten.«
Die Burra war bald gefunden. Ein freundlicher Gastgeber verbarg unser Gepäck in einer nahen Felshöhle. Manchmal kämen hier äthiopische Soldaten durch. »Und denen wollt ihr doch nicht begegnen, oder?«
Wir schlugen ihm freundschaftlich auf die Schulter.
Osman machte folgenden Vorschlag:
»Horst bleibt hier und paßt auf eure beiden besten Kamele auf. Dieses schwächere Tier nehmen wir mit nach Bati. Bati ist nur dreißig Kilometer von hier entfernt und morgen ist Montag und großer Markt. Dort verkaufen wir das Tier, und ich suche einen neuen Begleiter.«

Trotz des Risikos, uns auf einem Markt unter Menschen zu mischen, akzeptierten wir Osmans Vorschlag. Wir entschlossen uns außerdem, alles Überflüssige an Geräten auszusortieren und von jetzt an nur noch mit zwei Tieren weiterzuziehen.

Weniger Kamele, weniger Abhängigkeit, schnelleres Tempo.

Die Abrechnung mit Omar und Homed gestaltete sich schwierig. Mit unendlicher Geduld wurde jeder Tag nochvollzogen und der Lohn mittels kleiner Steine auf einen Haufen gelegt.

In der Dunkelheit zogen wir nach Bati. Der Weg verlief in einem Flußbett neben der Straße. Wenn doch mal ein Auto kam, sprangen wir in die Büsche.

Im Frühnebel des nächsten Morgens standen wir im Hof des Hauses von drei deutschen Entwicklungshelfern: Ria, Christa und Heinz. Mehrere Hunde umkläfften und umwinselten uns. Osman hatten wir vor der Ortschaft zurückgelassen. Die drei Entwicklungshelfer setzten uns ein kräftiges Frühstück, zwanzig Eier, Brot und viele Zwiebeln, vor. Der Markt, der gleich neben dem Haus auf zwei Hügeln abgehalten wird, hatte noch nicht begonnen.

»Eigentlich erscheint mir Bati recht friedlich, mit Sicherheit ist euer Job wohl ganz angenehm, und alles in allem habt ihr wohl ganz gute Karten gezogen«, bemerkte ich kauenderweise so leichthin – doch leider hatte ich mich da verkalkuliert.

»Habt ihr eine Ahnung!« erzählte uns Ria, die grazile Krankenschwester. »Man stößt auf Schwierigkeiten und Intrigen, wohin man nur schaut. Das fängt mit der Frau des äthiopischen Chefarztes im Hospital an, die in allen Dingen mitbestimmen will, obwohl sie keine blasse Ahnung hat. Das setzt sich mit den Vorurteilen der Amharen gegenüber den Afars fort, und das endet schließlich damit, daß alles, was wir tun, was wir anregen, völlig unbeachtet bleibt.«

»Ihr müßt euch mal vorstellen«, warf Christa, die Hebamme ein, »was der Chef von mir gestern verlangte. Wir haben eine Afar-Frau auf der Station, bei der die Geburt nicht vorangehen wollte. Als ich ihn anrief und sagte, wir müßten vielleicht schneiden, meinte er doch tatsächlich, ich solle mich nicht so haben. Solche Fälle hätte er schon häufiger gelöst. Ich sollte die Frau in den Landrover packen und eine Stunde mit ihr über einen Feldweg rasen! Ich werde jetzt noch verrückt, wenn ich daran denke. Aber dem habe ich den Marsch gebla-

sen. Entweder Operation, habe ich gesagt, oder ich kündige fristlos!«
In diesem Moment trat der Sabanja, der Nachtwächter, ein. »Ihr Führer Osman möchte Sie sprechen.«
Nanu?
Wir eilten raus. Osman gab sich ganz zerknirscht. Ob wir ihm das Empfehlungsschreiben an Dr. Aebersold geben könnten. Er habe gehört, hier würden nachts die Hotels kontrolliert und dann hätte er doch wenigstens ein Papier vorzuzeigen.
Ria war auch mit herausgekommen. Sie lachte Osman aus. Dann könne er doch sagen, daß er zu uns gehöre, oder besser noch, daß er heute hier auf dem Markt gewesen sei. Tausende von Leuten seien hier montags im Ort. Und alle kämen von weither. Das sei doch normal.
Enttäuscht und verärgert zog Osman ab.
Kurz darauf war er wieder da. Klaus ging raus und war sofort zurück.
»Fallt jetzt nicht um! Osman hat gekündigt. Fristlos.«
Mir blieb das Rührei im Halse stecken. Entgeistert starrte ich Klaus an, der mich seinerseits recht ausdruckslos anglotzte.
»Du wirst es nicht glauben, aber Osman behauptet steif und fest, er habe ein Nachricht bekommen. Seine Frau ist krank geworden. Ja, du hast richtig gehört. Fällt dir nicht auch auf, wie besorgt die auf einmal alle um ihre Frauen sind, die ihnen sonst für keine Dreckarbeit zu schade sind?«
Das war's denn. Da halfen keine Bitten, keine Überredungsversuche, kein Schimpfen. Es nutzte auch nichts, daß ich Osman den erbetenen Brief für Dr. Aebersold verweigerte, ja, ihm im Gegenteil drohte, dem Arzt zu schreiben, wie er uns im Stich gelassen habe. Er war nicht mehr umzustimmen. Nicht einmal Geld konnte ihn noch locken.
Und mir fiel plötzlich wieder ein, was uns der holländische Missionar in Rasa gesagt hatte.
»Sie werden vielleicht jemanden finden, der Sie bis in die Gegend von Schiffra bringt. Aber nicht weiter. Da beginnen nämlich die Gebiete völlig anderer Stämme und das Aufständischen-Gebiet. Und davor haben sie alle Angst.

Wir trennten uns ohne Worte. Osman bekam sein Geld und murmelte ein Salaam alekum. Wir schwiegen. Was uns besonders enttäuschte, war die Erkenntnis, daß er versucht hatte, uns auszutricksen. Jetzt war uns klar, daß er das Empfehlungsschreiben nicht für die Polizei brauchte, sondern für Dr. Aebersold. Innerhalb eines Tages waren wir also alle unsere einheimischen Begleiter losgeworden. Allah ist groß.

Auf dem Markt von Bati

Mir fiel wieder das Kamel ein, das schwächere Tier, das wir hier auf dem Markt verkaufen wollten. Eigentlich hatten wir darauf gehofft, daß Osman diese Aufgabe übernehmen würde. Die Sprachkenntnisse eines Einheimischen, das Wissen um die hiesigen Handelsbräuche und nicht zuletzt die ausgeprägte Schlitzohrigkeit, die Osman auszeichnete, das alles hätte einen unschätzbaren Vorteil bei einem solchen Geschäft bedeutet. Aber nun war Osman weg.

Ich warf einen Blick aus dem Fenster. Die beiden Hügel, die den Markt bildeten, waren inzwischen brechend voll geworden. Afars, Gallas und Amharen hatten an diesem Tage Waffenstillstand und tauschten – wie an jedem Montag – unter dem bedrohlich wirkenden Doppelgalgen, der die Kuppe des einen Hügels ›zierte‹, ihre Besitztümer aus.

»Es wird Zeit«, meinte Klaus. Alle blickten mich an.

»Wieso ich?« fragte ich verdattert. »Ich hab' zwar schon so manchen Gebrauchtwagen verhökert, aber ein Kamel?«

»Komm, Rüdiger«, munterte Klaus mich auf. »Du bist der einzige Kaufmann unter uns.«

»Wieso Kaufmann? Ich bin Konditormeister!«

»Aber du hast doch einen großen Laden, nicht wahr? Na, also!« Die Logik war umwerfend.

Natürlich war ich der Mittelpunkt auf dem Markt. Kamele werden dort normalerweise nur von Afar-Frauen gehandelt. So hatte ich bald scharenweise Interessenten um mich herum versammelt. Doch ich merkte schnell, daß ihre Neugier weniger meinem Kamel galt, als vielmehr mir selbst und meinen Werbesprüchen. Es war wohl eine einmalige Volksbelustigung, die ich darbot. Ein Lausbub hatte sich zu mir gesellt und dolmetschte für einen Bir Taschengeld mein holpriges Arabisch in alle gewünschten Sprachen, Afaraf, Gallinya und Amarinya.

»Wollt ihr ein Tier zum Schlachten oder zum Arbeiten?« riefen wir der Menge zu.

»Zum Essen!« grölten die einen.

»Zum Arbeiten!« schrien die anderen.

»Ich bin ein ehrlicher Händler«, übertönte ich sie. »Zum Essen ist das Tier zu schade. Außerdem ist es zu mager. Aber es ist zäh und ausdauernd.«

Meine Zuschauer jubelten. Sicher konnten sie viel besser beurteilen, wie gut oder wie unbrauchbar unser Kamel war. Ich hätte nicht einmal sein Alter bestimmen können. Aber ich fuhr unbeirrt fort: »Das gute Tier hat einen langen Marsch hinter sich. Es hat uns wochenlang einen riesigen Berg Gepäck getragen, ohne je zu murren, ohne schlapp zu machen. Ich bin am Ende meiner Reise, nur deswegen verkaufe ich es. Kein vernünftiger Mensch würde sich sonst von solch einem Pracht-Kamel trennen.«

So viel Mühe ich mir aber auch gab und dabei alle meine Kenntnisse in moderner Verkaufspsychologie einsetzte, die Leute betrachteten mich wie eine gute Zirkusnummer. Für einen ernsthaften Verkäufer hielten sie mich jedenfalls nicht.

Ich legte resigniert eine Pause ein. Mein junger Dolmetscher hütete das Kamel, während ich mich durch die dichte, drängende Menschenmenge schob, um mich über das Angebot und die Preise zu informieren.

Das Angebot des Marktes war breit und vielfältig. Jedoch sah ich keinerlei Luxusgegenstände, alle Waren gehörten zu den Dingen, die lebenswichtig in dieser Region sind.

Da lagen ungereinigte Salzklumpen von den Salzseen um Assale. Auf Wunsch wurde für umgerechnet fünf Pfennige mit einem Fuchsschwanz ein Stückchen zum Naschen abgeschnitten. Mit Hilfe einer Lötlampe wurden leere Konservendosen in phantasievolle Gefäße verwandelt. Es gab Tomaten, Eier, die dazugehörigen Hühner, Honig und Indschera, das Fußlappenbrot. Einige Männer hatten mit ihren Eseln Holzkohle aus den Bergen hertransportiert. Auch Brennholz wurde feilgeboten.

Ich sah mir natürlich auch die Kamele an, die von einigen Afar-Frauen zum Verkauf hergebracht worden waren. Es waren junge, wohlgenährte und kräftige Tiere, ohne Wunden und ohne Zecken – dagegen wirkte unser Exemplar wie ein gepflegter Müllhaufen.
Ich ging wieder zurück. Die schaulustige Menge hatte sich inzwischen verzogen und anderen Dingen zugewandt. Mein junger Helfer erwies sich als ausgesprochen engagiert. Er wollte losgehen und gezielt ernsthafte Kaufinteressenten heranschleppen. Und tatsächlich kam er nach einiger Zeit in Begleitung eines älteren Mannes zurück. Als der jedoch meinen Preis hörte – 380 Bir, unser eigener Einstandspreis – schüttelte er sein weises, sachverständiges Haupt und drehte ab. Ich hielt ihn fest und machte ihm klar, daß man über den Preis ja noch einmal reden könne. Schließlich hatte er mich auf 200 Bir heruntergehandelt. Ich war bereit einzuschlagen, doch er erbat noch eine Bedenkzeit von einer Stunde und ging davon. Er tauchte nicht wieder auf.
Es war schon ein hartes Los, Marktverkäufer zu sein.
Nachdem ich fast den ganzen Tag erfolglos herumgesessen hatte, gab ich auf. Zuletzt hatte mich überhaupt niemand mehr beachtet. Es hatte sich wohl inzwischen herumgesprochen, daß da ein verrückter Weißer war, der ein ›Skelett‹ an den Mann bringen wollte. Alle hatten mich begafft und damit war ihre Neugier befriedigt. Den Alleinunterhalter spielte ich schon lange nicht mehr, also war ich langweilig für die Leute geworden.
Ich nahm mein Kamel am Seil und trottete mißmutig zurück zum Haus der Entwicklungshelfer.
Doch Ria, die Krankenschwester, wußte Rat. Sie hatte sich in der Zwischenzeit umgehört und einen einheimischen Viehhändler angesprochen. Dieser war angeblich daran interessiert, das Kamel für uns zu verkaufen. Sozusagen als Agent. Immerhin. Ich war bescheiden geworden.
Der Agent war ein hagerer, hochaufgeschossener Mann mit freundlichen Augen. Lange betrachtete er unser Dromedar. Von allen Seiten. Auch von oben, unten und unterm Schwanz. Nach vielen Minuten des Schweigens und Beobachtens trat er ihm behutsam auf den linken Vorderfuß. Eiter spritzte in einer kleinen Fontäne heraus.
Mit langem, stillem Blick musterte er mich und meinte dann endlich:

»Dein Kamel hat hart gearbeitet. Es ist ziemlich am Ende. So, wie es da steht, erzielt es nicht einmal einen akzeptablen Schlachtpreis. Gib es mir zwei Wochen auf die Weide. Ich habe einen kleinen Jungen, der sich seiner annehmen wird. Er wird es von den Zecken befreien, die wie ein Mosaik am After sitzen. Er wird den Eiterherd am Fuß bereinigen und es wieder fettfüttern. Dann werde ich zweihundert Bir dafür erzielen. Wenn ihr mir vertraut, gebe ich das Geld Ria, sobald ich es habe. Sie wird einen Weg wissen, es an euch weiterzuleiten.«
Danach machte er eine lange Pause. Man merkte ihm an, daß er noch etwas sagen wollte. Schließlich meinte er ganz ruhig: »Ihr wollt in ein Gebiet, wo es tagelang kein Futter für eure Tiere gibt. Laßt sie dann vor- und nachher zwei Tage rasten und essen. Sie werden es euch danken. Einem kräftigen Hengst könnt ihr bequem vier bis fünf Zentner aufbürden. Aber er braucht sein Futter. Nehmt euch notfalls zwei große Säcke Datteln mit. Wenn sie die nicht freiwillig nehmen wollen, müßt ihr sie zwangsfüttern: Mund auf, Datteln rein, Mund zuhalten, runtermassieren. Eure Begleiter werden euch zeigen, wie man das macht. Es ist alles ganz einfach. Man muß es nur wissen. Vor allem denkt daran: Kamele haben eine Seele. So, wie sie bei euch haben arbeiten müssen, kann man eine Frau schuften lassen. Nie aber sein Kamel!«
Wir dankten dem Händler für seine wohlgemeinten Ratschläge und besiegelten die Übergabe des Tieres per Handschlag. Fünf Monate nach unserer Rückkehr traf das Geld bei mir in Hamburg ein. Wie besprochen hatte es Ria weitergeleitet. Knapp 200 Mark.

Schiffra

Heinz Freyer, der Landwirt unter den Entwicklungshelfern, schlug uns vor, am nächsten Morgen mit dem Bus über die Batistraße zu fahren, bis zu der Burra, wo Horst mit den beiden Kamelen auf uns wartete. Allmorgendlich führe ein Bus bis Sardo. Der Hausherr dort würde schon weiterwissen. Bis Schiffra kämen wir allemal. Unser Paß sei ja noch gültig, falls im Bus eine Kontrolle stattfände. Das ausrangierte Gepäck könnten wir bei der Burra lassen. Er würde es abholen und der deutschen Botschaft weiterleiten.

So hockten wir früh am Morgen in dem Buna Bet (Kaffee-Haus) am Bus-Stop. Bloß schnell fort von hier! Ein gazellenhaftes Amharenmädchen von vielleicht vierundzwanzig Jahren servierte heißen Tee und ebensolches Lächeln. Als wir ihr ein Trinkgeld in die Hand drückten, hielt sie unsere Hand fest und nickte vielsagend mit dem Kopf auf die Zimmer im Hinterhof.
Die milchkaffeebraune, samthäutige Schöne schmiegte sich an Klaus. – Draußen hupte der Bus. Wir standen auf und verließen das Kaffee-Haus. Bevor ich in den Bus stieg, drehte ich mich noch einmal um. Das Mädchen winkte.
Ohne Schwierigkeiten gelangten wir zu Horst.
Sein Gastgeber hatte bereits geahnt, daß wir allein zurückkommen würden. Es war für ihn selbstverständlich, daß er uns nun nach Schiffra begleitete. Er hatte mit Horst abgesprochen, daß wir unmittelbar nach unserer Ankunft weiterziehen würden. Doch wieder einmal kam es ganz anders.
»Wir müssen noch einen zweiten Mann mitnehmen.«
»Warum denn das? Findest du den Weg nicht? Es gibt doch eine so deutliche Straße, daß ich ihn sogar allein finde.«
»Wir müssen zwei Führer sein.« Er ging los und holte einen Verwandten, der bereit war, uns mit nach Schiffra zu führen.
Aber dennoch ging es nicht los.
»Laßt uns zum Abschied einen Tee trinken.«
»Wir haben Tee bei uns. Trinkt den und laßt uns endlich losziehen.«
»Es ist jetzt zu heiß zum Marschieren. Außerdem muß ich meiner Familie sagen, daß wir fortgehen.«
»Okay. Lauf hin! Wir warten hier.«
»Das geht nicht so schnell. Meine Tochter ist krank. Du mußt ihr helfen.«
»Bring sie her!«
»Dann sattelt noch nicht die Kamele. Sie werden nur müde vom Stehen.«
Er brachte ein niedliches Mädchen. Es hatte Lungenentzündung. Wir schrieben ihm einen Brief an Ria, die Krankenschwester in Bati.
»Laßt uns nun endlich losmarschieren«, bat ich wieder, und Horst bemühte sich, mit dem Beladen der Kamele zu beginnen.

Damit die Packerei zügig voranging, hatten wir die beiden verbliebenen Tiere numeriert und auch die dazugehörigen Sattel- und Gepäckteile. So hatte alles sein System, und ging weit flotter vonstatten als in den Tagen vorher.

»Wir müssen noch Milch trinken. Der Weg ist lang. Sechzig Kilometer.«

»Dann trink in Gottes Namen deine Milch.«

»Gut. Dann nehmt solange Platz. Die Milchziegen kommen erst gegen Abend nach Hause.«

Da soll ein Mensch seine Geduld behalten! »Kannst du nicht unterwegs Milch bekommen?«

»Weiß ich, ob sie nicht vergiftet ist? Und wie wollt ihr dann ohne Führer nach Schiffra?«

»Wahnsinn! Überkomm mich nicht! Der Typ schafft mich«, stöhnte ich.

Aber schließlich kamen die verdammten Ziegen und ließen sich ihre vermaledeite Milch abzapfen.

Endlich holten Horst und Klaus die Kamele. Gott sei Dank waren es unsere und niemand konnte uns am Beladen hindern.

»Wo wollt ihr denn jetzt hin?«

»Nach Schiffra!« brüllten wir, unglaublich zornig und am Ende unserer Geduld. Wir ließen uns überhaupt nicht mehr zurückhalten und packten, ohne noch ein Wort zu wechseln. Stück für Stück. Zug um Zug. Knoten um Knoten. Zwölf Minuten. Rekord, den man nur im Zorn schafft. Aufgestanden und abmarschiert.

»Ihr könnt nicht allein gehen. Es ist dunkel.«

»Wir gehen. Ihr könnt hierbleiben.«

»Laßt uns doch ausruhen. Dann sind wir morgen früh viel ausgeruhter und nach kurzer Zeit in Schiffra!«

Nichts hielt uns mehr. Einen ganzen Tag hatten wir vertrödelt. Wir marschierten los. Die beiden Führer wurden nun doch nervös, schnappten sich einen Wassersack und trotteten hinterher. Afar-Poker.

Wir hatten gewonnen.

Am nächsten Mittag hatten wir die sechzig Kilometer bis Schiffra geschafft. Mit einer längeren Rast in der Nacht. Wie würde es weitergehen?

Dr. Tenambergen – »Rufer in der Wüste«

Man könnte es kurz machen. Man brauchte zum Beispiel nur zu berichten, daß wir drei Tage in Schiffra blieben, daß Saida uns mit dem verblüffenden deutschen Satz begrüßte: »Na, nun werde ich euch erst mal eine schöne Tasse Kaffee machen«, und Tenambergen (Dr. Ten) zum Abschied eiskalt meinte: »Eure Chancen durchzukommen stehen bestenfalls fifty-fifty.«

Natürlich hatten sie, so gut sie konnten, unsere Vorräte ergänzt. Und mit Tenambergens Hilfe war es uns sogar gelungen, neue Führer zu gewinnen. Hate Haye hieß jetzt unser Oberscout – ein kleiner drahtiger Mann, nicht mehr der Jüngste, davon zeugte seine Haartonsur. Hate war ein enger Verwandter von Scheich Arba, dem Obermufti von Schiffra. Nichts nämlich ist in der Danakil wichtiger als einflußreiche Verwandtschaft.

Hate Haye allerdings hatte uns kategorisch erklärt, er würde nur mitkommen, wenn ihn Kalaito und Homed Haye begleiteten, die beiden waren entfernte Verwandte von ihm.

Was hatten wir schon für eine Wahl? Jeder bekam fünf Bir pro Tag, denn wir waren inzwischen schlau genug geworden, von vornherein auf unterschiedliche Zahlungen zu verzichten, egal, ob der eine nun der Hauptführer war und die anderen nur seine Helfer.

Dabei also könnte man's belassen. Schiffra – Herrgott, davon hat noch kaum jemand gehört, da haben sich an die dreihundert Seelen versammelt, zumeist Afars, ein paar Amharen, ein Engländer und zwei Deutsche, und Schlagzeilen werden da wohl auch in Zukunft nicht geboren. Denn die Welt ist eben vergeßlich und sie ist unsagbar reich an Ungewöhlichem. Ein Ereignis jagt das andere tot, was gestern noch die Menschen erregte, vielleicht sogar an ihr Mitgefühl appellierte, ist morgen keinen Gedanken mehr wert.

Zum Beispiel: Erinnern Sie sich noch an Biafra? – Biafra? Unsere Kinder kennen das Wort ja kaum mehr, sie werden rätseln, ob Biafra vielleicht etwas Wunderliches zu essen ist, oder etwa eine frühere Prominenz, oder ein seltenes Tier gar. Und dabei ist es noch keine zehn Jahre her, daß die schrecklichen Bilder von den Unabhängigkeitskämpfen in der nigerianischen Provinz Biafra um die Welt gingen. Erinnern Sie sich wieder der Fotos erschlagener Männer, der verhungerten Frauen und Kinder? Die klapperdürren Figuren mit den aufgedunsenen Bäuchen? Etwa zwei Millionen Menschen sollen damals den Tod gefunden haben, und die meisten von ihnen verhungerten. Einfach so.

Aus dem Sinn, vergessen.

Oder erinnern Sie sich vielleicht noch des Elends in der Sahel-Zone? Dieses südlichen Randgebiets der Sahara, von der Atlantik-Küste bis nach Äthiopien? Fällt es Ihnen wieder ein: Mitte der siebziger Jahre, Dürre, Hungerkatastrophe, die Welt versuchte zu helfen, schickte Nahrungsmittel, Medikamente, Ärzte, überall wurde gesammelt – doch auch hier verhungerten Millionen Menschen. Wieviele es genau waren, weiß niemand.

Schiffra, wenn man's recht besieht, ist ein Kind dieser Katastrophe. Vermutlich würde es ohne die Ereignisse damals eine richtige Ortschaft namens Schiffra nicht geben. Sie gehört zu den Plätzen, an denen die Menschen, die satt zu essen und ein Dach über dem Kopf haben, und für die Autos, Fernsehen und Kühlschränke Selbstverständlichkeiten sind, ihr Gewissen abladen. Und deshalb sollte man an Schiffra nicht so einfach vorbeigehen.

Da wäre also zuerst einmal die Örtlichkeit. Ein etwa hundertfünfzig Meter hoher Tafelberg, oben wie abgeschnitten, an seinem Fuß schlängelt sich ein kleiner Fluß, Mille geheißen. In dessen Umgebung ist sogar ein bißchen Grün, ja, und es sieht richtig romantisch afrikanisch aus. In Gebieten, die anfällig für Hungersnöte sind, ist dies bereits genügend Voraussetzung, um ein Zentrum des Kampfes gegen die Katastrophe zu bilden. Die von der deutschen Illustrierten »Stern« 1974 ins Leben gerufene Hungerhilfe-Aktion errichtete denn auch genau hier eine ihrer Hilfsstationen. Ein Hospital war da, eine Wetterstation, Vorratshäuser, Schule, Küche, landwirtschaftliche Gebäude, dazu eine Menge technischen Geräts – dies alles entstand im Handumdrehen, und nach und nach gruppierten sich eine Menge einfacher Hütten drumherum: Afars, die begannen, das Nomadenleben aufzugeben, die seßhaft wurden.

Schiffra war geboren.

Doch was wäre dies alles ohne die Menschen? Menschen, die bereit waren, ihr eigenes Leben zurückzustellen, um anderen zu helfen.

Drei waren noch da, als wir in Schiffra eintrafen: Dr. Ernst Tenambergen, achtunddreißigjähriger Chirurg, Hobby-Landwirt, Allround-Mann, Idealist – alles in einer Person; Joke Smid, eigentlich Johann, doch so nannte ihn niemand: ein kleines Muskelpaket, vierundzwanzig Jahre alt, Diplom-Landwirt aus Groothusen im Ostfriesischen, und das sagt vielleicht einiges aus über die Dickschädeligkeit, mit der er sich in eine Aufgabe verbeißen kann. Der Dritte im Bunde: Keith, ein schweigsamer Engländer, der die Werkstatt führte. Sieht man ihn zum erstenmal, dann meint man, er habe sich mit Staufferfett eingesuddelt. Betrachtet man die vermeintlichen Arbeitsspuren genauer, dann erweisen sie sich als Tätowierungen, die ihn wie eine Tapete umgeben. Keith spricht wenig, er handelt lieber. Schnell hatte er Afaraf gelernt. Das verschaffte ihm bei den Afars einiges Ansehen, das sogar soweit ging, daß Keith ungeniert mit Fatima flüstern durfte, die in der Europäer-Küche ihren Dienst versah. Für andere ein Grund, ihn zu beneiden.
Dr. Tenambergen stammt aus Münster. Als in Biafra dringend Hilfe gebraucht wurde, war Tenambergen gerade mit seiner Promotion fertig. Er schlug eine Karriere-Position in den Wind und verpflichtete sich nach Afrika. Als die Arbeit dort getan war, bot sich ihm in Deutschland erneut eine Stellung, um die viele seiner Kollegen ihn beneideten. Ernst Tenambergen pfiff wiederum darauf und arbeitete neun Monate auf dem deutschen Lazarettschiff »Helgoland«, das einen Funken Humanität in den Vietnamkrieg bringen sollte. Tja, und kaum hatte sich dort der Frieden angebahnt, da starben die Menschen in der Danakil wie die Fliegen. Und so kam Tenambergen nach Äthiopien. In Schiffra baute er zunächst das kleine Hospital mit auf, lernte äthiopische Krankenpfleger an und merkte bald, daß den Menschen nicht dauerhaft damit geholfen werden konnte, wenn man ihnen kostenlos Mais und Medizin gab.
Doch was sagt schon so eine kurze Aufzählung aus? Was sagt sie aus über Erfolge, Rückschläge, über ein Leben, das in so ganz anderen Bahnen verläuft, als wir es uns vorstellen können? – Das erste Zeichen von der Anwesenheit Tenambergens sahen wir schon ein ganzes Stück vor Schiffra, dort wo die Straße, die vor Jahren ebenfalls im Rahmen der »Stern«-Hilfe gebaut worden war, von der Hauptstraße bei Bati abzweigt. Stand doch da mitten in der Einsamkeit ein Holz-

pfahl mit einem typisch deutschen gelben Straßenschild: Schiffra 56 Kilometer.

Und der erste Junge, den wir weit vor der Ortschaft trafen, fragte erst gar nicht, wohin wir wollten. In krausem Englisch radebrechte er: »You to Mister Tenambergen, yes! You come with me.« Ohne Umstände führte er uns zu den etwa fünfzehn weißen Backsteinbauten, die lose vor den Tafelberg gruppiert sind und Schiffra ausmachen. Und er forderte dafür nicht einmal eine Entlohnung.

Tenambergen begrüßte uns. Obwohl uns Klaus, der ihn schon kannte, vorbereitet hatte, waren wir überrascht: Eine lange, hagere Gestalt, die ein wenig an Don Quichotte erinnerte; vom Gesicht sah man so gut wie gar nichts, anstelle dessen ein Gewuschel ineinander übergehender Barthaare. Der Kopf war von einer langen Mähne bedeckt, die wie ein Dach links und rechts über den Schädel fiel und sich mit dem überall wuchernden Bart vermischte. Aus dem dunklen, mit grauen Fäden durchzogenen Haarwald lugten ein Paar bebrillte Augen neugierig und freundlich hervor.

Ohne große Umstände führte er uns in seine Wohnung in einem der flachen Bungalows. Sie war behaglich eingerichtet, reich mit Teppichen aus Schafswolle ausgelegt, Schreibtisch, Betten, Waffen an den Wänden und Bücherborde, viele Bücherborde. Und dann war da noch Saida, Tenambergens Freundin Saida.

Vermutlich geschah mit mir in diesem Augenblick das, was man gemeinhin mit einem simplen Satz umreißt: mir fielen die Augen aus dem Kopf, und dies nicht nur, weil uns Saida mit dem bereits zitierten Satz begrüßte, sondern weil dies Mädchen umwerfend attraktiv war. Ich weiß nicht recht, was man bei ihr besonders hervorheben soll: Die tiefschwarzen, großen Augen? Das glänzende, dunkle Haar? Die ebenmäßigen Züge? Die Figur, die das locker über die Schulter fallende Gewand erahnen ließ? Die samtbraune Haut oder den Charme, den sie ausstrahlte?

Saida stammt aus Somalia und gehört dem Stamm der Issas an. Eigentlich also eine Todfeindin der Afars. Doch die Stammesfehden werden ausschließlich von den Männern ausgetragen, Frauen sind tabu. Sie dürfen sogar während eines Krieges die Märkte der feindlichen Stämme aufsuchen, niemand wird sich an ihnen vergreifen. So besorgen sie auch die Spionage.

Dr. Tenambergen lebte mit Saida schon seit zwei Jahren zusammen. Er hatte sie auf einer Party in Addis Abeba kennengelernt, wo sie als Sekretärin in der deutschen Friedrich-Ebert-Stiftung arbeitete. Sie sprach Englisch, Deutsch, Französisch und natürlich Amharisch und Afaraf. Und das alles nahezu perfekt! Doch damit waren Saidas Talente keineswegs erschöpft. Zum Beispiel konnten sich ihre Kochkünste durchaus mit denen eines Chefkochs in einem Drei-Sterne-Hotel messen, und außerdem leitete sie die kleine Schule Schiffras.
Als Arzt war der Deutsche allerdings nicht mehr in Schiffra tätig. Diese Aufgabe hatten Amharen übernommen. Wie so häufig in Äthiopien hatten sie den Europäer aus seiner Position gedrängt, als sie sahen, daß alles gut lief.
Tenambergen allerdings weinte der medizinischen Tätigkeit keine Träne nach: »Damit können wir den Menschen hier nur für den Augenblick helfen. Viel wichtiger ist es, ihnen das Angebot zu machen, ihnen die ›Landwirtschaft‹ beizubringen, sie von der Wichtigkeit der Vorratshaltung zu überzeugen, sie seßhaft zu machen. Sie müssen lernen, Staudämme zu bauen. Die Viehwirtschaft muß beschränkt werden. Das Land hat einfach nicht genug Wasser, um die großen Herden ernähren zu können. Es müssen Äcker angelegt werden, und die Menschen müssen lernen, mit einfachen landwirtschaftlichen Geräten umzugehen. Was nützt es schon, wenn wir ihnen Traktoren bringen, und niemand weiß, wie so ein Ding gefahren wird?«
So war aus dem Arzt Tenambergen der »Landwirtschaftliche Berater« Tenambergen geworden. Gemeinsam mit Joke Smid war er nun mit Feuereifer dabei, aus den Nomaden Bauern zu machen. Ein Teufelsgeschäft, allein schon deshalb, weil Afar-Männer kaum länger als drei Stunden am Tag hintereinander arbeiten können, dann werden sie müde. Konzentrierte, körperliche Arbeit sind sie einfach nicht gewohnt, dies war bisher immer die alleinige Aufgabe der Frauen.
Saida hatte ähnliche Probleme in der Schule. Nach zwei Stunden Unterricht war es mit der Aufmerksamkeit der Kinder vorbei. Hinzu kam, daß sich in der eigentlichen Schulzeit morgens nur die Jungen einfanden. Die Mädchen kamen abends – tagsüber mußten sie arbeiten.
»Manchmal möchte man schon resignieren«, meinte Joke, als wir abends beim Tee saßen. »Aber dann muß man wieder daran denken,

daß die Menschen hier ja seit Jahrhunderten in festgefügten Traditionen lebten, und daß man da schon über den winzigsten Erfolg froh sein muß. Zum Beispiel ist es Ten jetzt nach monatelanger Überzeugungsarbeit gelungen, eine Art Vorarbeiter für die Feldarbeit zu bestimmen, der von den anderen aktzeptiert wird. Der Mann ist zuständig dafür, daß ein bestimmtes Tagespensum geschafft wird, und er sorgt dann auch dafür, daß die Arbeiter ihren Lohn bekommen. Pro Mann und Tag ein Kilo Mais.

Jetzt obliegt es nicht mehr uns, festzustellen, ob dieser oder jener Afar wieviele Stunden echt gearbeitet hat – jetzt ist für die Lohnaufschlüsselung nur noch der Vorarbeiter zuständig. Und ihr könnt mir glauben: da kriegt jeder aufs Maiskorn genau was ihm zusteht.«

Joke sah auf seine Uhr. »Mensch, schon nach acht. Wo bleiben die denn bloß mit dem Trecker?« Er ließ uns sitzen, jagte raus und war verschwunden. Nach einer Stunde kam er zurück. Er strahlte über's ganze Gesicht, haute mit der Faust auf den Tisch, daß die Milch im Kaffee zu buttern anfing und schrie vor Entzücken: »Leute! Das müßt ihr euch mal vorstellen! Ich hatte denen gesagt, daß der Acker heute fertig werden muß. Als sie bei Einbruch der Dunkelheit noch nicht fertig waren, haben sie Feuer entfacht und den Acker im Flammenschein fertig gemacht!« Ohne Umweg über die Zunge goß er sich begeistert ein Bier in den Magen und fuhr fort: »Das ist ja immer schon mein Reden gewesen: Man muß 'nen Sport draus machen. Die müssen das als Wettkampf sehen gegen eine andere Gruppe. Damit kommst du hier am weitesten, weil sie Sportgeist haben. Jedenfalls fand ich das so toll, daß ich jedem ein Bier und einen Schnaps spendiert habe. Und mit der Schulklasse fahre ich morgen raus aufs Feld und zeige den Kindern, was für großartige Bauern ihre Väter sind.«

»Was meint ihr wohl, was das für eine Mühe gekostet hat, dieses System einzuführen!« Tenambergen hatte sich weit in seinen Stuhl zurückgelehnt. Versonnen blickte er gegen die Decke und sagte dann in seiner typischen leisen und unglaublich schnellen Art: »Die Hauptsache ist hier tatsächlich, aus den Nomaden Bauern zu machen. Bauer – das galt lange Zeit als etwas Zweitrangiges. Ein Mann, ein Afar-Mann, ist von der Tradition her Viehzüchter und Krieger. Und wenn das Weideland nichts mehr hergibt, dann zieht er eben weiter. Mensch, was haben wir hier auf die Jungs eingeredet! Wie oft haben

wir ihnen klarzumachen versucht, daß Bauern sehr wohl tapfere Männer sind. Und erst wenn sie die Felder zu bewirtschaften lernen, wenn sie in Zukunft den Hunger besiegen können, dann können sie sich auch gegenüber ihren Feinden behaupten.«
Er räusperte sich, während Joke zustimmend nickte.
»Und erst, als sie auf den Dreh kamen, daß sie so am wehrhaftesten gegenüber ihren Feinden sind, da begannen wir Erfolg zu haben. Sicher, auch heute packt noch mal dieser oder jener sein Bündel und fällt wieder in das alte Nomadenleben zurück. Aber die Mehrheit bleibt, sie ist seßhaft geworden. Wer einmal mit Nomaden über längere Zeit zusammen war, der weiß, was das bedeutet.«
»Und wie ist das mit der Gefahr?«, wollte Horst wissen. »Akzeptieren sie euch, oder müßt ihr Überfälle fürchten?«
Wir hatten gehört, daß einige Wochen vorher Golima angegriffen und zerstört worden war. Golima, eine Station nördlich von Schiffra, von Engländern eingerichtet und jetzt von Amharen verwaltet. Es hatte mehrere Tote gegeben, alle Gebäude waren geplündert worden und anschließend in Flammen aufgegangen.
Es hieß, daß Ali Miras Leute für den Überfall verantwortlich waren. Ali Mira, der in den Untergrund getriebene Sultan, der die aufständischen Afars befehligte.
»Nun ja«, sinnierte Tenambergen, »manchmal sind wir natürlich auch schon gewarnt worden. Paßt auf, die Rebellen werden euch die Hälse durchschneiden! heißt es dann und wann. Aber ihr seht ja, bis jetzt sitzen unsere Köpfe noch fest drauf. Vermutlich weiß man bei Ali Mira, daß wir Freunde der Afars sind, daß wir ihnen helfen und schont uns deshalb. Schlimmer wäre es, wenn ein Stammeskrieg zwischen den Afars und den Gallas ausbrechen würde, so wie das zur Zeit gerade droht.«
Tenambergen spielte damit auf einen Vorfall an, der gerade das Gesprächsthema Nummer 1 war. Die Afars hatten benachbarte Gallas überfallen und dabei an die fünfhundert Kamele geraubt. Das würde natürlich einen Rachefeldzug nach sich ziehen. Doch bevor der beinahe unvermeidliche Stammeskrieg ausbrach, hatte die äthiopische Landesregierung in Dessie einen Vermittlungsversuch unternommen. Die Verhandlungen fanden zu dieser Zeit gerade in der Ortschaft Uwa statt. Alle Stammesfürsten waren dorthin gebeten worden, um

unter dem Schutz einer eilig nach Uwa geworfenen starken Polizeimacht Friedensgespräche zu führen. Auch Arba, der Scheich von Schiffra, befand sich dort.
Am Morgen des 18. Februar 1977 verließen wir Schiffra. Und vielleicht darf vorweggenommen werden, daß Tenambergen und Joke Smid ein paar Monate später tatsächlich aufgeben mußten. Joke schwebte sogar ernsthaft in Lebensgefahr. Und das war so gekommen: Keith, die Tätowierung, unter der sich ein Engländer versteckte, hatte seine Fatima mitgenommen nach Addis. Welch ein Erlebnis für ein junges Mädchen, das nur Steppe, Busch und Wüste kennt! Doch die Freude währte nur kurz. Der eigentliche Ehe-Anwärter tauchte unerwartet in Schiffra auf und begehrte die Versprochene zur Frau. Da war guter Rat teuer. Vorbei war es mit der Toleranz. Fatima her, oder es passiert was! So lautete unmißverständlich die Forderung. Eine Abordnung von fünf Afars begab sich zur »Security« nach Addis. Entweder gäbe Keith Fatima heraus, oder man würde sich an Joke schadlos halten. Was zu deutsch hieß: Sein Leben gegen Fatimas Rückkehr.
Keith und Fatima kehrten zurück.
Bis zu ihrem Eintreffen wurde Joke unter ständiger Bewachung gehalten. Doch dies ist mehr eine Episode am Rande, allerdings kündigte sich in ihr schon der bevorstehende Meinungsumschwung an. Die politischen Sorgen des Landes brachten es mit sich, daß die Stellung der Weißen im Lande immer unsicherer wurde. Die Situation verschärfte sich immer mehr. Die Aufständischen errichteten Straßensperren, Drohungen gegenüber Ausländern waren an der Tagesordnung. Äthiopien geriet zunehmend in die Krise. Auch Ali Mira, der aufständische Sultan, brachte sich immer häufiger in Erinnerung. Aus dem fünf Kilometer vor Schiffra gelegenen Fetscha ließ er alle Rinder forttreiben. Die Uhr für die Europäer in Äthiopien lief ab. Der deutsche Entwicklungsdienst zog seine Leute zurück. Joke Smid kehrte im Oktober 1977 nach Deutschland zurück, in Begleitung einer zwanzigjährigen Amharin aus Dessie. Kurzentschlossen hatten sie geheiratet und auf diese Weise für das Mädchen eine Ausreisegenehmigung erhalten.
Saida und Tenambergen wohnen jetzt in Hamburg. Die beiden »Nomaden« versuchen sich in Seßhaftigkeit.

Unter Afar-Rebellen

Erste Begegnung

Ich weiß nicht, wo sie plötzlich herkamen. Vielleicht hatte ich mal wieder gedöst, vielleicht hatten der lange Marsch und die unbarmherzige Sonne mein Gehirn ausgedörrt, vielleicht aber beherrschten sie es einfach nur meisterhaft, sich dem Gelände anzupassen.

Doch ganz gleich. Sie standen da, standen vor uns, als wären sie aus dem Boden gewachsen. Zehn Mann. Einer wild-verwegener als der andere. Der Anführer war als einziger mit einer Art Uniform bekleidet – ein olivgrünes Hemd und gleichfarbene Hose. Und dann trug er noch etwas: eine Kalaschnikow-Maschinenpistole russischer Bauart.

Seine Gefährten waren mit Gewehren bewaffnet, allerdings nicht mit vorsintflutlichen Vorderladern, die man manchmal bei den Landesbewohnern sieht, sondern mit halbautomatischen, modernen Waffen, mit denen auch die äthiopische Armee und Polizei ausgerüstet ist.

Ich sagte mein übliches »Salam alekum«, verbeugte mich tief und dachte »verdammte Scheiße«. Wir streckten ihnen unsere Hände zum Gruße entgegen.

Doch sie rührten sich nicht. Sie standen nur da und starrten uns an. Finster, drohend, so schien es uns zunächst.

Hate Haye, unser Hate Haye, fing sich als erster. Nach einigen Sekunden des Schweigens redete er wie ein Wasserfall auf den Graugrünen ein. Und immer wieder hörte ich das Wort »Hakim«.

Nach einer Weile kamen von dem einen Afar ein paar kurze, barsche Fragen. Hate wandte sich zu mir:

»Ali Miras Männer haben einen Kranken bei sich. Kannst du ihm helfen?«

»Was hat er denn«, fragte ich zurück.

»Sieh's dir an!« Meine Frage blieb unbeantwortet.

Der Kranke war noch jung, vermutlich keine zwanzig Jahre alt. Als ich ihn untersuchte, rührte sich in seinem Gesicht kein Muskel, obwohl er fürchterliche Schmerzen haben mußte. Sein Penis war völlig zerfressen, ein einziges rohes Fleischstück. Um den Ausfluß von Blut, Eiter und Lymphe zu stillen, hatte sich der Afar mit Kuhmist eingeschmiert. Kuhmist, das Allheilmittel. Der war getrocknet und saß jetzt wie ein fester Verband um das Glied.

Ich war davon überzeugt, daß der junge Mann die Syphilis hatte, obwohl sie bei den Afars selten anzutreffen ist. Geschlechtskrankheiten gelten als Schande. Vermutlich hatte der junge Krieger sich bei einem der Galla- oder Amharenmädchen angesteckt, die sich nach Marktschluß für ein paar Groschen anbieten. Was nicht gegen die Gallas und Amharen spricht; denn ein Mädchen, das sich selbst ernähren muß und keine Arbeit findet, hat oft keine andere Möglichkeit, als sich auf diese Weise seinen Lebensunterhalt zu verdienen.

»Was mach' ich nur mit ihm?«, fragte ich Klaus ratlos. »Dem ist doch gar nicht mehr zu helfen. Das beste wäre, das Ding abzuschneiden.«

»Gib ihm Antibiotikum und Multivitamine. Davon haben wir noch genug«, meinte Klaus nach kurzem Überlegen.

Ich ließ mir von Horst einige der genannten Präparate geben.

Im gleichen Augenblick schlug mir jemand so heftig auf die Hand, daß die Tabletten in den Sand kullerten.

Der Graugrüne! Mit zornig funkelnden Augen schrie er mich an.

»Was du da tust, will er wissen!«, die Stimme unseres Führers Hate überschlug sich.

»Er sagt, Tabletten helfen bei Syphilis überhaupt nicht, da muß eine Spritze her.«

Aha! Der Bursche war also nicht so ahnungslos. Vermutlich hatte er schon einmal davon gehört, wie Geschlechtskrankheiten behandelt werden.

Das Dumme war nur, daß wir ihm mit einer Spritze nicht dienen konnten. Hilflos sah ich mich um.

Horst hatte den rettenden Einfall. »Wir haben doch Desinfektionsspray. Sprüh ihm doch einfach damit die Wunde ein. Die ist doch sicher heiß vom Fieber, und die Kühle des Sprays wird ihm vielleicht guttun.«

Das Zeug wirkte tatsächlich. Wahrscheinlich umgab es die Wunde wie ein frischer, schmerzstillender Mantel. Für eine kurze Zeit jedenfalls war dem Mann geholfen. Und für den Graugrünen war das etwas ganz Neues. Zum erstenmal glitt ein schwaches Lächeln über sein Gesicht. Und sofort schlug bei seinen Kameraden die Stimmung um. Die Gesichter wurden freundlicher, die innere Anspannung ließ spürbar nach. Einer der Gewehrträger kam und brachte uns Milch, und

der Graugrüne griff meine Hand und schüttete sie voll Tabak. Wir wurden zum Sitzen aufgefordert, sollten sagen, wohin uns der Weg führte, was wir beabsichtigten, und als Klaus seine Kamera vorführte und erzählte, daß wir einen Film über die tapferen Afars drehen würden, den wir dann in Europa zeigen wollten, da kam sogar etwas wie Begeisterung auf. Der Anführer schlug Klaus immer wieder freundschaftlich auf die Schulter.
Nach einer knappen halben Stunde durften wir weiterziehen. Der Graugrüne winkte noch einmal kurz, dann drehte er sich nicht mehr um. Dreißig Minuten später waren sie am Horizont verschwunden.

»Führungsprobleme«

Die Kommunikation mit unserem neuen Führer war nicht gerade einfach. Hate Haye beherrschte nämlich neben seiner Afar-Sprache nur ein paar Brocken Arabisch. Immerhin, mit Hilfe von Händen und Füßen klappte die Verständigung dann doch einigermaßen. Im übrigen unterschied sich Hate kaum von den früheren Begleitern. Er war genauso eigenwillig, er versuchte uns übers Ohr zu hauen, wo immer es ging, und man war keinen Moment vor einer Überraschung sicher. Bereits am zweiten Tag schickte er seine beiden Begleiter Kalaito und Homed Haye, ohne die er noch zuvor keinen Schritt mit uns gehen wollte, nach Hause und engagierte an ihrer Stelle einen Mann, in dessen Hütte wir die erste Nacht verbracht hatten. Unsere Meinung erfragte er gar nicht erst. Selbst unsere Freude über das einzig Positive des Wechsels, nämlich einen Kostenträger weniger zu haben, war natürlich zu früh. Wir hatten mal wieder die Rechnung ohne den Wirt gemacht. Statt fünf Bier pro Person forderte Hate nun kurzerhand zehn.
»Jetzt kommen wir zu den Shiftas, zu Ali Miras Männern. Jetzt wird es gefährlich«, war seine kurze Begründung.
Doch nicht genug damit. Wenn Hate einmal beim Fordern war, dann hörte er nicht bei der Hälfte auf. Und so meinte er dann kategorisch, ab sofort hätten wir die Verpflichtung, ihn mitzuverpflegen. Und er ließ sich auch nicht von dem Einwand abschrecken, unsere Vorräte stammten zum größten Teil vom verfluchten ›Schweinekram‹ der

Christen. Dann würde er eben auch Schweinekram essen, antwortete er kurzerhand. Und fügte augenzwinkernd hinzu: »Da ihr ja auch Rechtgläubige seid und euch an den Koran haltet, kann ich es auch essen.«

Wählerisch allerdings war er dann auf seine Art:

Als Horst ihm das erste Mal von unserer Dattel»knete« (allerletzte Qualität: ⅓ Dreck, ⅓ Kerne, ⅓ Datteln. Vorteil: billig) anbot, schüttelte Hate Haye sich angewidert, als würde man von ihm verlangen, Fliegendreck zu essen. Breitbeinig baute er sich vor Horst auf und schrie empört:

»Datteln?! Davon sollen Hate Haye und sein Freund Ali essen? Wollt ihr uns vergiften? Davon kann Hate Haye nur kotzen! Hörst du: kotzen!«

Und dabei steckte er seine Finger in den Mund und demonstrierte sein Angewidertsein plastisch.

Zum Glück sprang Horst einen Schritt zurück und geriet so nicht in die Schußlinie der Magenexkremente von Hate Haye.

Im übrigen rollten die Tage in aufreibender Eintönigkeit ab. Nichts passierte. Immer neue Versuche mit unserem Wasseraufbereitungsgerät, Luftfeuchtigkeitsmessungen, Einträgungen der Daten, Vergleiche mit früheren Messungen, marschieren, marschieren, marschieren. Wenn mal eine Antilopen-Herde am Horizont auftauchte, wenn ein Gepard wie ein gelber Blitz durch die Gegend zuckte, oder ein Strauß eilig das Weite suchte und uns sogar sein Eiergelege preisgab (was wir aber nicht anrührten), dann waren dies willkommene Unterbrechungen.

Einmal begegneten wir einer Kamelherde, die ausschließlich aus Stuten bestand. Unsere Tiere waren Hengste. Stuten läßt man nicht arbeiten, sie müssen fohlen. Verständlich, daß in unseren Tierchen Verlangen aufkam. Unsere Hengste hatte es gepackt. Als sie vor Erregung ihren Brüllsack aus dem Mund stülpten, fanden wir das noch recht interessant und fotografierten es. Aber dann hielt sie nichts mehr. Sie rissen sich urplötzlich los und liefen so lange wie wild im Kreis, bis das letzte Gepäckstück abgeworfen war. Ein Wunder, daß nichts Wesentliches Schaden genommen hatte. Mit Menschenkraft war da nichts mehr zu verhindern. Unsere Afars grinsten nur schadenfroh und gönnerhaft – denn nun begaben sich die Hengste zu den

Stuten. Nachdem sie sich in aller Ruhe mit ihnen beschäftigt hatten, und das dauerte recht lange, ließen sie sich wieder beladen.
An anderer Stelle begegnete uns eine Stute mit einem Fohlen, das gerade säugte. »Habt ihr Durst?«, fragte Hate. »Immer!«, antworteten wir, wie aus einem Munde. »Dann könnt ihr jetzt Milch vom Euter trinken, während das Kleine auf der anderen Seite trinkt. Da merkt die Mutter nichts.« Es war eine herrliche Milch!
Doch auch unser ›zweiter Führer‹, Ali, hatte es faustdick hinter den Ohren. Er liebte es, übrigens genauso wie Hate Haye, uns ab und zu deutlich spüren zu lassen, wie wichtig sie für uns waren.
So stoppte Ali einmal unvermittelt unsere kleine Karawane, wies auf den nahegelegenen Berghang, gab Hate Haye die Leine seines Kamels und bedeutete uns, ihm zu folgen. Wir trotteten hinter ihm her und fragten uns nicht einmal, was wir zu sehen bekommen würden.
Als wir dann den Hang hinuntersahen, waren wir nicht weiter überrascht, als wir gar nichts entdeckten, denn jenes buckelige Etwas, was sich in gut fünfhundert Meter Entfernung an den Hang schmiegte, war ja wohl nicht der Grund für die Unterbrechung.
Doch genau auf diese Erhebung lenkte Ali mit seinem Arm unsere Augen und erklärte uns in seinem holprigen Arabisch, aber nicht weniger genüßlich, es handele sich um einen gut getarnten Außenposten der Polizei.
Und richtig, jetzt erfaßten wir überdeutlich die Konturen. Dieses bucklige Etwas war eine Wellblechhütte. Uns kam die kalte Wut hoch, denn allen unseren Führern hatten wir lang und breit erklärt, daß wir keinen Kontakt mit der Polizei wünschten, ja, daß wir die Polizei scheuten, wie der Moslem das Schweinefleisch.
Doch Ali quittierte unsere Empörung mit lautem Lachen, in das nun auch der nur wenig entfernt stehende Hate einstimmte. Wir machten ihnen Vorwürfe und fragten sie, ob sie denn sicher sein könnten, daß uns die Polizei nicht beobachtet hätte und unter Umständen sogar die Verfolgung aufnehmen könnte. Diesen Gedanken fanden die beiden nun zum Totlachen, sie schlugen sich auf die Schenkel und waren eine Zeitlang überhaupt nicht zu beruhigen. Endlich bequemte sich Ali in seinem mangelhaften Arabisch zu einer Erklärung: »Abdallah Almani. Ali Afar. Abdallah qeliil raas. Ali kettiir raas.«
Was soviel hieß, daß ich, der Deutsche, über wenig Hirn, er, der

Afar, aber über viel Hirn verfüge. Und er beruhigte uns dann, indem er uns schilderte, daß die Polizisten viel zuviel Angst vor den Afars hätten. Tagsüber würden sie sich nur in Sichtweite zur Hütte bewegen und nachts würden sie schön im Haus bleiben. Ansonsten beobachten sie die Gegend und warten sehnlichst auf die Ablösung, die jedesmal von einer schwer bewaffneten Eskorte begleitet wird.
»Wenn sie sich zu weit vorwagen«, Ali schaute uns mit einem breiten Grinsen an, »dann schießen ihnen die Afars nämlich die Nasen ab.«
»Nicht nur die Nasen . . .«, heulte Hate belustigt auf und nach der nun wieder bei unseren Führern einsetzenden Fröhlichkeit zu urteilen, war ihnen der Gedanke nur allzu lieb.
Nach sechs Tagen unter dem Hate-Ali-Regime lagerten wir eines Mittags im Schatten riesiger Bäume am Awra-Fluß. Nichts naschten die zwei Mißtrauischen inzwischen lieber als unsere Datteln. Mit unseren anderen Speisen hatten sich die beiden nicht anfreunden können, allerdings hatten wir ein bißchen nachgeholfen. So hatten sie immer dringlicher darauf bestanden, von unserer Haferflocken-Suppe zu essen, und wir bereiteten ihnen eine. Doch wir gaben nicht zu knapp Zitronensäure hinzu. Wir hatten sie in Kristallform bei uns. Seitdem hatten wir Ruhe.
Nun lagerten wir an diesem Fluß, als ein alter Pilger unseren Weg kreuzte. Er nannte sich Hadschi Dschejid und sprach gut Arabisch. Fazit der Begegnung: Auf diesem Weg ginge es nicht weiter. Wir müßten zunächst zu Scheich Ali Mudschahid. Und das bedeutete einen Umweg.
Ali und Haye waren sofort der Meinung des alten Pilgers. Entweder zu Ali Mudschahid oder zurück. Dann fragte uns der Alte, ob wir ein Empfehlungsschreiben hätten. Plötzlich schien alles von diesem verdammten Papier abzuhängen.
Not macht erfinderisch. Während der Mittagsruhe hielten wir Kriegsrat. Der Beschluß war einstimmig. Ich mußte ein Empfehlungsschreiben aufsetzen mit folgendem Inhalt:
Ich, Ibrahim Nassar aus Tio am Roten Meer, bin ein Afar. Ich studiere in Deutschland Medizin. Die drei Deutschen x, y und z sind große Ärzte und meine Freunde und wollen zu den Leuten meines Stammes reisen, um ihnen Medikamente zu bringen. Ich bitte jeden Afar, sie gastfreundlich aufzunehmen. Unterschrift, Stempel, Daumenabdruck, Fotos.
Da ich kein Bild von mir hatte, schenkte mir Horst eines von sich.

Zweite Wahl. Aber immerhin. Und da die Afars uns genauso wenig voneinander unterscheiden können, wie wir zehn Chinesen, würde der Betrug sicher nicht auffallen. Als Stempel mußte der Adler-Abdruck eines Fünfmarkstückes herhalten. Summa Summarum: ein fehlerhaftes, aber dekoratives Dokument.
Nach der Pause zeigten wir es beiläufig dem Pilger.
Allah sei Dank! Er konnte nicht lesen, war aber von den arabischen Buchstaben sichtlich beeindruckt. Ali und Hate gegenüber äußerte er sogleich noch einmal, wie wichtig so ein Schreiben sei, wenn wir bei Ali Mudschahid etwas erreichen wollten. Wenig später verabschiedeten wir uns von dem Pilger.

Prüfung bestanden

Am Abend dieses Tages machte uns Hate auf eine Burra aufmerksam, die inmitten graubraunen Lava-Gerölls so gut getarnt war, daß wir sie beinahe übersehen hätten. Und bei genauerem Hinschauen entdeckten wir dann einige Männer, die bewegungslos vor der Hütte hockten. Sie hatten ihre Gewehre zwischen den Beinen und beobachteten uns. Wir wußten nicht, wie lange schon.
Hate benahm sich merkwürdig ängstlich. Er bedeutete uns, daß wir warten sollten, und ging allein zu der Hütte.
Lange Zeit sahen wir ihn mit einem Mann verhandeln, der arabische Kleidung trug, einen weiten, weißen Burnus, auf dem Kopf ein weißes Pilgerkäppi. Er wirkte ungemein energisch, unterstrich seine Worte mit weiten Armbewegungen und stand keinen Augenblick still auf einem Fleck.
Eine halbe Stunde verging. Ich fing an, ungeduldig zu werden und wollte Hate folgen. Doch Klaus hielt mich zurück.
»Laß ihn allein verhandeln. Wir würden gegen ein Gebot der Afars verstoßen, wenn wir ihr Gebiet betreten, bevor sie es uns erlaubt haben.«
Nach einer knappen Stunde kam Hate zurück. Er wirkte sehr bedrückt. Ohne ein Wort der Erklärung winkt er uns, umzukehren. Doch noch bevor wir ihn fragen konnten, was denn eigentlich los sei, ertönte ein schriller Ruf. Der Burnus-Mann kam herangeeilt. In dem

wallenden, weiten Gewand sah es aus, als schösse eine riesige Fledermaus auf uns zu. Gestikulierend gab er uns zu verstehen, daß wir warten sollten. Beim Näherkommen entdeckte ich unter seiner linken Achsel einen riesigen Colt, den er in einem modernen Schulterhalfter trug.

Mit tiefen Verbeugungen begrüßte ich ihn auf arabisch, und bat ihn um Entschuldigung dafür, daß wir seine kostbare Zeit in Anspruch nahmen.

Meine arabischen Sprachkenntnisse überraschten ihn offensichtlich sehr. Vermutlich ging es ihm in diesem Augenblick so wie uns damals, als Saida uns in deutscher Sprache begrüßte. Seine Züge entspannten sich, und er bat uns höflich, über Nacht zu bleiben.

»Er will uns prüfen«, flüsterte mir Klaus zu. »Wahrscheinlich ist das hier ein Vorposten der Rebellen.«

In der folgenden Stunde wurden wir einem regelrechten Verhör unterzogen. Wir mußten unsere Namen nennen, die Pässe vorzeigen, und natürlich erklären, was wir im Gebiet der Afars wollten. Wieder einmal erzählten wir, daß wir einen Film über die tapferen Afars drehen wollten, die um ihre Freiheit kämpften. Dabei spulte dann Klaus sein bewährtes Programm ab, führte Kameras vor, spielte Tonbänder ab, doch so recht wich das Mißtrauen erst, als er Bilder zeigte, die er vor Jahren bei seinem ersten Aufenthalt in der Danakil-Wüste gemacht hatte. Ali Mudschahid, so hatte sich unser Gastgeber vorgestellt, stieß plötzlich wie ein Geier auf eine der Fotografien nieder. Eine Gruppe von Afar-Männern war auf ihr abgebildet, offenbar erkannte er einen von ihnen wieder.

»Das ist ja Yayo Ali«, schrie er überrascht und tanzte entzückt von einem Bein auf das andere. »Mein Freund Yayo Ali. Woher kennst du ihn?«

Klaus schaltete blitzschnell. Würdevoll erklärte er:

»Yayo Ali ist nicht nur dein Freund, er ist auch mein Freund. Er hat mir vor Jahren sehr geholfen. Und ich möchte ihn jetzt besuchen.«

Der Burnus-Mann sah ihn lange prüfend an. »Ich muß nachdenken«, sagte er dann. »Heute nacht könnt ihr hierbleiben. Morgen früh werde ich euch meine Entscheidung mitteilen, ob ihr weiter dürft oder zurück müßt. Jetzt aber wollen wir davon nicht mehr reden, jetzt seid ihr meine Gäste!«

Er klatschte ein paarmal in die Hände, und gleich darauf schleppten zwei Männer einen lebenden Hammel herbei. Sie hielten das sich heftig wehrende Tier an den Beinen fest, legten es so, daß der Kopf nach Mekka zeigte, und während sie mit ihrem ganzen Körpergewicht den verzweifelt strampelnden Hammel zu Boden drückten, durchtrennte Ali Mudschahid mit einem einzigen geübten Schnitt den Hals. Wie eine Fontäne schoß das Blut heraus. Während es im Sand versickerte, murmelten die Männer ununterbrochen: »Im Namen Allahs, des Allmächtigen und Barmherzigen . . .«

Es wurde eine regelrechte Freßorgie. Ein Glück, daß unsere Gastgeber eine Vorliebe für die Unmengen weißen, fetten Fleisches zeigten und wir uns mit den schieren, roten Brocken den Magen vollschlagen konnten. Uns wäre sonst vermutlich hundeelend geworden, denn die Weigerung, das Fett zu essen, wäre eine Beleidigung für unsere Gastgeber gewesen.

»Du bist Arzt?«, fragte Ali Mudschahid plötzlich.

»Ich studiere zwar noch, aber ich weiß schon einiges. Kann ich dir helfen?«

»Mir nicht. Aber eine meiner vier Frauen ist ins Feuer gefallen. Sie hat sich die ganze linke Körperseite verbrannt.«

Während er, emsig wie eine Biene, mit den Händen unseren Lagerplatz von Steinen und Dornen befreite, brachten einige Frauen die Kranke. Ich tat mein Bestes – hing doch so viel davon ab. Die Brandsalbe und die obligatorische Schmerztablette ließen sie glauben, schon jetzt wieder eine neue Haut zu haben. Sofort kamen auch andere Kranke herbei. Ali Mudschahid bat mich nicht nur höflich, auch ihnen zu helfen, sondern befahl mir sogar, pro Behandlung ein Bir zu nehmen! Unser Protest half uns nichts.

»Ihr habt die Tabletten auch nicht umsonst bekommen – also nehmt ihr das Geld an.«

Dann ließ er mich mit meinem florierenden Geschäft allein. Er zog sich unter einen Baum zurück. Es war bereits dunkel. Die Sterne funkelten schöner denn je. Ali Mudschahid begann zu singen.

»Koranlieder«, murmelte Klaus und stellte schnell das Tonband an. Als wir Ali Mudschahid wenig später die Aufnahme vorspielten und er seine eigene Stimme wiedererkannte, geriet er völlig aus dem Häuschen. Er riß Klaus an seine Brust, küßte ihn auf beide Wangen und

erklärte, unserem Wunsch, sein Land kennenzulernen, würde nun nichts mehr im Wege stehen. Im Gegenteil, er, Ali Mudschahid, werde uns jede Hilfe zukommen lassen und dafür sorgen, daß wir sicher zu seinem Freund Yayo Ali kommen würden. »Außerdem aber«, er hob bedeutungsvoll seine Stimme, »gebe ich euch zwei Führer mit, die euch in das Hauptquartier von Ali Mira bringen werden.«
Der Himmel stand uns offen. Unsere Expedition schien wohl doch unter einem glücklichen Stern zu stehen. Klaus zwinkerte mir vergnügt zu, während Horst noch komisch-verzweifelt an einem Stück Hammelfleisch kaute.
Die beiden Männer, die uns begleiten wollten, hießen Jussuf und Hussein. Der eine ein grobschlachtiger Riese, in dessen Pranken die Kalaschnikow wie ein Bleistift wirkte, der andere ein schlanker, stiller Junge, der immer ein wenig in sich hineinschmunzelte.
Hate Haye und Ali mußten allerdings den Heimweg antreten. Sie bekamen nicht die Erlaubnis, bei uns zu bleiben, und vermutlich waren sie darüber sehr froh. Auf Wunsch von Hate Haye schrieb ich eine kurze Mitteilung für Dr. Tenambergen, aus der hervorging, daß Hate uns gut geführt hatte, und wir bei seinem Abschied gesund und unverletzt waren.
Am nächsten Nachmittag baute sich Ali Mudschahid vor uns auf, blickte auf seinen Schatten und sagte: »Es ist Punkt 15 Uhr. Ihr müßt gehen.« Er irrte sich nur um eine Minute.

Zerstörte Hoffnungen

Allmählich hatte sich die Landschaft verändert. An die Stelle von Sand und Dornenbüschen waren Lavagestein und Krater getreten. Klaus erzählte uns, daß wir über die dünnste Kruste von Mutter Erde marschierten. Sie sollte in diesen Breiten höchstens sieben Kilometer stark sein. Die Vulkane wirkten wie Maulwurfshügel auf einem steinigen Acker. Die Luft flimmerte und ließ alle Konturen verschwimmen.
Klaus machte uns auf merkwürdige Steinkegel aufmerksam. Unzählige Klippschliefer hatten in ihnen ihre Bauten angelegt, bei unserem Näherkommen verschwanden sie eilig mit schrillen Pfiffen.

»Gräber«, erklärte Klaus, »Kriegergräber. Wenn ein tapferer Mann gefallen ist, errichtet der Stamm ihm zu Ehren ein solches Grabmal. Andere Stämme bauen ihren Toten noch einen kleinen Steinwall drumherum und rammen am Eingang einen Holzpfahl in den Boden. Dieser zeigt symbolisch die Stelle, an der der Gefallene seine tödliche Wunde erhalten hat.«

Jussuf und Hussein verfolgten die Ausführungen von Klaus. Obgleich sie kein Wort verstanden, denn Klaus sprach deutsch, nickten sie zustimmend mit den Köpfen.

Sie waren angenehme Führer. Hatten sie vor dem Start noch skeptisch gefragt, ob wir denn überhaupt marschieren könnten, so mußten sie bereits am ersten Tage einsehen, daß wir drei ganz gut ›zu Fuß‹ waren. Wie alle unsere bisherigen Führer auch, versuchten sie, die Tagesstrecken so kurz wie möglich zu halten. Hatten Jussuf und Hussein nicht mehr so die richtige Lust, dann versuchten sie uns mit kleinen Ausreden zu einer Rast zu bewegen. Aber solche ›Argumente‹ wie ›Kein Wasser‹, ›Letzter Schatten‹ – hatten wir schon bei Hate Haye und Ali zu durchschauen gelernt.

Unsere Beschützer waren gezwungen, umzudenken. Bisweilen ging Jussuf auf Frischfleisch-Suche. Eines Vormittags pirschte er sich an eine Gazellenherde 'ran. Über hundert Grant-Gazellen zogen in zweihundert Meter Entfernung, langsam äsend, vorüber. Gazellenfleisch ist wirklich eine Bereicherung für die Speisekarte.

Der Einzelschuß aus der Maschinenpistole traf ein Tier durch die Vorderläufe. Jussuf hatte bewußt dorthin gezielt, um das Tier dann noch nach islamischem Brauch schlachten zu können. Der Schuß hatte einige fremde Afars herbeigelockt, die uns in ihr Haus mitnahmen. Auch ein paar andere Hütten gab es noch im Umkreis. Die Gegend nannte sich Sifani. Während die gesamte Crew sich dem Braten widmete, holte mich eine resolute, nicht unattraktive Frau in ihre Hütte. Sie hätte starke Schmerzen in der Brust und ich, der Hakim, sollte helfen. Das dämmerige Licht im Inneren der Hütte war angenehm für die Augen. Gleich rechts neben dem Eingang hatte sie ihre Küchen-Gerätschaften abgestellt, mehrere Schalen bildeten ineinandergestellt einen kleinen Turm. Die Mitte des Raumes war durch zwei Matten belegt. Mit nur wenigen Gesten machte sie mir klar, daß ich mich setzen sollte. Ich ließ mich im Schneidersitz nieder und begann an dem Verschluß meiner Army-Tasche, in der ich einen Teil meiner Hakim-Utensilien mit mir herumtrug, zu nesteln. Der Verschluß hatte sich verheddert. Endlich konnte ich ihn öffnen. Als ich wieder hochschaute, befand sich das Gesicht meiner ›Patientin‹ unmittelbar vor mir. Sie lächelte ein wenig. Ich spürte ihren Atem. In ihren Händen hielt sie eine Schale mit kühler, saurer Milch. Ich nahm das aus Gras und Kuhmist gefertigte Trinkgefäß und setzte es an meine Lippen, und die Milch rann erfrischend durch meine Kehle. Aus den Gefäßen der Afars muß man zügig trinken, denn wer sich viel Zeit dabei läßt, wird bald einen anderen Geschmack auf seiner Zunge spüren. Nur allzu leicht weichen die Ränder dieser Schalen auf. Ich war auf das Getränk konzentriert, als ich ihre Hände auf meinen Schenkeln spürte. Sie begann mich sanft zu streicheln.

Ich habe später, als ich schon längst wieder in Deutschland war, immer wieder an diese Frau und an diese seltsame Begegnung gedacht. Ich habe mit meiner Frau und mit Freunden darüber gesprochen und es war mir unmöglich zu sagen, was ich in jenem Moment gedacht habe. Ich weiß nur, daß ich, vielleicht nach einigen Sekunden, als ich das Gefäß noch an meinen Lippen hatte und sie mich streichelte, Verblüffung und Rührung zugleich empfand. Nicht im Traum hatte ich hier Zärtlichkeit erwartet. Und es lag Zärtlichkeit in ihrem Streicheln. Es tat mir unendlich gut. Als ich ihren Kopf dann in meine Hände nahm und an mich drückte, da war es mir, ich kann es nicht anders ausdrücken, als blickte ich in mein Leben. Ich sah mich reisen und, wie es so schön heißt, die Kontinente überwinden, getrieben von einer nicht so leicht bestimmbaren Sehnsucht, einer Sehnsucht, die mich bis in diese Gegend namens Sifani trieb. Und ich traf doch nur Menschen an.

Indes – sie streichelte mich weiter. Ich war wohl zunächst recht hilflos. Vor allem war ich mir nicht sicher, ob sie es so meinte, wie ich es mittlerweile auffassen mußte. Ich dachte unwillkürlich daran, daß sie beschnitten und daß ihre Scheide vernäht war. Was es mit dieser ›Sitte‹ auf sich hat, erzähle ich im Zusammenhang mit der Geschichte des Afar-Mädchens Aischa.

Ich hatte nichts gehört. Aber sie. Sie sprang wie von einem Skorpion gestochen auf – keinen Moment zu spät. Ein anderer Dorfbewohner

betrat ihre Hütte, um mich, den Hakim, zu holen. Zu seinem kranken Kind.
Verwirrt und recht orientierungslos tappte ich hinter dem Mann her. Das linke Auge des Kindes war total zugekleistert. Bindehautentzündung. Ich reinigte das Auge und träufelte Tropfen hinein. Die ganze Zeit über war der etwa acht Jahre alte Junge mucksmäuschenstill. Aber alle Muskeln seines Körpers waren vor Angst vollkommen verspannt. Unverwandt starrte er mich mit seinem gesunden Auge an. Den Mund zu einem Strich zusammengepreßt. Nach der Behandlung starrte er mich mit zwei Augen an. Als ich ihn anlächelte und mit der Hand über den Kopf strich, stand er auf, verneigte sich vor mir und verschwand. Ohne ein Wort. Noch lange lag ich an diesem Abend zwischen meinen schlafenden Kameraden wach. Ich dachte an diese Frau. Immer und immer wieder. Irgendwann torkelte ich dann in den Schlaf und träumte von ihr.
Ein Fußtritt weckte mich. Jussuf rief zum Morgengebet. Na, denn.
Während Horst und ich schon mit dem Packen der Kamele begannen, ging Klaus auf einen nahegelegenen Berg, um den schönen Sonnenaufgang zu filmen. Kaum war er oben, als wir einen Schuß hörten und eine grüne Leuchtkugel über dem Berg stehen sahen. Grün bedeutete etwas Gutes (Weiß hieß Achtung; Rot Gefahr, sofern wir noch das ganze Sortiment besaßen). Wie ein Wilder wedelte er mit seinen Armen durch die Luft. Wir, auch unsere Afars, banden die Kamele schnell aneinander und stürmten den Berg hoch. Klaus war nun vollends durchgedreht, die zweite grüne Kugel zischte ins Blau des Himmels und er stand da, hatte sich sein weißes Hemd vom Leib gerissen und winkte, schwenkte, schrie und wirbelte. »Der hat entweder ein Tier gefunden, das er sich nicht anzufassen traut« keuchte Horst neben mir, »oder er hat 'ne Macke.«
Als wir näher heran waren, deutete er, ständig Unverständliches schreiend, mit seinem Arm in die vor uns liegende Talsenke.
»Wenn der uns verschaukelt, esse ich ihm sein Milchpulver weg«, schwor ich mir noch, als ich auf allen Vieren über die scharfen Lavasteine kroch.
»Wartet!« rief Klaus da, als wir nahe genug heran waren. »Wartet einen Moment! Was meint ihr, was ich da unten entdeckt habe?« Wir beiden anderen waren so außer Puste, daß wir die Pause gern annah-

men und allen Blödsinn rieten, damit sie, die Pause, nur nicht so schnell verginge.
»Gabriel, der Sprücheklopper der deutschen Botschaft?«
»Weithaler mit dem letzten Pockenkranken der Welt?«
»Deine Frau, die dir hier nicht über'n Weg traut?«
Aber Klaus, der da herumhüpfte wie Rumpelstilzchen, schrie immer nur: »Nein, etwas viel Besseres.«
Als es weder eine alleinstehende Afar-Schöne, noch Schenay Karels mit einem Freßpaket war und auch nicht das Rote Meer, gaben wir es auf und krochen vollends über die Kraterkante. Wir glotzten jenseits in die Ferne, dann in die Tiefe und schließlich in die unmittelbare Nähe seines Standortes. Doch wir entdeckten nichts. Absolut nichts Neues. Außer unseren heraushängenden Zungen und leichten Anflügen einer Wut.
»Sollte das eine Frühsportübung sein?« drohte Horst, und ich ergänzte gleich: »Dein Milchpulver esse ich heute, du, du Lump!«
Klaus sagte gar nichts. Er hatte seinen Rock 'n Roll beendet, stülpte sich sein Hemd wieder über und stierte uns nur fassungslos durch seine wuschelhaarumrandete Brille an. »Seid ihr denn blind? Die Pyramide! Da vorn, die Riesenpyramide!«
»Meine Fresse.« Das war das einzige, was wir herausbrachten. »Und da stehen wir hier noch herum?«
Während wir wie die Falken hinabstießen, will ich kurz erklären, was es mit den Pyramiden auf sich hatte.
Als Klaus Anfang der 60er Jahre bereits einmal einen Ausflug in die Danakil-Wüste unternommen hatte, begegnete er einem gewissen Abdel Kader. Keinem gewöhnlichen Abdel Kader, sondern genau dem, der 1928 die Nesbitt-Expedition geführt hatte. Trotz seines hohen Alters war er noch sehr rüstig und erzählte abends am Feuer aus seinem Leben. Abdel Kader war nach der erfolgreichen Erstdurchquerung auch nach Ägypten eingeladen worden. Dort hatte er die Pyramiden kennengelernt und erwähnte beiläufig: »Die gibt es bei uns auch!« Er hatte auf Klaus' Landkarte geschaut und seinen Zeigefinger westlich vom Afdera-See, im Gebiet der Teru-Senke, kreisen lassen.
Seitdem kreiste es in Klaus' Kopf: »Die Pyramiden muß ich finden!«

So wurden sie zu einem Programmpunkt unserer Reise. Wir hatten uns Fotos der Pyramiden von Gizeh mitgenommen und sogar ein kleines Steinmodell gebaut. Immer, wenn wir Sprachkomplikationen hatten, zeigten wir diese Dinge vor.
Im Süden waren den Leuten Bauwerke solcher Art völlig fremd. Aber je weiter wir nach Norden kamen, desto mehr Personen trafen wir, die uns sagten, wir seien auf dem richtigen Weg. Besonders hier um Sifani gab es unzählige Pyramiden. Genaugenommen sind es Kegel. Sie sind Grabhügel, unter denen Tote schlummern. Vor allem Krieger, die im Kampf gefallen sind. Und das sind einige. Aber diese Kegelgräber waren drei Meter, bestenfalls fünf Meter hoch. Dann muß man aber schon den Hügel mitrechnen, auf dem sie stehen.
Und nun lag da zu unseren Füßen eine wirkliche Pyramide. 30 × 30 Meter Grundfläche und ebenso hoch. Die Spitze fehlte allerdings. Sie war offensichtlich abgetragen worden.
An der Südseite führte eine breite Treppe auf das Bauwerk. Es lief uns heiß und kalt den Rücken runter. Hatte Abdel Kader doch recht gehabt?
Nein. Er hatte nicht. Unsere Pyramide war oben zementiert. Wie wir später erfuhren, hatten die Italiener während ihrer Kolonialzeit hier Kanonen postiert gehabt. Nach Osten hin konnte man noch eine Landepiste für Flugzeuge ausmachen. In einem erloschenen Krater gen Süden befand sich sogar ein verfallenes Steinhaus, in dem der Platzwart gewohnt haben konnte. Überall in der Umgebung lagen außerdem haufenweise zerschlagene Weinflaschen. Also kurz und gut: auch in den folgenden Wochen haben wir über die Abdel-Kader-Pyramiden nichts Besseres in Erfahrung bringen können.
Das schließt allerdings nicht aus, daß es sie dennoch gibt.

Im Hauptquartier

Drei Tage später hatten wir die Teru-Senke erreicht. Sie liegt unterhalb des Meeresspiegels. Die Hitze wurde tagsüber schier unerträglich. Horst registrierte knapp 50 Grad Celsius. Am fünften Tag erklärte Hussein, daß wir uns nun dem Hauptquartier Ali Miras näherten.

Die Senke war mit Gras und Akazien bestanden. Man konnte sie als fruchtbar bezeichnen. Dennoch war Wasser zur Zeit Mangelware. Man holte es aus großer Tiefe und es schmeckte brackig, manchmal regelrecht faulig.
Ali Miras Leute schickten uns eine Empfangsdame entgegen. Urplötzlich tauchte sie hinter einem Steinhaufen auf, selbst Hussein hatte sie nicht bemerkt. Er riß sofort seine Kalaschnikow hoch, doch im nächsten Augenblick ging ein Lächeln des Erkennens über sein Gesicht.
»Ah, Fatima. Sollst du uns hinbringen?«
Sie nickte nur kurz. Fatima war etwa zwanzig und sah interessant aus. Das schwarze Haar hatte sie auf Bürstenschnitt reduziert. Sie trug ein sauberes Khakihemd und dunkle Hose.
Über unsere bevorstehende Ankunft waren die Leute im Hauptquartier bereits informiert worden, erklärte Fatima in gutem Englisch. Die Späher hatten uns schon vor zwei Tagen gesichtet, als wir von den Bergen in die Senke herunterkamen. »Eure Aluminium-Koffer sind die reinsten Scheinwerfer!« klärte sie uns auf. Und dann erzählte sie, daß sie zur Zeit bei Ali Miras Leuten Dolmetscherin sei. Vor zwei Monaten hatte sie noch in Addis Abeba gelebt. Dann sollte sie verhaftet werden, weil sie im Verdacht stand, mit dem Aufständischen zu sympathisieren. (Was auch stimmte. Schon längere Zeit gehörte sie der Ethiopian People's Revolutionary Party, EPRP, an.) Doch Freunde warnten sie gerade noch rechtzeitig. Sie floh, als die Häscher schon vor der Tür standen. Barfuß, nur dürftig bekleidet, entging sie der sicheren nächtlichen Exekution.
Fatima war eine fanatische Maoistin. Und ihre Freundlichkeit uns gegenüber wurde sofort um einige Grade kühler, als wir ihr in der Meinung nicht beipflichten wollten, auch in Deutschland stehe der Aufstand der werktätigen Massen zum Sturz der herrschenden Klasse unmittelbar bevor. In den Augen Fatimas waren wir nun verderbte Anhänger der Bourgeoisie.
Das Hauptquartier der Aufständischen war erreicht. Geschickt war es vor einem Riesenkrater in den canyonartigen Spalten und Mulden der Lava am Fuße eines Berges angelegt. Keine Hütte, kein Zelt. Nichts. Die Kämpfer schliefen im Freien. Horst machte mich heimlich auf die Posten aufmerksam, die überall von strategisch wichtigen

Punkten der Kraterränder herunter das umliegende Terrain observierten.

Merkwürdigerweise nahm vorerst niemand von uns Notiz. Geschäftig eilten die Buschkämpfer an uns vorbei, andere putzten ihre Waffen, debattierten oder exerzierten. Fast alle hatten ihr Haupthaar zu mächtigen krausen Bällen geformt. Sie verschönerten es mit grüner Butter. Die meisten trugen Handgranaten an den Gürteln, waren mit Gewehren oder Maschinenpistolen ausgerüstet, und bei manchen sahen wir sogar panzerbrechende Waffen. In Verstecken lagerten Minen.

Fatima wies uns an, zu warten. Schon wenige Minuten später kehrte sie im Gefolge eines jungen, bis zum Skelett abgemagerten Mannes zurück. Große, intelligente Augen musterten uns interessiert, aber nicht unfreundlich.

»Ich bin Muhamed Abdul«, begrüßte er uns in fehlerfreiem Arabisch. Und mit einem feinen Lächeln fügte er hinzu: »Ich bin über den Zweck Ihres Kommens genau informiert. Sie brauchen ihn mir also nicht mehr zu erklären. Wir begrüßen es, wenn andere Länder die Wahrheit über unsere Ziele und unseren Kampf erfahren. Deshalb werden Wir Ihnen auch jede Unterstützung geben. Allerdings werden Sie Ali Mira nicht sprechen können, er befindet sich zur Zeit in Saudi-Arabien. Sie müssen also schon mit mir vorliebnehmen.«

›Vorliebnehmen‹ war ja nun wirklich stark untertrieben. Immerhin war Muhamed Abdul der wichtigste Mann nach Ali Mira und seinem Sohn Teferri. In der provisorischen Regierung der Afars bekleidete er den Posten eines Armeeministers. Er hatte in Kairo studiert und in der ägyptischen Armee auch am Yom-Kipur-Krieg teilgenommen. Ein Mann also, der nicht nur das Kämpfen beherrschte, sondern sicher auch eine Menge von Organisation, Strategie und Logistik verstand.

Als wir uns noch mit ihm unterhielten, kam ein Soldat und warf uns ohne ein Wort einen Zehn-Liter-Sack mit Milch vor die Füße. Später wurde dann ein Hammel geschlachtet. Wir durften filmen, fotografieren und fragen. Sie gaben uns gegenüber sogar zu, daß einige von ihnen es waren, die Golima überfallen hatten, die Station etwas nördlich von Schiffra.

Zwei Tage durften wir bleiben. Und es gab nichts, was man vor uns

geheimhielt. Am stolzesten aber waren die Afar-Kämpfer, wenn sie uns vorführen konnten, wie gut sie marschierten. »Darin sind sich wohl die Militärs aller Länder gleich«, spöttelte Klaus, als wieder einmal ein Zug Nomaden-Söhne stolz mit hochgerissenen Knien und weit schwingenden Armen an uns vorbeimarschierte. »Ohne Exerzieren scheint das Soldatenleben für sie alle keinen Sinn zu haben. Nullachtfünfzehn in der Wüste, hättet ihr das vermutet?!«
Er schüttelte in gespielter Verwunderung den Kopf.
Doch was die Afars von vielen anderen Rebellentruppen unterschied, war der Schulunterricht nach dem Marschieren. Da saßen die Butter-Häupter im Schatten beieinander und lernten, was das Zeug hielt.
»Es ist das erste Mal, daß die Fighters eine Schule besuchen«, stellte Muhamed Abdul stolz fest. Und die Jungs lernten mit wahrem Feuereifer – die Waffe auf den Knien, den kleinen Bleistift in der Hand – so murmelten sie gruppenweise: »Alif, ba, ta, tha . . .« Das arabische Alphabet.
Fatima lugte ihnen über die Schulter und griff manchmal helfend ein. Irgendwo wurde sie umringt. Sie winkte uns hilfesuchend herbei. »Nun seht euch das mal an!« jammerte die Maoistin: »Jeden Tag dasselbe. Sie wollen nicht glauben, daß ich eine Frau bin. Die Afarfrauen würden keine Hemden tragen. Und jeder könne deutlich sehen, wen er vor sich habe. Bei mir sähe man aber nichts. Was soll ich nur machen? Die wollen revolutionieren, aber in puncto Frauen soll alles so bleiben, wie seit Adam und Eva. Sie werden umdenken müssen.«
Als wir zum Abschied Muhamed Abdul fragten, ob er uns nicht eventuell unsere beiden Kamele gegen frische tauschen würde, willigte er sofort ein. Ein kurzer Befehl, und eine Stunde darauf führte uns ein junger Afar zwei riesengroße Tiere zu. »Das ist Yusuf«, stellte uns Muhamed den Jungen vor, »er wird euch zu Yayo Ali bringen.« Und nach einem Moment des Schweigens setzte er hinzu: »Berichtet bitte in eurem Land die Wahrheit über uns. Wir sind nur ein sehr kleines Volk. Wir lieben unsere Freiheit. Die meisten Menschen wissen überhaupt nichts von unserer Existenz. Aber auch kleine Gemeinschaften haben das Recht auf ein Leben, so wie sie es gern führen möchten. Und sie haben ein Recht, über das Land zu bestimmen, das sie seit der Urväter Zeiten bewohnen. Ich weiß, ihr werdet das nicht vergessen.«

Wir verneigten uns tief vor ihm. Er erwiderte unseren Gruß mit vor der Brust gekreuzten Armen.

Fatima begleitete uns noch einen Kilometer. Sie hatte einen kleinen Sack Milch mitgenommen. An einem Busch hielt sie an. Eine Frau lag darin. Völlig apathisch. Fatima kniete sich hin und füllte Milch in eine Schale.

»Was ist mit der Frau?« Wir sahen Fatima an.

»Sie liegt im Sterben. Ihre Familie hat sie aufgegeben. Ich bringe ihr immer etwas Milch. Aber sie wird den morgigen Tag nicht mehr erleben.«

Durchs »Höllenloch der Schöpfung«

Die Kamele sind weg

»Nehmt diesen Ziegensack mit«, hatte der Rebellen-Kommandant uns noch hinterhergerufen. »Ihr werdet ihn gut gebrauchen können. Bis zum Afdera-See gibt's kaum Wasser.« Wir hatten ihn gern angenommen, denn einer unserer Leinenbeutel war ein wenig undicht geworden. »Macht euch keine Sorgen, Yusuf kennt den Weg.«

Ja, Yusuf II kannte den Weg. Aber er war ein schwieriger Typ. Bestimmt war er nicht älter als siebzehn Jahre, feingliedrig, scharfgeschnittenes Gesicht, feiner Mund und – jähzornig. Besonders ich, der ich auch nicht so ganz ohne Temperament bin, sollte das bald zu spüren bekommen.

»Hier rasten wir«, entschied Yusuf nämlich schon nach einer Stunde.

»Wieso denn das? Wie wollen wir denn in drei Tagen zum Afdera-See kommen, wenn wir jetzt schon rasten?«

»Heute will ich hier bei meinem Stamm übernachten«, erklärte er nur und ließ sich bereits nieder. Widerstrebend, aber notgedrungen und innerlich kochend sattelten wir ab. »Ich werd' nochmal wahnsinnig«, knurrte Klaus. Als dann auch Horst noch murmelte: »Verdammte Scheiße – langsam, aber sicher sehe ich mich ein Semester dranhängen«, war ich direkt ein wenig beruhigt darüber, daß ich nicht allein auf die Palme gegangen war. Yusuf keines Blickes mehr würdigend, machten wir unser Abendbrot.

Da sein Stamm uns aber reichlich Milch bot, kamen wir doch wieder ins Gespräch. Wir wußten die Milch um so mehr zu würdigen, als diese Burra inmitten schwarzer, vegetationsloser Lava stand. Wohl noch hier und da ein Strauch, auch zwei bis drei Grashalme – aber was ist das schon für eine klägliche Weide für hungrige Ziegen! Die satten Weiden der Teru-Senke hatten wir mit den Afar-Rebellen hinter uns gelassen. Es ging bergan.

»Morgen bleiben wir hier. Zwei Tage. Mohammed, der Prophet, hat nämlich Geburtstag. Da gibt es ein großes Fest.« Wir sahen uns an, mahlten mit den Ober- auf den Unterkiefern und sagten nur noch: »Auf keinen Fall. Wir gehen sonst allein.« Wir hatten längst spitz, daß das immer ein recht brauchbares Druckmittel war. Kein Führer, der Ehre im Leib hat, läßt die ihm Anvertrauten allein gehen. Auch

Yusuf gab nach, als wir am anderen Morgen einfach packten. Aber seine schlechte Laune sollten wir bald spüren. Er führte die Tiere nicht mehr, sondern überließ alles uns. Bereits gegen Mittag des zweiten Tages hielt er an der ersten Burra, die wir sahen, an. »Ab jetzt gibt es kein Wasser mehr bis zum Afdera-See, wo Yayo Ali wohnt. Wir müssen hier alle Säcke auffüllen.« Okay. Das konnte uns nur recht sein.

Während ich Kranke versalbte, zogen Horst und Klaus mit einem Esel und zwei etwa 12jährigen Jungen von dannen, um das wertvolle Naß zu beschaffen. Yusuf streckte sich bequem in den Schatten einer Hütte. Nach sechs Stunden erst kamen die Wasserholer zurück. Klaus tobte: »Stell dir vor, drei Stunden von hier ist erst das nächste Wasserloch. Es ist nicht größer als dein Kopf. Wir mußten eine Steinplatte beiseiteschieben, um daranzukommen. Es war so heiß, daß es dampfte. Wer die Löcher nicht kennt, wird sie nie finden. Die beiden Afars haben sich erst mal richtig ›geduscht‹. Und als wir dann die Säcke füllen wollten, fehlte der von Muhamed Abdul. Das bedeutet ein Minus von zwanzig Litern!«

Das war wirklich ein großer Verlust. Obwohl man auf dem Rückweg die Augen offen gehalten hatte, blieb der Sack verschwunden. »Wenn die doch bloß anständige Knoten machen könnten!«

Es war bereits siebzehn Uhr, trotzdem beschlossen wir, weiterzuziehen. Würden wir über Nacht bleiben, wären unsere Wasservorräte nochmals erheblich reduziert worden.

Yusuf bekam einen Wutanfall. Dennoch starteten wir. Es galt, die Abendkühle wenigstens zwei Stunden lang zu nutzen. Vielleicht waren es die entscheidenden zwei Stunden. Zehn Minuten können schon eine Rolle spielen, wenn es ums Verdursten geht bei extremen Temperaturen.

Yusuf blieb wider Erwarten sitzen. Das Oberhaupt der 3-Hütten-Gemeinschaft schimpfte ebenfalls – aber wir trotteten einfach los. Es war das übliche Pokerspiel. Wäre Yusuf nicht doch noch hinterhergekommen – wir wären umgekehrt. Die Gesetze der Vogelfreiheit für unbegleitete Reisende waren uns zu bekannt, als daß wir es gewagt hätten, den Weg zu Yayo Ali allein zu gehen. Plötzlich erinnerten wir uns daran, daß es ungefähr hier gewesen war, wo 1884 die hundert Personen starke Bianchi-Expedition mit Mann und Maus verschwand. Und wir rekonstruierten, daß es auch Nesbitt, unseren Vorgänger aus dem Jahre 1928, hier um ein Haar erwischt hätte. Fünf bange Tage lang hatten ihn die Afars dieser Gegend in einer Höhle belagert, bevor es ihm mit unendlicher Geduld und Verhandlungen gelungen war, lebend herauszukommen.

Also, allein auf unbekanntem Weg, ›wasweißichwieviele‹ Tage, ohne Kenntnis der Wasserstellen – wir hätten es nicht gewagt. Dann wollten wir lieber zurück zu Muhamed Abdul und ihm den verfluchten Yusuf mit Dank wiederbringen. Bestimmt wäre das in Yusufs Kreisen eine ziemliche Blamage gewesen. Aber gottseidank tauchte er nach einer Stunde als kleiner Punkt am Horizont auf. Aufatmend ließen wir ihn heran. »Der Weg ist falsch. Wir müssen hier rechts lang«. Das war alles, was er sagte. Seinen Wanderstab quer über die Schulter, trabte er uns voran. Das Pokerspiel war gewonnen. Wenn auch nur für zwanzig Minuten. Da standen wir inmitten eines kleinen Talkessels vor einer Burra. Vier Männer kamen uns entgegen und hießen uns willkommen. Lange, sehr lange, plauderten sie mit Yusuf. Immer wieder streiften uns ihre Blicke. Wird er jetzt seinen Ärger über uns ablassen? Das würde dann den Verlust der begehrten Milch bedeuten. Die Abend-Milch war bereits zu einer lieben Gewohnheit bei uns geworden. Nie im Leben hatten wir so viel und so gern Milch getrunken. Ob von Schaf, Ziege, Kuh oder Kamel, wir tranken alles. Nur eben Milch mußte es sein.

Aber Yusuf hatte uns nicht angeschwärzt. Denn wir erhielten literweise Kamelmilch, mit Schaum darauf, wie die beste Schlagsahne daheim. Erschöpft sanken wir auf unsere Aluminium-Folien.

Die 13 % nahrhafter Feststoffe des göttlichen Getränks verblieben im Körper. Die 87% – im Rechnen war ich immer schon ganz gut – schwitzten wir sofort aus.

Dennoch fühlten wir uns wohl. Ich roch und hörte noch die wiederkäuenden Kamele neben uns. Dann war ich tief eingeschlafen.

Um halb sechs weckte ich die anderen. Unsere Wassersäcke waren wieder auf dreißig Liter aufgefüllt. Wir wollten schleunigst weiter, bevor die Mittagshitze uns auslaugte.

Aber Yusuf kam und kam nicht mit den Kamelen. Dann tauchte er endlich auf. Allein.

»Wir müssen warten, bis es hell wird«, tröstete er uns.

Wir hatten unsere Bündel bereits tiergerecht verschnürt, als die Sonne aufging. Um acht Uhr war immer noch kein Kamel zu sehen. Auch unsere Gastgeber wurden nun nervös, konnte man sie doch für Viehdiebe halten. Sicher waren sie das auch. Niemals aber stahl man die Tiere seiner Gäste. Das ist undenkbar.
Die Sicherung der Spuren ergab, daß die gefesselten Tiere nachts aufgestanden waren. Sie hatten an einem nahegelegenen Baum geäst, waren kreuz und quer herumgehüpft und hatten ihre Spuren dann mit den Tieren der Gastgeber gemischt. Schließlich waren sie wohl in steinigeres Gebiet fortgehumpelt. Und nun waren sie weg! Wir bestiegen die nahen Gipfel. Aber selbst die geschulten Afar-Augen erspähten nichts, das auf unsere Tiere hindeutete. Wir selbst gaben die Mithilfe an der Suche bald auf. Wir kamen uns geradezu blind vor gegen diese Natursöhne. Mehrere Männer hatten sich jetzt zusammengetan und waren ausgeschwärmt. In die Richtung, aus der wir gestern gekommen waren. Wir hatten uns einen Schatten gebaut und schliefen. Da kam nach zwei Stunden Yusuf zurück und hielt uns wortlos die Stricke der Kamele hin. Die, mit denen wir ihre Vorderbeine gebunden hatten.
»Was hat das zu bedeuten?«, fragten wir ihn, »hast du sie gefunden?«
Aber er hielt uns die Taue nur noch näher unter die Nase. »Durchgeschnitten!«
Es gab keinen Zweifel mehr. Die Tiere waren gestohlen worden. Nun saßen wir in der Patsche. Würde man uns neue verkaufen? Aber würden wir dann mit dem wenigen restlichen Geld noch unser Ziel erreichen?
Yusuf unterbrach unsere Überlegungen. »Ich gehe sofort zu Muhamed Abdul zurück und melde ihm das. Heute abend noch kann ich dort sein.«
Als er unsere zweifelnden Gesichter sah, lächelte er nur überlegen. »Auch wenn ihr es nicht glaubt: Ein Afar-Krieger läuft sehr schnell und sehr weit. Und das hält er den ganzen Tag aus. Sogar ohne Wasser.«
Yusuf nahm nichts mit. Er trank noch einmal etwas Milch und dann ging er davon. Richtung Westen. Bald war er unseren Augen entschwunden. Wir waren ziemlich deprimiert. Die Verständigung mit

den freundlichen, spendablen Milchschenks klappte kaum. Nur das Gebet funktionierte. Wir sahen bereits im Geiste auch unseren Führer für immer verloren.

Der Tag ging zur Neige. Der milchreiche Abend kam und die Nacht. Wir lagen mutterseelenallein und sprachen zum x-ten Male darüber, was wir nun noch machen könnten.

Einer der Dorfmänner legte sich mit seinem Gewehr neben uns und sagte bedeutungsvoll: »Deine Freunde kommen zu den Mahlzeiten, deine Feinde zu den Verdauungszeiten.« Ein altes Afar-Sprichwort. Es gefiel uns, tröstete uns aber nicht.

Es war dunkel, als uns Yusuf weckte. Er sagte etwas. Wir verstanden es nicht. Zumal wir völlig schlaftrunken waren. Fünf Uhr morgens. Aber im Schein der Taschenlampe sahen wir ein strahlendes Gesicht.

»Mä-ä!«, war alles, was wir heraushörten. Und das hieß »gut«. Gut war schon, ihn wieder dazuhaben. War er wirklich bis zu den Rebellen gewesen? Dann war sein Marsch eine großartige Leistung. Von den Kamelen weit und breit keine Andeutung. »Schlaft weiter, wir müssen etwas warten.« Als wir aufstanden, hockte Yusuf schon mit den Leuten aus der Burra am Feuer. Die Frauen melkten die Herde. Die Debatte war laut und lebhaft. Was denn nun gewesen sei, wollten wir wissen. »Ruhe, nur Ruhe und abwarten«, gebot er uns.

Wir überlegten alle Möglichkeiten. Bestimmt würde Muhamed Abdul uns zwei neue Tiere schenken und bringen lassen. Etwas Besseres fiel uns nicht ein. Aber es kam noch besser.

Wir bemerkten etwa gegen zehn Uhr, daß die Männer alle angestrengt in Richtung Süd-West schauten. Keiner sprach mehr ein Wort. So sehr wir uns auch bemühten, wir sahen nichts. Erst eine gute halbe Stunde später erkannten wir drei sich bewegende Punkte. Yusuf zeigte siegesbewußt in ihre Richtung und rief: »Dschimalkum, eure Kamele!«

Niemand stand auf. Niemand erregte sich. Niemand ging dem Mann, der da die Tiere brachte, entgegen. Wohl hatte jeder sein Gewehr griffbereit.

Und dann sahen wir sie genau. Es waren nicht neue Kamele, sondern es waren unsere eigenen. Da standen sie, als wären sie gar nicht fort gewesen. Wir verstanden überhaupt nichts mehr.

Der Fremde erhielt Wasser. Er sagte ein paar Sätze. Dann ging er wieder fort.
Yusuf fesselte die Tiere und legte sie in den Schatten. Dann erst kam er zu uns und löste das Rätsel. Demnach war er zurückgeeilt zu Muhamed Abdul und hatte ihm von dem Diebstahl berichtet. Noch am gleichen Nachmittag hatte der Heerführer Läufer in alle Richtungen gesandt, um kundzutun, daß man sich hier an seinen Ehrengästen versündigt hätte. Yusuf hatte er gebeten, schnell wieder zu uns zurückzukehren. Morgen früh sei die Sache bestimmt geregelt.
Der Mann, der uns die Tiere zurückbrachte, hatte behauptet, er habe sie ›gefunden‹.
Nun, Yusuf war im Augenblick für uns der Größte. Alles hatte eine Wende zum Guten genommen. Wir waren glücklicher denn je. Am kommenden Morgen zogen wir dann weiter.
Die dreißig Liter Wasser nahmen rapide ab, zumal ein zweiter Mann sich uns angeschlossen hatte.
Yusuf wirkte nervös. Er, der sonst jede Chance zu einer Pause wahrnahm, trieb zur Eile. Wir durften weder Zeit mit Filmen noch mit Fotografieren vertrödeln. Zwölf Liter Wasser waren der klägliche Rest für fünf Personen. Und noch zwei Tage Marsch. Im Grunde eine Unmöglichkeit. Wahrscheinlich wußte Yusuf noch ein Wasserversteck. Aber wir wußten nicht, was er wußte, und seine offensichtliche Sorge machte uns Angst.
Wir bedeckten unsere Blößen mit Stoff, um nicht unnötig Wasser zu verdunsten.
Da Yusuf und der Neue uns stets hundert bis fünfhundert Meter voraus waren, fixierten wir nur immer sie, um sie nicht aus den Augen zu verlieren. Dadurch widmeten wir den Kamelen wenig Aufmerksamkeit. Horst führte das Leitkamel. Das zweite war an dessen Schwanz angebunden. So trotteten wir Stunde um Stunde durch den glühenden Backofen. Berge von mehreren hundert Metern Höhe aus rötlichem, brüchigem Gestein brachten traumhafte Farben in die Landschaft. Wenn sich in dieser Glut in irgendeinem Schatten einmal ein Grasbüschelchen am Leben gehalten hatte, war man fast versucht, es bewundernd zu streicheln. Streckenweise war die Lava, über die wir gingen, mit gelbem Sand verweht. Von Menschen keine Spur mehr.
Normalerweise ging einer von uns am Schluß, um das Gepäck im Au-

ge zu halten. Nach stundenlangem Geschüttel löste sich nämlich oftmals ein Teil. An diesem Tag gingen wir jedoch alle drei vorweg, um unsere miese Lage zu erörtern.
»Erstens haben wir den Ziegensack verloren«, rekapitulierte Klaus, »zweitens hat Yusuf diesen anderen Typ mitgeschleppt, ohne an mehr Wasser zu denken. Vielleicht wird das Wasser zu einem echten Problem.«
Yusuf und der Begleiter waren weit voraus.
Da stellten wir fest, daß wir nur noch ein Tier hatten. Das andere war weit und breit nicht zu sehen. Ein Dromedar bleibt einfach stehen, wenn sich das Seil, mit dem es am Vordertier angeknotet ist, löst. Ohne einen Mucks zu machen. Horst und ich stapften verdrossen zurück. Nach zwanzig Minuten sahen wir das Tier seelenruhig in der Gegend stehen. Es ließ sich anstandslos greifen und nachholen. Währenddessen hatte Klaus auf uns gewartet. Vierzig Minuten waren verloren. Yusuf und Partner waren auf einen Hügel geklettert und gestikulierten wild. Erstmals schimpften sie, weil wir es nun waren, die so bummelten. Und recht hatten sie ja. Ihre Nervosität übertrug sich auf uns. »Bukra lä fii«, radebrechte Yusuf in Afaraf und Arabisch »Morgen gibt es Wasser. Aber heute müssen wir noch bis in die Nacht laufen.«
Um dreiundzwanzig Uhr machten wir ein Lager. Das heißt, wir warfen uns ermattet und ausgedörrt in den Sand. Kaum wollten wir mitbeten, als die beiden Afars gar Wasser für die Gebetswäsche forderten:
»Abdallah, qeliil bass, Abdallah, nur ein wenig.« Uns riß die Geduld. Mein Arabisch kam mir gar nicht so schnell von den Lippen, wie ich böse war. Denn erstens hätte er als Führer mehr mitnehmen müssen und zweitens darf der gute Gläubige sich auch mit Sand symbolisch waschen, wenn die Not es erfordert. Diese Bestimmung war Yusuf allerdings noch fremd. Er filzte unsere Wasservorräte. Aber die waren verbraucht. Jeder hatte noch einen Becher bekommen. Horst legte sich auf den leeren, aber feuchten und kühlen Leinensack, um sich so zusätzlich zu erfrischen. Unsere Führer begannen zu singen. Ein Lied nach dem anderen.
Wir fragten Yusuf nach dem Inhalt der Lieder. »Mohammed hat Geburtstag. Wißt ihr das nicht?« Und dann sangen sie weiter. Es war

beängstigend und schön zugleich. Klaus ließ sein Tonband laufen. Nach einer Stunde legten die beiden eine Pause ein. Sie tuschelten miteinander. Und dann röhrten sie im Wechsel einen schier endlosen Gesang.

Horst glaubte herauszuhören, daß wir von ihnen verhöhnt wurden. Er hatte Worte herausgehört wie Almani (Deutscher) und lä (Wasser). Das konnte kein altes Volkslied sein. Die verschmitzten Gesichter der beiden sprachen Bände. Daß sie überhaupt noch zum Singen aufgelegt waren, ließ uns hoffen, daß unsere Lage doch nicht ganz so trostlos war.

»Wüßte man nur genau«, konstatierte Horst, »wo es was zu saufen gibt, wäre unser Durst erträglicher.« Und so war es. Die Ungewißheit versetzte uns in leichte Panik. Das einzige, was wir augenblicklich tun konnten, war unsere Haut einzucremen, ruhig zu sein und eine Prise Salz zu essen.

Um zwei Uhr, wir hatten trotz des Herzklopfens ein wenig geschlafen, drängte Yusuf zum Aufbruch. Nichts war uns lieber. Nach zwanzig Minuten stapften wir durch die Finsternis davon.

Ohne Pause, ohne zu sprechen, jeder seinen Gedanken nachhängend, liefen wir bis fünf Uhr. Es war immer noch stockdunkel. Manchmal hatte Yusuf sich von uns entfernt, und der Alte führte. Dann war er plötzlich wieder da. Lautlos. Ohne Kommentar. Und auf einmal hörten wir unerwartet einen Ruf aus der Nähe. »Lä fii!!« Es gibt Wasser!

Es war eine erbärmliche Pfütze. Im Licht der Taschenlampen sahen wir einen Graben, in dem fünf bis zehn Zentimeter Wasser stand. Der Boden war von Kamelen zerstampft. Es wimmelte von Schnecken und Wasserflöhen. Aber wir tranken und tranken. Wir füllten die Säcke und ließen zum Schluß auch die Kamele heran. Doch die nippten nur.

Todeskampf im Schlamm

Das Wiedersehen mit Yayo Ali erwies sich als eine einzige Enttäuschung. Yayo Ali war eine schleimige, aufgeschwemmte Type, die in der aus vier Hütten bestehenden Familiengemeinschaft wie ein Pascha herrschte. Ja, an Klaus konnte er sich erinnern, aber das schien ihm lediglich Anlaß zu sein, uns wie ein Schmarotzer anzugehen. Dies wollte er von uns haben und jenes, er konnte einfach alles gebrauchen, was seine gierigen Blicke sahen, und schon nach der ersten Stunde knurrte Klaus verbissen: »Der denkt wohl, er kann uns jetzt mal so richtig ausnehmen. Laßt uns hier nur so schnell wie möglich verschwinden.«

Als Führer gab uns Yayo Ali einen zufällig anwesenden Händler mit. Ibrahim zog mit einem Tuchballen durch das Land. Die letzten neun Meter des billigen Stoffes nahm ihm Yayo Ali ab, ohne einen Pfennig zu bezahlen. Bezahlen mußten wir das Geschäft, denn Yayo Ali vermittelte uns ja Ibrahim als neuen Führer. Für zehn Bir pro Tag. Ein fürstlicher Preis, und wir wußten natürlich, daß mindestens fünf Bir Tageslohn auf das Konto des Tuchgeschäftes von Yayo Ali anzurechnen waren. Wir protestierten nicht einmal. Wir wollten nur weg.

Unser nächstes Ziel war der Ertale-Vulkan. Wie ein riesiger Maulwurfshügel ragte er an die achthundert Meter hoch aus dieser flachen, von kleinen Vulkanen, Lavageröll und schwefligen Seen zerrissenen Landschaft. Nachts ließ er sich von weither bewundern, dann warf er spielerisch seine Flammen hoch, verbreitete feurigen Regen und malte den Himmel schaurig rot an. Für seinen Film versprach sich Klaus dort eindrucksvolle Aufnahmen.

Die erste Panne verzeichneten wir schon zwei knappe Stunden nach dem Aufbruch. Wir hatten den Afdera-See (Lake Giulietti) erreicht, ein ungemein salziges Gewässer, das sich fünfundzwanzig Kilometer lang und bis vier Kilometer breit in Nord-Süd-Richtung hinzieht. Am Südufer des Sees hatte ein Italiener namens D'Allessandro bis vor kurzem noch Salz gewonnen. Der einzige Europäer weit und breit. Jetzt war er von der Militär-Regierung vertrieben worden. Man sah die verlassenen und allmählich verkommenden Wellblechhütten, ein paar aus dem Boden gerissene Schienen, auf denen eine Lore stand und einen alten Lastwagen, von dem aber auch alles abmontiert war, was irgendwie abzumontieren ging. Und riesige Salzberge.

Yayo Ali hatte uns erzählt, daß der Italiener von den neuen Machthabern beschuldigt worden war, die Steuern nicht gezahlt zu haben. Sie drohten ihm mit dem Gefängnis, wenn er nicht in kürzester Frist eine Riesensumme zu zahlen bereit war.

D'Allessandro blieb glücklicherweise das Gefängnis erspart. Er wurde rechtzeitig von den Afar-Rebellen über die Landesgrenze gebracht.

In der näheren Umgebung des Sees gibt es unzählige heiße Quellen. Die Wassertemperaturen sind höher als in einer Badewanne. Horst maß einmal siebenundvierzig Grad. Trotzdem wimmelte es in den Tümpeln von kleinen, blau-grünen Fischen. Es handelte sich um Buntbarsche (Cichlidae Danakilia Francchetti).

Unser Marsch ging flott und zügig voran. Das Gelände am Ufer war eben wie ein Brett. Millionen kleiner Muscheln, aber auch Korallenreste aus grauer Vorzeit, als hier noch das Meer gestanden hatte, bedeckten den Boden. Die Regenzeit hatte Rinnen und Gräben in den Boden gezogen. In diesen Rinnen war noch bis vor kurzem Wasser gewesen. Nun war es getrocknet, die Oberfläche verkrustet. Trügerisch. Darunter lauerte ein tödlicher, heißer, zäher Salzschlamm. Nur allzu leicht konnte man einbrechen und im Schlamm versinken.

Natürlich waren vor allem die Kamele gefährdet. Wer so an die vier bis fünf Zentner Eigengewicht auf die Waage bringt und dazu noch zwei gute Zentner an Ausrüstung zu schleppen hat, für den ist fester Untergrund geradezu eine Notwendigkeit. Logisch? – Logisch!

Ibrahim, unser Tuchhändler ohne Tuch, hatte es auf dieser kritischen Strecke übernommen, die Tiere zu leiten. Eigentlich war ja das Führen der Tiere generell sein Job, doch meist übernahmen wir die Seile, um schneller voranzukommen. Ibrahims Entgegenkommen hätte uns eigentlich schon auf den Ernst der Situation aufmerksam machen müssen. Doch wir nahmen es anfangs mehr von der komischen Seite. Wirklich, es sah schon recht merkwürdig aus, wie der Afar da vorsichtig Schritt für Schritt setzte, wie er mit einem langen Stock den Boden vor sich abtastete, gerade so, als würde ein Bergsteiger über ein tückisches Schneefeld wandern.

Wir machten unsere Witzchen über Ibrahim, forderten ihn immer wieder auf, die Abkürzungen zu nehmen und dort zu laufen, wo Klaus uns etwa fünfhundert Meter voranging. Denn für unsere Füße, für unser Gewicht, war der Grund wie harter Asphalt. Wir lachten auch dann noch, als das Leitkamel plötzlich mit dem rechten Bein bis zum Knie einbrach und im Schlamm steckte. Der Zwischenfall schien uns ein netter Spaß zu sein, eine willkommene Abwechslung. An eine bedrohliche Situation dachte niemand. Doch das änderte sich von einer Sekunde zur anderen. Das Tier reagierte überhastet. Bei dem Versuch sich zu befreien, sackte es mit dem zweiten Vorderbein ebenfalls ein. Und nun mußte man unseren Ibrahim sehen! Statt das verängstigte Tier zu beruhigen, statt die Übersicht zu behalten, verlor er nun ebenfalls den Kopf. Hysterisch schreiend warf er sich auf die Erde, trommelte mit beiden Fäusten auf den Boden und flehte mit weinerlicher Stimme Allah an, uns seine göttliche Gnade nicht zu entziehen und uns das wertvolle Tier zu erhalten.

Derweil wühlte sich das Kamel immer tiefer in den Schlamm. Ehe wir selbst eingreifen konnten, steckte es bereits bis zum Bauch in dem schmutzigen, morastigen Sirup. Das zweite Tier, das mit seinem Leitseil am Schwanz des ersten festgebunden war, stemmte sich mit beiden Vorderläufen fest in den Boden und drängte zurück.

Horst schaltete als erster. Er riß das Messer aus der Scheide, kappte das Seil und ich schnitt im selben Augenblick auch die Tragegurte des eingesunkenen Tiere durch. Unser Gepäck purzelte auf den Boden. Das Dromedar war um zwei Zentner leichter. »Los!«, rief Horst, »schmeiß das Zeug an die Seite. Je schwerer das Tier ist, um so tiefer sackt es ein. Nun mach doch schon.« Ich hätte nie geglaubt, wie entsetzlich ein um sein Leben kämpfendes Tier schreien kann. Jetzt hörte ich es. Und ich erinnerte mich plötzlich, wie mein Großvater einmal von seinen Kriegserlebnissen erzählt hatte. Von verwundeten Pferden hatte er uns erzählt, die auf den Schlachtfeldern lagen und mit ihren Schreien die Soldaten in den Gräben verrückt machten. Daran mußte ich denken.

Das Kamel schrie ohne Unterlaß. Verzweifelt versuchte es sich zu befreien, wühlte sich dabei aber nur noch tiefer in den Schlamm ein. In seiner Todesangst erbrach es grünen, penetrant stinkenden Mageninhalt.

Klaus hatten wir mit einer Rakete zurücksignalisiert. Er kam gelaufen, was das Zeug hielt. Wir drei schaufelten wie die Wilden. Mit bloßen Händen wühlten wir im Schlamm, versuchten auf diese mühselige Weise das Tier auszugraben. Die Kleidung hatten wir uns vom Körper gerissen und im hohen Bogen aufs »Festland« geworfen. Wir fürchteten, daß der ätzende Salzschlamm sie zerstören würde. Ich verfluchte den Augenblick, als wir vor einigen Wochen unsere beiden

Spaten verschenkt hatten. Wir glaubten, wir hätten sie nicht mehr nötig!

»So schaffen wir es nicht«, keuchte ich. »Wir sollten probieren, das Tier auf die Seite zu legen. Vielleicht können wir es auf festen Untergrund schieben?«

Klaus hatte eine andere Idee. Eilig holte er das lange Bergsteigerseil, schlang es dem Kamel um die Vorderläufe, befestigte das andere Ende am Tragegurt des freien Tieres und versuchte, es anzutreiben. Doch vergeblich. Sobald das Seil sich spannte und es Druck verspürte, weigerte es sich, auch nur einen Schritt zu machen. Schließlich legte es sich einfach hin. Da halfen weder gutes Zureden noch wildes Gefluche. Ein Kamel nimmt es an Eigensinn mit jedem Esel auf. Da wir uns zu viert mehr im Wege standen als nutzten, beschränkte sich Klaus auf's Filmen. Ibrahim nahm das verständnislos und schimpfend zur Kenntnis. Das eingesunkene Tier hatte sich allmählich verausgabt. Die Schreie gingen in ein Röcheln über, es kämpfte auch nicht mehr gegen den Schlamm, der es eisern festhielt. Still und ergeben lag es da, den Hals vorgestreckt, die Zunge raus, die Augen dick hervorgequollen. Das ist das Ende, dachten wir. Wir müssen alles dransetzen, das Tier zu befreien. Sonst können wir unsere Filmausrüstung hier liegenlassen, und ihm gnädig die Kehle durchschneiden.

Doch die Apathie des Tieres, sie war unsere Chance. Jetzt konnten wir ihm endlich mehrere Seile um den Leib legen, es wehrte sich nicht mehr gegen unsere Bemühungen. Einzeln gruben wir die Beine aus dem heißen Morast. Wie Anker steckten sie darin. Sobald wir ein Gliedmaß befreit hatten, knickten wir den Unterschenkel ein, und banden ihn an den Oberschenkel, damit es sich nicht wieder einstampfen konnte. Auch als wir uns dann davorspannten, als wir mit aller Macht zogen, leistete das Tier keinen Widerstand. Es war eine Knochenmühle. Wir zogen und zerrten wie die Verrückten. Auch Ibrahim schuftete wie ein Bagger. Man merkte, wie peinlich ihm dieser Vorfall war. Die Erfolge waren nur in Zentimetern meßbar, aber auch Zentimeter summieren sich. Ich weiß nicht genau, wieviel Zeit verging, es waren jedenfalls mehr als zwei Stunden. Aber dann hatten wir es geschafft. Der Schweiß und der Schlamm hatten sich zu einer salzigen Kruste vermischt. Wir waren von Kopf bis Fuß eingeschlos-

sen. In den vielen kleinen Wunden und Schrammen brannte das Salz wie Feuer.
Endlich! In den letzten entscheidenden Augenblicken schien auch das Kamel zu kapieren, daß wir ihm helfen wollten. Machte es sich nicht leichter? Seine Beine bekamen plötzlich festen Grund zu spüren, es konnte sich abstemmen, der schwere Körper schob sich uns entgegen. So schnell es begonnen hatte, so schnell war es auch wieder zu Ende. Wir kappten die Seile und mit einem Mal stand das Kamel wieder neben uns. Ein graues, über und über mit Schlamm bedecktes Dromedar.
Wir brüllten, schlugen uns gegenseitig die Schultern wund und tanzten einen wilden Indianertanz. Das Tier dagegen stand stocksteif. Es bewegte sich keinen Zentimeter vor noch zurück und zitterte erbärmlich. Ibrahim tätschelte den Hals, die Nüstern und flüsterte dem Kamel beruhigende Worte in das Ohr. Wir umarmten Ibrahim und uns, doch es dauerte mindestens eine halbe Stunde, ehe das Kamel den Schock überwunden hatte und sich dann zentimeterweise dem Festboden entgegentastete. Dorthin, wo das andere Kamel still gewartet hatte.

Durst

Wieder mal Angst! Bedrückende, quälende, verfluchte Angst! Sie liegt wie ein Felsbrocken auf der Brust, dein Herz flattert wie ein gefangener Vogel, jemand schnürt dir die Kehle zusammen und den Magen auch, deine Beine sind aus Blei, und die Gedanken haben sich rettungslos in einem Irrgarten verlaufen. Da hattest du gemeint, allmählich alles gelassener zu nehmen, aber es ist immer wieder dasselbe.
Du weißt, daß das Leben auf dem Spiel steht. Nicht irgendein Leben, deines! Manchmal geht man verdammt leichtfertig mit ihm um, tut so, als sei es gar nichts Besonderes. Doch wenn es dann wirklich darauf ankommt, dann hängt man plötzlich mit jeder Faser dran, möchte es um nichts in der Welt verlieren. Dieses kostbare, belämmerte, herrliche Scheiß-Leben.
Ich lag in der Felsspalte und hatte Angst. Die Felsspalte war etwa einen Meter hoch und vier Meter lang. Klaus und Horst hatten sie mit

unseren Folien ausgelegt, die gesamte Ausrüstung war tief am Ende der Spalte verstaut worden. Sie hatten mir auf die Schulter geschlagen, »Mach's gut« gerufen und »Laß dir die Zeit nicht lang werden«, und dann waren sie mit Ibrahim verschwunden.
Das war morgens um sieben Uhr gewesen. Ich hatte mir ausgerechnet, daß sie abends wieder zurück sein müßten. Wenn alles gut ging! Wenn sie nun aber die Wasserstelle nicht gleich gefunden haben? Wenn es nun dort gar kein Wasser mehr gab? Wenn sie nun unterwegs überfallen wurden? Wenn sie sich vielleicht verirrten? Tausendmal »Wenn«.
Der Abend war längst von der Nacht eingeholt worden. Kein Klaus war gekommen, kein Horst. Ich lag in der Ritze, ich konnte mich schlecht bewegen, bei jedem Herumdrehen schmerzte der verletzte Fuß. Die Hitze hatte kaum nachgelassen, noch immer lag sie wie eine schwere Decke über dem Land. Die Lippen waren aufgesprungen, die Zunge war ein unbeweglicher Kloß.
Ich hatte noch einen knappen Viertelliter Wasser. Ich wußte, daß ich hier verdursten mußte, wenn Klaus und Horst nicht bald zurückkamen. Verdursten in dieser elenden Felsspalte, einsam und verlassen von Gott und der Welt.
Ein Viertelliter Wasser! Wie weit kann man wohl einen Viertelliter Wasser strecken? Bei Temperaturen um die dreißig Grad in der Nacht und über fünfzig tagsüber? Überhaupt nicht.
Mein Fuß tat höllisch weh. Ich starrte in den Felsen über mir und lauschte auf jedes Geräusch, das mir Klaus und Horst ankündigen könnte. Von Zeit zu Zeit drang das Kichern einer Hyäne zu mir, und ich versuchte, den Gedanken nicht aufkommen zu lassen, der sich in allen Einzelheiten ausmalen wollte, wie es denn wäre, wenn so ein Tier mich hier wehrlos finden würde. Bevor mich wieder ein mehr oder weniger langer Schlaf gnädig den Durst vergessen ließ, bevor dann vielleicht eine Hyäne zu mir hereinkam, kroch ich zum Gepäck und baute mir von den Aluminiumkoffern und Packsäcken eine feste Burg. Das Dach bildeten die Sattelstangen und die schweren Instrumentenkisten. Dahinein verkroch ich mich und verbarrikadierte den schmalen Einschlupf. Mein Kurzschwert, die Gille, und meinen Dolch hatte ich griffbereit neben mich in den Sand gesteckt.
Ein Viertelliter Wasser. Vorsichtig netzte ich meine aufgesprungenen

Lippen mit dem kostbaren Naß. Etwas Fettcreme gab weitere Linderung. Die Versuchung, alles mit einem Schluck hinunterzustürzen, die Creme aufzuessen, war riesengroß. »Trink doch«, flüsterte mir jemand aus der Dunkelheit zu, »trink doch! Die beiden werden schon gleich kommen. Was soll schon passieren? Sie haben doch gesagt, daß sie kommen werden. Nun mach schon, trink, trink, trink!«

Ich trank. Und sog den letzten und allerletzten Tropfen aus der Feldflasche.

Als ich den Kopf zur Seite drehte, huschte ein winziger grauer Blitz durch mein Blickfeld. Angestrengt versuchte ich ihn mit den Augen auszumachen. Schließlich gelang es: eine Maus, eine kleine Maus sauste geschäftig in dem Felsgestein hin und her.

Wie kommt bloß dieses Tier hierher, überlegte ich. Wo mag es in dieser gottverdammten Gegend überhaupt genug Nahrung finden, um sein bißchen Leben fristen zu können?

Ich schaute auf meine Uhr. Eine knappe halbe Stunde nach Mitternacht. Die Zeit schien zu schleichen. Ich schlief wieder ein. Mit vor Durst gequollener Zunge, nicht mehr fähig zu schlucken. Später würgte ich die Fettcreme hinunter, um irgendwie Elastizität in das ausgedörrte Gewebe zu bekommen.

Mein Blut, das wußte ich aus Studien bei meinem Überlebenstraining, hatte jetzt einen großen Prozentsatz Wasser verloren. Es war dickflüssig geworden. Die Angst tat ihr übriges.

Zwei Tage nach dem Kamelunfall hatte es nun also mich getroffen. Doch diesmal war es nicht das Salz, das den Unfall verursachte. Diesmal war es das dunkle Lavagestein im Mondlicht. Schatten und Steine verwirrten den Fuß. Dazu kam die Müdigkeit eines wassersparenden Nachtmarsches. Jedenfalls knickte mir plötzlich der Fuß weg. Tausend Messer jagten mir durch den Knöchel, ich schrie auf, und dachte im nächsten Augenblick: Aus! Alles aus! Fuß gebrochen, ganz sicher ist der gebrochen.

Horst tastete den Fuß ab. Man konnte förmlich zusehen, wie der Knöchel anschwoll. »Versuch mal, ob du das Gelenk bewegen kannst«, befahl er.

Ich biß die Zähne zusammen, drehte das Fußgelenk. Es ging, unter wahnsinnigen Schmerzen. Ich konnte den Fuß bewegen. Ob er doch nicht gebrochen war?

Horst legte mir einen festen Verband an. Doch als ich dann die ersten Gehversuche machte, brach ich nach wenigen Schritten wieder zusammen.
»Verdammt! Es hat keinen Zweck!«
Klaus war wieder einmal der kühlste von uns. »Wir werden hier lagern«, ordnete er nach kurzem Überlegen an. »Mal sehen, wie dein Fuß morgen früh aussieht. Wenn es dann immer noch nicht besser ist, dann müssen wir eben einiges von unserer Ausrüstung aussortieren und du mußt reiten.«
Schöne Aussichten! Mit einem verletzten Fuß auf einem Lastenkamel, das Reiter nicht gewohnt ist, und dann womöglich stundenlang in diesem langen, schaukelnden Paßgang! Nein, da fielen mir beim ersten flüchtigen Nachdenken eine Menge Dinge ein, die angenehmer zu ertragen sind.
Doch da war noch etwas, und das konnte man schon nicht mehr mit so Wörtchen wie »angenehm« oder »unangenehm« umreißen. Unser Trinkwasservorrat ging zur Neige. Wir hatten höchstens noch sechs Liter im Schlauch. Und Ibrahim hatte erklärt, daß wir bis zur nächsten Wasserstelle noch etwa sechs Stunden stramm marschieren müßten. Normalerweise reichte das. Also keine Gefahr. Ich lebte wieder auf. Sechs Stunden doch nur, redete ich mir ein. Das mußte doch zu schaffen sein, selbst wenn mein Fuß nicht besser sein sollte, und ich morgen auf diesem verflixten Kamel reiten mußte.
Es wurde ein klägliches Camp. Kein Feuerholz, kein Feuer, keinen Tee. Nur kalte rohe Haferflocken mit Zucker, und braunes Wasser mit hunderten von Wasserflöhen. Ibrahim hatte gar nichts zu essen außer Trockenfleisch. Ich schob ihm meine Haferflocken rüber und eine Handvoll Datteln. Appetit hatte ich keinen.
Wir kamen überein, nur fünf, sechs Stunden zu schlafen, um dann gegen vier in der Frühe weiterzugehen. Wir wollten nicht in die Tageshitze geraten.
Ibrahim band den Kamelen die Vorderbeine und ließ sie die spärlichen Grashalme abknabbern, die zwischen der düsteren Lava sprossen.
Als meine Freunde mich weckten, war mein Fuß nicht besser. Jedenfalls nicht so, daß ich marschieren konnte. Schlimm. Viel schlimmer aber war das andere:

Unsere Kamele waren wieder weg. Einfach weg, als hätten sie sich in Luft aufgelöst. Ibrahim schwor Stein und Bein, daß er sie, wie jeden Abend, ordentlich zusammengebunden hatte, und er konnte sich das alles einfach nicht erklären. Doch was sollte es auch? Warum noch lange herumrätseln – die Kamele waren verschwunden.
Wie ein Spürhund zog Ibrahim mit einer Taschenlampe los, um die Fährte aufzunehmen. Es war hoffnungslos. Es blieb uns nichts anderes übrig, als uns wieder hinzulegen und das Tageslicht abzuwarten. Pünktlich um halb sieben stand Ibrahim auf einem Hügel und spähte in die buckelige Umgebung. Er war nervös. So sehr seine Argusaugen auch spähten, röntgten und bohrten – die Kamele blieben verschwunden. Und wir waren sechs Stunden von der nächsten Wasserstelle entfernt, hatten jetzt noch knapp vier Liter Wasser. In kurzer Zeit würde das Thermometer wieder an die fünfzig Grad anzeigen.
»Wir wollen mal ganz kühl überlegen«, meinte Klaus in seiner ruhigen Art. »Wenn wir jetzt nach den Kamelen suchen, dann können darüber Stunden vergehen. Das schaffen wir nicht mit unserem bißchen Wasser. Wenn wir loslaufen und dich schleppen, dann brauchen wir bis zur Wasserstelle mindestens drei- bis viermal so lange. Das schaffen wir auch nicht.«
Weiter sagte er nichts. Brauchte er auch nicht. Ich konnte mir den Rest selbst recht gut zusammenreimen. Ich hätte nicht anders entschieden.
»Du meinst also, ich soll zurückbleiben.« Ich versuchte ganz gelassen zu antworten. Meine Stimme klang aber dennoch merkwürdig tonlos.
Klaus versuchte mich zu beruhigen. »Die Geschichte ist ganz einfach«, rechnete er, »sechs Stunden, hat Ibrahim gesagt, sechs Stunden bis zur Wasserstelle. Trinken. Schläuche füllen, vielleicht eine Stunde ausruhen, sechs Stunden zurück. Wir können also abends wieder bei dir sein. Du behältst zwei Liter Wasser hier. Wenn du damit ein wenig sparsam umgehst und schön im Schatten bleibst, dann solltest du zurechtkommen. Und wenn wir zurück sind, dann suchen wir die blöden Tiere.«
Natürlich hatte Klaus recht. Aber Rechthaben ist die eine Seite – allein in einer gottverdammten Gegend zurückbleiben zu müssen, mit

einem Fuß, der bei der geringsten Belastung schmerzt, das ist die andere Seite.

Ich tat so, als machte ich mir gar keine weiteren Gedanken. Ich versuchte sogar noch zu scherzen. Nur nicht merken lassen, wie es in mir aussah.

Sie hatten mir dann ein Lager in der Felsspalte zurechtgemacht, hatten die ganze Ausrüstung darin verstaut und mir auch noch ihre beiden Signalraketen zurückgelassen. Vielleicht hätten sie das lieber nicht tun sollen, denn mehr als alles andere bewies es mir, daß auch Klaus sich seiner Sache nicht so ganz sicher war. Auf dem nächsten Hügel setzten sie eine Flagge aus Sattelstäben und einem Hemd. Der einzig leuchtende Fleck im dunklen Lavaschwarz. »Macht mir alle tausend Meter ein deutliches Zeichen«, rief ich noch hinterher. Dann tippelten sie los.

Und nun lag ich hier. Starrte die Felswände an. Beobachtete eine Maus. War mit meinen Gedanken allein. Der letzte Viertelliter Wasser war verbraucht. Der Abend war schon lange vorbei. Mitternacht war vorbei. Und Klaus und Horst waren noch immer nicht zurück.

Angst! Sie kam in Wellen, immer dichter, immer heftiger. Kicherte da nicht wieder die Hyäne? War das nicht schon viel näher? Was war das für ein Schatten, der vor der Höhle stand? Schlich da nicht jemand herum? Meine Augen bohrten sich in die Dunkelheit. Die rechte Hand umklammerte den Dolch, die linke die Rakete.

Irgendwann muß ich dann doch wieder eingeschlafen sein. Ich träumte von zu Haus. Ich sah meinen Backstubenleiter Rudolf Gutzki und seine ›rechte Hand‹, Ilse Kaun. Sie tuschelten etwas miteinander. Noch vor meiner Abreise hatte ich einen Nachbarladen gekauft und mich auf diese Weise vergrößern können. Seitdem backten wir nicht nur Kuchen, sondern auch Brötchen, in herrlichen rundum gekachelten Arbeitsräumen. Mein Mitarbeiterstamm zählte mittlerweile dreißig Seelen; die äußerste Grenze, bevor das Verhältnis zwischen Chef und Mitarbeitern unpersönlich, anonym wird.

Wenn ich zurückkehrte, wollte ich die trennende Kellerwand einreißen lassen, die beiden Trakte verbinden und das Lager vergrößern. Nun träumte ich, daß meine treuen Mannen das bereits erledigten. Sie wollten mich überraschen. Gutzki schlug wie ein olympiaverdächtiger Hammerwerfer auf die wehrlosen Kellerwandsteine ein, Ilse

Kaun eimerte den Bauschutt nach draußen in den Container. Und die restliche Mannschaft wühlte in der Backstube, um das tägliche Programm zu schaffen.
Plötzlich zischte es, Wasser spritzte Gutzki ins Gesicht. Er schrie: »Volltreffer! Wasserrohr getroffen. Raus, sonst saufen wir ab«, und sauste die Treppe rauf. Das Wasser füllte wie eine Sturmflut den Keller und drückte sich die Treppe hoch. Oben stand Maggy, mein Weib, und jammerte: »Meine schönen Schokoladen-Eier. Jetzt sind sie alle im Eimer.« Demnach war bei denen Ostersaison. Realistischer Traum also.
Sie drängten aus der Backstube ins Freie. Alle pitschnaß. Pitschnaß? Pitschnaß!
Herrgott, das war ja gar kein Traum mehr! Das war ja Wirklichkeit. Klaus kniete an meiner Seite, er hatte mir den Ziegensack an den Mund gesetzt und ließ das Wasser einfach so fließen. Ich schluckte gierig. Das Wasser floß mir über das Gesicht, in den Hals, es sammelte sich unter mir in einer schnell anwachsenden Pfütze. Es störte mich nicht.
Dann merkte ich, daß sich jemand an meinem Fuß zu schaffen machte. Horst. Er legte gerade einen feuchten Verband an, der wunderbar kühlte. Erst jetzt bemerkte ich auch einige andere Männer, die um uns herum standen, mich neugierig betrachteten und fröhlich miteinander sprachen. Es war vier Uhr morgens.
Nur ein kurzer Augenblick, dann konnte ich wieder klar sprechen. Wieviel hatten sie bloß in mich hineingeschüttet? Jetzt kam es mir durch die Poren wieder raus. Die Zunge wurde elastisch, das Blut flüssig. Ich funktionierte wieder. Ich hätte vor Freude heulen mögen.
»Warum seid ihr erst jetzt gekommen?«
»Tja, das war so«, erklärte Klaus. »Genau sechs Stunden sind wir gelaufen. Ohne Pause. Trotz der Hitze waren wir um dreizehn Uhr da. Wir waren echt geschafft. Ein Afar, der an dem Brunnen seine Tiere tränkte, bat uns in den Schatten einer Doum-Palme, brachte uns Wasser. Wir schliefen sofort ein. Um fünfzehn Uhr wollten wir zurück. Aber Ibrahim bedeutete uns zu warten. Gegen Abend erst, als wir schon regelrecht mit ihm tobten, kam ein älterer Mann. Er führte einen Esel bei sich und hatte vier Wasserschläuche geladen. Wir gin-

gen sofort los. Aber du weißt ja, wie das ist. In der Dunkelheit geht alles um einiges langsamer. Gegen Mitternacht machten wir sogar Rast, weil der Esel streikte. Übrigens, das hier ist Gamal, der Mann mit dem Esel.«

Er wies auf den hochgewachsenen älteren Afar neben sich, der mich freundlich anlächelte. »Gamal gehört zu einer der Familien, die in der Nähe der Wasserstelle wohnen. Er ist ein Spezialist im Fährtenlesen. Deshalb ist er hier. Sobald der Tag anbricht, wird er sich auf die Spur unserer Tiere setzen. Die anderen Männer haben wir unterwegs getroffen. Sie gehören einer Karawane an, die flüssige Butter nach Assab transportiert.«

Draußen vor der Höhle knisterte mittlerweile ein mächtiges Feuer. Das Holz hatten sie mitgebracht. weil es hier keines gab. Ich sah, wie einige Männer faustgroße Steine sammelten und sie in die Glut legten; in der Zwischenzeit hatte ein anderer Mann eine große rohe Kuhhaut ausgebreitet. Aus einem Ziegensack klatschte er gegorenen Sauerteig auf die Haut, mischte Mehl drunter, Salz, und formte den Teig zu Kugeln. Mit der Faust wurde ein Loch in den Teigball gestoßen, dann angelten sie mit einer Astgabel einen heißen Stein aus der Glut und drückten ihn in das vorgeformte Loch. Die Kugel wurde geschlossen und das ganze neben das Feuer gelegt. Auf diese Art wurde das Brot gleichmäßig von innen und außen gebacken. Mir lief das Wasser im Mund zusammen.

Mit einer kargen Handbewegung lud uns der Führer der Karawane ein, mit ihm und seinen Kameraden zu essen. Zu dem knusprigen Brot wurden Schüsseln mit flüssiger Butter gereicht. Ich habe in meinem ganzen Leben noch nie etwas gegessen, das mir so herrlich schmeckte. Aus Dankbarkeit und vor Freude über das neue Rezept, vielleicht produziere ich solche Karawanenbrote 'mal in meinem Betrieb, schenkte ich dem Anführer einen ausgedienten Aluminiumtopf.

Noch vor Sonnenaufgang zog die Karawane weiter. Horst und Gamal machten sich zur gleichen Zeit auf, die Kamele aufzuspüren, während Klaus und Ibrahim bei mir blieben. Alle halbe Stunde erneuerte Klaus den kühlenden Verband. Die Schwellung wich sichtlich zurück, und auch die Schmerzen ließen nach. Offensichtlich war nichts gebrochen.

Am späten Nachmittag kamen die beiden zurück. Gamal führte die Kamele, und er tat so, als sei es die selbstverständlichste Sache der Welt, zwei verlorengegangene Tiere nach zwei Tagen in einem riesigen Gebiet wiederzufinden.
»Es war phantastisch, den Mann zu beobachten«, schwärmte uns Horst vor. »Zuerst schien es ja recht einfach zu sein, solange wir noch Spuren sahen. Auf dem steinigen Boden aber verloren sich die bald. Gamal muß sich dann so richtig in die Tiere reinversetzt haben, etwa nach dem Muster: Wo würdest du jetzt langgehen, wenn du das Kamel wärst? Überall fand er Anhaltspunkte. Anhaltspunkte, die wir überhaupt nicht beachtet hätten. Mal war es ein wenig Kot, den er aufbrach, um errechnen zu können, wie weit die Kamele noch vor uns waren, dann wieder war es eine Faser von der Fessel, mit der wir die Tiere angehobbelt hatten, es war ein Sohlenabdruck in einer Sandwehe, oder ein Zweig, der abgefressen war. Und schließlich bestieg er einen kleinen Hügel, sah angestrengt in die Ferne, winkte mir zu und deutete aufgeregt nach vorn. Da sollten sich wohl die Kamele befinden, soviel konnte ich aus seinen Gesten entnehmen – nur: ich sah nichts. Absolut nichts. Statt nun hinzulaufen und sie zu fangen, haute er sich in einen Felsschatten und kochte Kaffee. Da staunt ihr, was? In seinem Gewand hatte er eine tassengroße Pfanne. Damit röstete er die Bohnen. In einer anderen Falte seiner Klamotten hatte er einen winzigen Mörser, und als Stößel benutzte er seinen Wanderstab. Er braute einen göttlichen Trunk. Den Kamelen widmete er keinen einzigen Blick mehr. Ich sah sie immer noch nicht. Erst als wir dann etwa eine weitere halbe Stunde in die angedeutete Richtung marschiert waren, bemerkte ich die beiden Punkte am Horizont, die schnell größer wurden. Unsere Kamele.«
Horst lachte uns an und zeigte auf Gamal.
»Ehrlich, der Junge hat 'ne Mark extra verdient!«

Ausgeraubt am Höllenloch

Wir wußten, daß es bis zur Spitze des Vulkans an die zwanzig, fünfundzwanzig Kilometer sein mußten. Ein Tagesausflug, mehr nicht. Allerdings wollte uns keiner unserer freundlichen Gastgeber begleiten, nicht um Geld und gute Worte. Selbst Gamal, unser Freund Gamal, der die Kamele aufgespürt und uns in seine Siedlung gebracht hatte, und Ibrahim, der Großverdiener, selbst sie lehnten es entschieden ab, als wir sie baten, uns auf den Vulkan zu führen.

Dort oben hause der Teufel, machte Gamal uns mit allen Zeichen des Grauens deutlich. Alle Menschen hier hätten große Angst vor diesem feuerspeienden Berg. Und wir würden niemanden finden, der uns zur Spitze bringen würde. »Es ist der Eingang zur Hölle. Dieser Mann hier«, und er wies auf einen der Umstehenden, »hat den Teufel schon selbst ein- und ausfahren sehen. Es ist schrecklich. Geht nicht!«

Aus der mit üppigem Gras bewachsenen Ebene hob sich der grauschwarze Fels des Berges wie eine drohende Faust heraus. Unvermittelt. Ohne Übergang. Den Gipfel zierte meist eine schlanke Rauchfahne, die manchmal von roten Feuerzungen illuminiert wurde. Nachts sah man den Kraterrand geheimnisvoll aufglühen, und manchmal rollte dumpfes Grollen durch die Erde. Vor noch nicht allzu langer Zeit muß es hier einen größeren Ausbruch gegeben haben. Es lagen Lavaflächen vor uns ohne einen Grashalm darauf, wie gerade erstarrt.

Wir waren jetzt schon zwei Tage in der kleinen Siedlung unterhalb des Vulkans. Mein Fuß hatte sich prächtig erholt, und Klaus drängte es auf den Berg. Verständlich, denn in seinem Film sollte dieser Vulkan natürlich nicht fehlen.

Aber ohne Führer? Ich mußte wieder einmal an Giselas Warnung denken: »Geht in der Danakil-Wüste keine fünfhundert Meter ohne Begleitung. Ihr geltet sofort als vogelfrei!«

Am Nachmittag des zweiten Tages brachen wir dennoch auf. Wir wollten die nächtliche Kühle nutzen und am Mittag des nächsten Tages zurück sein. Gamal hatte noch einmal alles versucht, uns zurückzuhalten. Vergebens. »Du wirst sehen, der Teufel tut uns nichts«, spottete ich zum Abschied leichthin. »Morgen Mittag sind wir wieder zurück.«

Der Weg, der uns an den Berg heranführte, war überraschend gut. Wir waren etwa zwei Stunden marschiert, als vor uns zwei Männer auftauchten, die mit ihren Kamelen in die gleiche Richtung zogen.

»Legen wir einen Zahn zu«, schlug ich vor. »Dann haben wir doch gleich Begleitung.«

Der eine der Männer mochte zwanzig, der andere dreißig Jahre alt sein. Beide waren mit Gewehren bewaffnet, und sie schienen über uns gar nicht froh zu sein. Unser »Salaam alekum« erwiderten sie ziemlich unfreundlich mit dem gemurmelten Gegengruß »Wa alekum salaam«. Nach einer Weile gespannten Schweigens erkundigte sich der Ältere mürrisch bei mir, woher wir kämen und wohin wir wollten. Er sprach Arabisch und nahm mit kaum verhehltem Mißtrauen zur Kenntnis, daß Klaus und ich Muslims seien. Als er hörte, daß wir den Vulkan besteigen wollten, schüttelte er nur den Kopf. Das schien ihm ebenso verrückt, wie die Tatsache, daß wir keinen Afar bei uns hatten.

Eine halbe Stunde verging. Das Gespräch war ziemlich eingeschlafen. Erst als mich Klaus anstieß, merkte ich, daß der Ältere der beiden Afars zurückgeblieben war. Plötzlich wies Klaus nach hinten:

»Du, da kommen noch zwei!«

Richtig. Zwei Männer folgten uns in schnellem Tempo. Gleich hatten sie den Älteren unserer Begleiter erreicht. Sie schienen sich zu kennen. Hastig sprachen sie aufeinander ein, und ich sah, daß sie immer wieder auf uns deuteten.

Dann waren sie heran. Die beiden Neuen begegneten uns noch um einige Grade unfreundlicher. Es gab keinen Gruß, es gab nur finstere Blicke, die uns abtasteten. Sie setzten sich sofort an die Spitze der Kolonne. Auch sie trugen Gewehre.

»Na, da bin ich mal gespannt, was das werden soll«, murmelte Klaus skeptisch.

Er mußte nicht lange warten. Nach einigen Minuten drängte sich der Ältere unserer bisherigen Begleiter dicht an mich heran und forderte in barschem Ton Medikamente. Sein ganzes Benehmen hatte sich verändert, die Zurückhaltung war in dreiste Frechheit umgeschlagen. Und als ich ihm sagte, wir hätten keine Medikamente dabei, schrie er mich böse an:

»Du lügst!« Er überlegte einen Moment. »Dann gib mir Geld!« Ich schüttelte nur den Kopf. Er sah mich an: »Hast wohl auch kein Geld! Aber ich hab' Geld. Da, schau her!«

Herausfordernd öffnete er seinen Burnus und zeigte mir einen silberbeschlagenen Gürtel, an dessen Innenseite eine Tasche angebracht war. Sie war reich gefüllt.

Klaus stieß mich besorgt an. Das war unnötig, denn mir war schon längst nicht mehr wohl in meiner Haut. Freiwillig zeigt ein Afar normalerweise sein Geld nicht. Eher könnte man ihn totschlagen.
Aus dem Augenwinkel heraus sah ich, daß die drei anderen die Szene gespannt beobachteten. Es war ganz offensichtlich: sie suchten Streit. Der Ältere kam noch dichter an mich heran. Ich spürte seinen Atem im Gesicht und seine Hand, die mich abzutasten begann. Dabei zischte er zornig:
»Geld! Ich will Geld!«
Ich überlegte keine Sekunde. Energisch stieß ich ihn zurück und schrie ihn an:
»Scher dich weg! Ich habe kein Geld!«
Er hatte wohl nicht mit einer so scharfen Reaktion gerechnet. Für einen Moment ließ er mich zufrieden, doch nicht lange. Schon begann er wieder zu höhnen:
»Muslims wollt ihr sein? Daß ich nicht lache! Wie heißt denn dein Vater? Verfluchte Ungläubige seid ihr! Wenn ihr euer Maul aufmacht, dann lügt ihr!«
»Laß uns zurückbleiben«, schlug ich vor. »Das geht hier sonst nicht gut aus. Der will uns doch nur provozieren.«
Wir verlangsamten unser Tempo. Im Nu lagen zwischen uns und den Afars ein paar hundert Meter. Das Gelände hatte sich verändert. Neben uns erhoben sich nackte, zehn Meter hohe Lavawände wie Korallenriffe. Der Boden war jedoch sandig, mit Gras und Büschen gesprenkelt.
»Du, ich seh' die vier nicht mehr«, warnte uns Horst. Tatsächlich. Eben war die Kolonne noch deutlich sichtbar vor uns gewesen. Sie mußten sich in Luft aufgelöst haben. Angestrengt starrten wir nach vorn. In diesem Moment schrie Klaus: »Achtung, da kommen sie!«
Fast zur gleichen Sekunde sah ich sie auch. Zwischen den Steinen huschten sie heran, jede Möglichkeit der Deckung ausnutzend. Sie hatten sich in einem weiten Halbkreis formiert, so daß uns kein Fluchtweg blieb.
Ich bin ein gebranntes Kind. Ich hatte erlebt, wie mein Freund Michael Teichmann bei einem Überfall äthiopischer Eingeborener am Blauen Nil erschossen wurde. Es war eine ähnliche Situation gewesen. Klaus war kalt wie ein Eisberg. »Stehenbleiben!« befahl er

scharf. »Keine schnellen Bewegungen. Sie werden nicht schießen, wenn wir uns nicht wehren!«

»Na, darauf verlaß dich man«, murmelte ich.

Der Wortführer der vier war jetzt auf etwa fünfundzwanzig Meter herangekommen. Er stand halbgedeckt hinter einem Stein, seine Gefährten lagen mit schußbereiten Gewehren neben ihm.

»Abdallah!«, schrie er mit sich überschlagender Stimme, »Abdallah, komm her!«

Er rief mich mit meinem muslimischen Namen. Ich hatte vorhin gedolmetscht, ich hatte seine Forderung nach Geld abgelehnt und ihn zurückgestoßen, als er mich durchsuchen wollte – vermutlich richtete sich nun sein ganzer Zorn gegen mich. Ich wich zunächst instinktiv zurück. Nur sieben Kilometer entfernt lag das Dorf. Sollten wir einfach kopflos flüchten? Aber dann würden sie zwischenzeitlich abräumen: die Kamele, die Fotoausrüstung, alles. Ich blieb stehen. Aber mir flatterte das Herz. Ich dachte: »Jetzt bist du dran. So sieht also deine letzte Stunde aus.« Zögernd ging ich auf ihn zu. Ich hatte die Hände über den Kopf gelegt.

»Abdallah!«, kreischte er erneut. Mit weit ausgestrecktem Arm deutete er auf mich. »Hierher!« Wie einen Hund befahl er mich zu sich, ließ mich niederknien. Als ich es wagte, mich kurz umzublicken, sah ich, daß Klaus und Horst ebenfalls die Arme erhoben hatten.

»Was willst du von uns«, fragte ich und versuchte meiner Stimme Festigkeit zu geben. »Wir sind waffenlos. Und wir sind Gäste in dem Land der Afars. Yayo Ali ist unser Freund und Muhamed Abdul auch. Behandelt man so Gäste?«

»Ihr seid nicht unsere Gäste!«, brüllte er mich an. »Mach deinen Gürtel ab, schnell, schnell!«

Ich schnallte den Gurt ab. Ich dachte an das viele Geld in der Tasche, die an meinem Gürtel befestigt war.

Mit dem Gewehrlauf angelte er sich den Gurt heran. Im nächsten Augenblick hatte er das Geld entdeckt. Triumphierend riß er die Scheine aus der Tasche und hielt sie seinen Gefährten entgegen.

Es mußten so an die eintausendvierhundert Bir sein. Fast unsere gesamte Reisekasse. Für die Afars war das ein unvorstellbarer Reichtum. Wenn er mir wenigstens den Paß und die Rückflugtickets lassen würde. Fieberhaft überlegte ich nach einem Ausweg.

»Dokumente! Bitte, Passport. Dschauaz as-safar!«, bat ich kleinlaut und zeigte auf das Bündel Papiere, das neben dem Geld im Gürtel steckte. Wie selbstverständlich tat er es zurück!
Ich hätte aufjubeln mögen. Wenn er mir die Papiere wiedergab, war das nicht ein sicheres Zeichen dafür, daß sie uns nur berauben, aber nicht ermorden wollten?!
»Die anderen Gürtel«, forderte er jetzt Horst und Klaus auf. Gleich darauf erneuter Jubel über die dreihundertfünfzig Bir, die Horst bei sich hatte. Bei Klaus fand er nichts. Ich wußte, daß er ein wenig Geld in einem Brustbeutel trug. Vermutlich hatten die Afars ein solches Versteck am Körper noch nie gesehen.
Ich hörte, wie Klaus flüsterte: »Keine Dummheiten machen. Die wollen doch nur unser Geld!«
Also hatte er wohl die gleichen Überlegungen wie ich angestellt.
Die Afars wurden sichtlich nervöser. Doch die hysterische Wut war verflogen. Immer wieder drehte sich der Ältere um. Vermutlich befürchtete er insgeheim, daß uns doch noch jemand gefolgt war.
Mit einer Handbewegung befahl er Klaus heran. Die Kameras wollte er begutachten, die kostbaren Optiken. Er wußte jedoch damit wenig anzufangen. Achtlos warf er Klaus alles wieder zu. Ein Teleobjektiv schepperte über die Steine, und das Glas splitterte in tausend Stücke. Ich spürte förmlich, wie der Zorn in Klaus wühlte. Aber er hielt an sich, verlor kein Wort. Die Kamele wurden hingelegt, die Lasten abgeknotet. Alles gefilzt. Taschen, zwei Koffer, ein Sack wechselten den Besitzer.
Der Anführer wandte sich wieder mir zu. Er war jetzt beinahe freundlich.
»Abdallah«, sagte er ruhig, »ihr müßt jetzt hier bleiben. Solange, bis wir nicht mehr zu sehen sind. Dann könnt ihr weitergehen. Aber wenn ihr uns verfolgen solltet, dann werden wir euch erschießen.« Es war genau achtzehn Uhr fünfundvierzig. Dunkelheit. »Wir werden euch nicht folgen«, versprach ich ihm. Wie sollten wir auch? Wir hatten ja keine Waffen.
Er lachte tief. »Jetzt ist alles gut.« Doch dann erblickte er unsere Uhren. »Her damit!«
Sein Mund verbreiterte sich genüßlich um weitere drei Zentimeter. Klaus räusperte sich und sprach ihn in Deutsch an. Väterlich.

»Du hast doch wirklich genug oder nicht?«
Er hatte verstanden, hielt meine Hand aber fest, und so wahr ich Nehberg heiße, er drückte sie zum Abschied, verbeugte sich und wieherte: »Salaam alekum.« Seine Freude kannte keine Grenzen mehr. Wir erwiderten den Gruß und überlegten gleichzeitig, ob wir ihn nicht jetzt überrumpeln sollten. Aber gegen vier Gewehre?
Dann verschwanden die vier Räuber im Dauerlauf.
Der erste, der von uns wieder sprach, war Klaus. Und es klang beinahe etwas belustigt, als er meinte:
»Nun ja, jetzt haben wir wenigstens noch hundertvierzig Bir in meinem Brustbeutel. Den habe ich sofort in die Hose rutschen lassen, als er dich untersuchte. Wir werden ja sehen, wie weit wir damit kommen. Aber was soll's – Hauptsache wir haben die Kamera und die Filme gerettet.«
»Und unser Leben!« setzte ich hinzu.
»Und die Kamele«, vervollständigte Horst.
Wir beschlossen, trotz des Überfalls den Aufstieg zum Vulkan fortzusetzen. Es war wohl Klaus, der darauf drängte. Und er hatte ja recht. Nun wollten wir wenigstens die geplante Filmszene drehen.
Vorbeugend teilten wir die einhundertvierzig Bir. Jeder versteckte seinen Anteil so gut er konnte. Zehn Bir ließen wir in den Hemdtaschen. Falls uns nochmal solche Brüder begegneten. Dann sollten sie denken, die zehn Bir seien alles. Wenn sie nämlich gar nichts finden würden, so überlegten wir, müßten wir uns bestimmt ausziehen.
Je höher wir kamen, um so mehr roch die Luft nach Schwefel. Immer häufiger kamen wir an Stellen, in denen es gespenstisch kochte und brodelte. Schließlich lag der Krater vor uns. Eine Hexenküche. Tief im Inneren der Erde grollte es ohne Unterlaß. Rauch umfing uns manchmal so dicht, daß wir uns nicht mehr sahen. Von Zeit zu Zeit schossen Feuerschwaden in die Luft.
Klaus filmte wie ein Besessener. In seiner Begeisterung wagte er sich so nahe an den Kraterrand heran, daß ich schon Angst um ihn bekam. Aber meine Bitten, sich ein wenig zurückzuziehen, nahm er überhaupt nicht wahr.
Horst stand ein paar Meter hinter mir. »Mensch, ich kann schon verstehen, daß die Afars hier nicht raufwollen«, meinte er nachdenklich. »Das ist ja wirklich ein schrecklich-schöner Anblick. Ein zweites Mal

würdest du mich hier auch nicht mehr mitkriegen, zumindest nicht mit so wenig Wasser und ohne Begleiter.«
Wir verbrachten die Nacht auf dem Vulkan. Der Rückmarsch in der Dunkelheit wäre auf dem brüchigen Felsen zu gefährlich gewesen. Ausschlaggebend für die Zwangsnachtruhe aber war das Verhalten der Kamele gewesen. Immer häufiger bockten sie und waren nicht mehr weiterzubekommen. Erst bei Sonnenaufgang brachen wir auf und waren in den Mittagsstunden wieder in der Siedlung.

El Hakim

Als Gamal hörte, daß wir überfallen worden waren, wollte er mit einigen anderen Männern sofort die Verfolgung der Räuber aufnehmen. Nur mit Mühe konnten wir ihn von der Aussichtslosigkeit eines solchen Unternehmens überzeugen. Die vier Banditen hatten schon einen zu großen Vorsprung.
Für uns allerdings stand jetzt das finanzielle Problem im Mittelpunkt aller Überlegungen. Wir hatten noch etwa sieben Tagesmärsche bis zur Grenze der Provinz Eritrea vor uns, doch die Reisekasse war leer. Wie sollten wir einen Führer bezahlen? Die hundertvierzig Bir, die Klaus gerettet hatte, durften als letzter Notgroschen nicht angetastet werden.
Guter Rat war teuer. Im wahrsten Sinne des Wortes.
Abends kam Gamal mit einem jungen Mann zu uns, der merkwürdig bedrückt wirkte.
»Das ist Maschhur«, stellte er ihn uns vor. »Er bittet euch, ihm zu helfen. Seine Mutter ist sehr krank.« Und nun wandte er sich direkt an mich: »Du bist doch ein großer Hakim, Abdallah. Kannst du sie nicht gesund machen?«
Selbst für einen Laien wie mich war auf den ersten Blick zu sehen, daß die Frau nicht mehr zu retten war. Ihr Bauch glich einem aufgeblasenen Ballon, dagegen war der übrige Körper zu einem Skelett abgemagert.
»Leberzirrhose, ganz eindeutig Leberzirrhose«, sagte ich zu Klaus, der neben mir stand. »Da können wir nichts machen.«
»Kannst du ihr nicht wenigstens ein bißchen Linderung verschaffen?«

fragte Klaus. Und nach einem Moment setzte er vielsagend hinzu: »Vielleicht bekommen wir ja auf diese Weise einen Führer, der uns ohne Geld nach Eritrea bringt.«

Ich überlegte lange. Bei Dr. Aebersold hatte ich einmal zugesehen, wie er einen Fall von Leberzirrhose behandelt hatte. Es war das einzige Mal gewesen, daß ich so etwas gesehen hatte. Da es mir aber dermaßen irre erschienen war, hatte ich mir alles gut eingeprägt, und Klaus hatte die Behandlung sogar gefilmt. Aebersold hatte ganz einfach eine Kanüle in den aufgeblähten Bauch getrieben, und daraus war sofort eine trübe Flüssigkeit in unglaublichen Mengen geflossen. Er hatte mir später erzählt, daß bei einem solchen Eingriff dem Körper etwa zehn Liter eiweißhaltiges Wasser entnommen werden. Der Patient sei danach für kurze Zeit scheinbar frei von allen Beschwerden.

Natürlich kann man mich schelten. Natürlich kann man sagen, ich hätte mich mehr als leichtsinnig verhalten, als ich es wagte, die Frau so zu behandeln, wie ich es bei Aebersold beobachtet hatte. Doch man muß bedenken: im Umkreis von einigen hundert Kilometern gab es keinen Arzt. Und es wäre auch niemand auf die Idee gekommen, die Frau zu einem Hospital zu bringen. So, wie sie da vor mir lag, hatte sie nicht mehr lange zu leben. Sie konnte weder allein gehen noch allein stehen. Und würde ich mich selbst einmal in einer solch hoffnungslosen Lage befinden – ich würde auch lieber einen Stümper ranlassen, als gar nichts zu versuchen.

Und schließlich: der Erfolg gab uns recht.

Allerdings war es eine Schinderei. Als wir feststellten, daß wir keinerlei kanülenartiges Gerät, nicht mal in der Fotoausrüstung, bei uns hatten, entschloß ich mich, ihr die Bauchdecke mit einem kleinen Schnitt zu öffnen. Die Männer improvisierten einen Operationstisch aus Ästen und legten die Frau darauf.

Gegen achtzehn Uhr, als die Ziegen zur Ruhe gekommen und die Fliegen schlafen gegangen waren, begann ich mit der Operation. Nach einer gründlichen Wäsche markierte ich die Stelle, die ich zu durchtrennen gedachte. Ich gab ihr rundherum subcutan (unter die Haut) ein Lokalanästhetikum und wartete zehn Minuten.

Vorsichtshalber hielten drei Männer die Arme der Frau. Aber sie zuckte nicht einmal. Das scharfe Skalpell schnitt fast ohne Bewegung.

Sie blutete gering. Ich tupfte das Blut fort. Der Schnitt sollte höchstens drei Zentimeter lang werden. Ich erwartete, sobald ich hindurch wäre, einen wasserfallartigen Ausfluß ihres Zirrhose-Sekrets. Horst hatte auf meine Anweisung hin sogar einen Topf unter das Gestell gerückt, um die Ausflußmenge messen zu können. Klaus sollte fotografieren und filmen.

Als die Bauchdecke durchtrennt war, kam kein Wasser. Statt dessen preßte sich eine Darmschlinge ans Abendlicht, und mir wurde himmelangst. Wo war die Flüssigkeit? Was nun?? Klaus sprach meine Gedanken aus: »Hör auf! Näh sie zu!«

Vor dem Eingriff hatte ich unsere ganze armselige Apotheke griffbereit gelegt. Schnell war der Schnitt vernäht.

Enttäuschte Gesichter rundum. Nun war guter Rat teuer. Einerseits wollten wir der Frau helfen, doch andererseits war unser Leben bestimmt keinen Pfifferling mehr wert, wenn etwas schiefging.

Da hatte ich eine Erleuchtung. Ich stach ihr unsere Einmalspritze durch die Bauchhaut. Dann betätigte ich den Saugkolben und – welch ein Siegesgefühl – das Wasser schoß nur so in den Glaszylinder. Die Umstehenden drängten bedrohlich nah. Klaus und Horst hielten sie zurück. Ich ließ die Nadel im Bauch, zog den Kolben ab und entleerte ihn in Horsts Meßschüssel. Dann setzte ich ihn wieder auf und wiederholte den Vorgang. Während der gesamten Prozedur blieb die Nadel, mit Pflastern gut abgeklebt, im Bauch. Mit großen leuchtenden Augen strahlte mich die Frau an. Sie streichelte mich und schüttelte jedesmal energisch den Kopf, wenn ich sie fragte, ob es schmerze.

Wir waren erleichtert. Aber nicht lange. Da begann mein Zeigefinger zu schmerzen. Die erste Wasserblase bildete sich. Es war nur noch eine Frage von Minuten, bis ich die anderen Finger nehmen mußte, um weitermachen zu können. Was ich nicht bedacht hatte: unsere Spritzen waren sogenannte Einmalspritzen von fünf Kubikzentimetern Fassungsvermögen. Um einen Liter des Sekrets absaugen zu können, mußten zweihundert bis zweihundertfünfzig Absaugungen durchgeführt werden. Und wer die Einmalspritzen kennt, der weiß, wie schwer sie zu hantieren sind.

Längst hatte die Familie der Patientin zwei Feuer entfacht, damit wir Licht hatten. Unsere Finger klebten wie von Leim durch das Eiweiß im Sekret. Klaus löste mich ab. Bis auch er mit seinen rohen Fingerkuppen saugte, war es zweiundzwanzig Uhr geworden. Nach fünf Stunden hatten wir sechs Liter herausgeholt. Der Bauch war sichtbar zusammengefallen. Lulu, die Schwiegertochter unserer Patientin, hatte uns ein Riesenbrot gebacken. Man reichte uns literweise Milch, die wir gierig tranken. Horst wurde vom Familienoberhaupt Lulu für die Nacht angeboten, die Dankbarkeit der Familie kannte keine Grenzen. Endlich war es geschafft. Die Frau konnte wieder laufen. Sie lachte und drückte uns. Die Kinder tanzten und sangen. Ein Bänkelsänger dichtete sofort ein Liedchen auf uns.

Den Text verstanden wir zwar nicht, aber bestimmt hat er uns dabei manchmal ein wenig auf den Arm genommen. Sonst hätten die Umsitzenden nicht so herzlich gelacht.

Als ich später, daheim in Hamburg, einem befreundeten Tropenarzt die »OP«-Bilder zeigte und die Geschichte erzählte, meinte er: »Das war genau richtig. Nur, als die Darmschlinge kam, hätten Sie sie einfach mit einem stumpfen, sterilen Gegenstand, etwa einem desinfizierten Bleistift, an die Seite pressen können. Sie hat sich nämlich nur wie eine Dichtung vor die Öffnung gelegt, was ja auch logisch ist bei dem Druck von innen. Möglicherweise war das aber auch Ihr Glück. Wenn Sie sich mal vorstellen, daß die Bauchhöhle, die schon monatelang unter Druck stand, plötzlich ganz entleert worden wäre, hätte die Frau möglicherweise einen Kollaps bekommen und wäre Ihnen gestorben.«

Ich erfuhr bei dieser Gelegenheit auch über die Entstehung der Leberzirrhose. In der Folge einer Hepatitis (Leberentzündung) oder der allgemein verbreiteten Bilharziose (Würmerkrankheit) nimmt die Leber Schaden. Sie schrumpft. Es kommt zu Stauungen und eine weitere Folge ist die Bauchwassersucht (= Zirrhose). In unseren Krankenhäusern gibt es Medikamente, die die eiweißhaltige Flüssigkeit über die Nieren abführen, wobei das Eiweiß dem Körper erhalten bleibt.

»Hier habe ich übrigens solch ein altes Röhrchen zum Ablassen. Nehmen Sie es gern mit. Ich brauche es nicht. Aber Ihnen hilft es vielleicht, wenn Sie demnächst zu den Tiefland-Indianern Südamerikas aufbrechen.«

Am nächsten Morgen sah ich meine Patientin wieder. Sie war schon

fleißig beim Arbeiten, als wir aufstanden. Und Maschhur kam uns freudestrahlend entgegen.
»Seine Mutter ist gesund«, freute sich Gamal. »Zum Dank wird Maschhur euch nach Eritrea bringen.«

Unter Erpressern

Die Wünsche der Menschen werden von den Verhältnissen bestimmt, in denen sie leben. Für einen Hungrigen ist ein Stückchen Brot das Paradies, dem Einsamen kann ein unverhoffter Freund mehr wert sein als das eigene Leben, für einen Kranken gibt es nichts Wichtigeres als die Gesundheit, für einen Durstigen nichts Erstrebenswerteres als einen Schluck Wasser.
Unsere Wunschvorstellungen wurden jetzt ganz und gar davon beherrscht, endlich nach Eritrea zu kommen. Unsere Zeit war längst um, und wir zockelten noch immer von Wasserstelle zu Wasserstelle, schliefen im Freien auf ›hartgekochtem‹ Boden und suchten uns morgens die Zecken ab.
Wir sehnten uns danach, endlich einmal wieder mit Menschen über andere Dinge als Essen, Trinken und Kamele sprechen zu können, oder wie man jemanden gesund machen könne. Kurz – wir hungerten nach den Wochen der Ursprünglichkeit wieder einmal nach einem Häppchen Zivilisation.
Und die hofften wir in Eritrea zu finden. Wir wußten, daß die Menschen dort auf einer wesentlich höheren Kulturstufe standen, daß Autos und selbst Flugzeuge für sie nichts Bestaunenswertes mehr waren, daß englische Sprachkenntnisse bei ihnen nicht die Ausnahme, sondern die Regel waren, und daß sie in Häusern wohnten, in richtigen Häusern.
Vor allen Dingen aber hofften wir, in Eritrea nicht mehr ständig um unser Leben fürchten zu müssen. Man hat schließlich nur eins. Sieben lächerliche Tage trennten uns noch von diesem Ziel, als wir mit Maschhur aufbrachen. Sieben Tagesmärsche, die eigentlich nichts Besonderes mehr bringen sollten, es sei denn, man wollte die mittlerweile altbekannten Strapazen erwähnen. Die aus vielen Kratzern

blutenden Füße und Beine, die Sonne, die einem das Gehirn ausdörrte, die unendliche Müdigkeit, die uns abends in einen bleischweren Schlaf fallen ließ. Obwohl ich einen Turban trug, hatte ich manchmal heftige Kopfschmerzen und mußte Schmerztabletten nehmen.

Menschen trafen wir kaum noch. Vielleicht sah man sie aber auch nur nicht in dem von dichten Tamarisken-Gebüschen oder Doum-Palmen bewachsenen Land, in dem man eine Burra erst gewahr wurde, wenn man unmittelbar vor ihr stand.

Das sei hier befriedetes Gebiet, hatte uns Maschhur erzählt. Und er meinte damit wohl, daß die Afar-Rebellen dieses Territorium absolut beherrschten und kontrollierten, daß sich von den Regierungssoldaten niemand mehr hierher wagte.

Es sei denn, sie zischten mit Düsenjägern über das Land und schossen auf alles, was sich da unten bewegte.

Einmal wurden auch wir von zwei Silbervögeln überrascht.

Sie stießen so plötzlich von dem blaßblauen Himmel herunter, daß wir uns nur noch an Ort und Stelle hinschmeißen und beten konnten: »O Allah, laß sie uns nicht gesehen haben!«

Der da droben erhörte unser Flehen. Entweder hatten uns die Kerle in ihren Cockpits wirklich nicht gesehen, oder aber ihre Kanonen waren bereits leergeschossen, vielleicht aber hatten sie auch nur gerade mal keine Lust, auf ein paar armselige Viehhirten da unten Jagd zu machen. Jedenfalls zogen sie pfeilgerade davon, den Donner im Schlepp. Sekunden später war der Spuk verschwunden, der Himmel wieder unschuldig leer, bis auf die unerbittliche Sonne, die nicht gewillt war, uns auch nur einen Schweißtropfen zu schenken. Hier auf der totalen Ebene des Salzsees gab es kein Versteck. Und unsere Aluminium-Koffer signalisierten sogar noch, daß wir Fremde waren. Wir deckten sie ab sofort wieder zu.

Und doch: Beinahe wäre noch alles schiefgegangen. Auf diesem verfluchten Salzsee war das, den Klaus unter allen Umständen noch filmen wollte.

Es war am Abend des fünften Tages. Maschhur bedeutete uns, daß wir Brennholz sammeln sollten. Unseren Fragen begegnete er mit dem Hinweis, daß wir morgen in ein Gebiet kommen würden, in dem Holz so eine Rarität sei wie blühende Blumen. Und wenn wir unseren Tee weiter kochen wollten, dann müßten wir uns eben das Holz schon mitnehmen. Sonst kein Feuer – kein Tee. Eine einfache Rechnung.

Wie recht Maschhur hatte, zeigte sich schon nach der ersten Marschstunde am nächsten Tag. Das Gebüsch trat immer mehr zurück und hörte schließlich völlig auf. Der Boden wurde seltsam glitschig, fast so wie am Afdera-See. Und dann lag plötzlich eine riesige Ebene vor uns. Sie schien aus Millionen und Abermillionen winziger Kristalle zu bestehen, die in der Sonne funkelten. Der Boden war so hell, daß sein Anblick den Augen wehtat, und so weit, daß man sein Ende nicht absehen konnte. Der Salzsee! Assale.

Das See-Gelände hatte unterschiedliche Strukturen. Manchmal war es geformt wie Honigwaben, dann wieder hatten sich Schollen übereinander geschoben, daß man glauben konnte, man sei in der Arktis, doch es gab auch Flächen, die spiegelblank dalagen, nur in Abständen unterbrochen von heißen Quellen, in denen das Wasser so salzig war, daß schon ein Tropfen davon Übelkeit verursachte.

Das Faszinierendste aber war ein Fels, der mitten aus dieser funkelnden Ebene herausragte. So hoch und so breit wie ein dreistöckiges Haus. Wahrscheinlich hatte ihn irgendwann einmal eine unterirdische Eruption aus dem Boden gespuckt. In einem Umkreis von etwa tausend Metern um diesen Fels sah man drei geschlossene Menschengruppen arbeiten. »Die Salzarbeiter«, erklärte uns Maschhur. Und dann setzte er hinzu: »Manche von ihnen kenne ich. Sie gehören zu meinem Stamm. Hier arbeiten aber auch Gallas. Sie kommen von den nahen Bergen. Es sind böse Menschen. Wir müssen aufpassen. Es sind sehr böse Menschen.«

Gute Menschen – böse Menschen! Bei den Danakils ist das alles recht einfach, es gibt nur Freunde oder Feinde. Einen Sinn für die Dinge zwischen den Polen haben sie offenbar nicht.

Zuerst einmal sahen wir allerdings nur Menschen, die Knochenarbeit verrichten mußten. Sie rissen den Salzboden quadratisch an und drückten dann mit Baumstämmen große Schollen heraus. Die so gewonnenen Salzquader wurden zu Blöcken geschichtet und dann auf Kamele verladen. Und das alles unter härtesten klimatischen Bedingungen. Maschhur erzählte uns, es sei ungeschriebenes Gesetz, daß jeder Ankömmling einen Sack Wasser und einen Fladen Brot zu über-

geben hätte. Bei uns, so hoffte er, würde man eine Ausnahme machen, denn wir waren Fremde.
Die Arbeiter wohnten in Hütten, die sie aus Salzblöcken errichtet hatten. Sie sahen fast so aus wie die Iglus der Eskimos. Im Inneren war es herrlich kühl infolge des Schattens und des Durchzugs. Ein Eritreer namens Nossale, der mit einer Maschinenpistole bewaffnet war, übte so etwas wie die Polizeifunktion aus. Er begrüßte uns freundlich, und sein Entgegenkommen wuchs noch, als er hörte, daß wir nach Eritrea wollten, um über den Kampf seiner Landsleute und ihre Selbständigkeit zu berichten. Er sprach ein gutes Italienisch.
Nossale erlaubte uns, schon mal mit dem Filmen anzufangen, solange das Licht noch nicht zu grell war. Maschhur machte uns gerade noch darauf aufmerksam, daß wir die Kameras nicht auf Menschen richten sollten, und dann gingen wir los. Vor allen Dingen die Afars von der Küste würden sehr empfindlich reagieren, rief er noch hinterher, wenn man sie fotografieren wolle.
Kaum hatten wir die ersten Szenen im Kasten, da ging es schon schief. Jedenfalls kam Klaus ziemlich aufgeregt zurück, in seinem Gefolge etwa dreißig wild schimpfende Männer, deren Anführer barsch unsere Papiere einsehen wollte.
»Ihr habt uns fotografiert und nicht die Tiere und das Salz«, schimpften die Männer. Es nutzte nichts, daß wir sie zu uns baten und sie durch den Sucher blicken ließen. Sie wollten Streit. Sie wollten Geld.
Maschur hatte uns einen Begleiter mitgegeben, der uns nun anwies, sofort zum Iglu zurückzukehren. Die ganze Stimmung war urplötzlich so feindselig geworden, daß er uns nicht zweimal dazu auffordern mußte.
Maschhur und Nossale sahen uns kommen und wußten sofort, daß etwas nicht stimmte.
Nossale ließ uns an sich vorbei »Andate a vostra casa, subito! Geht in euer Haus, schnell!«, befahl er kurz und stellte sich demonstrativ zwischen uns und den nachrückenden feindseligen Trupp.
Und dann hockten wir im Schatten des Salz-Iglus und beobachteten aufgeregt die diskutierenden Menschen da draußen.
Maschhur hatte seine Landsleute hergerufen, die sich ebenso drohend gebärdeten, allerdings gegen den Clan und für uns. Schier endlos ging

die Auseinandersetzung hin und her. Zwischendurch war es einmal so ruhig, daß wir meinten, alles sei wieder in Ordnung.
Da betrat ein Mann unsere drei Quadratmeter große Fluchtburg. »Ich will eure Papiere sehen.« Der Ton gefiel uns nicht. »Unsere Papiere haben wir bereits Nossale gezeigt. Wer bist du denn?«
»Sagt mir lieber, wer ihr seid! Ich will eure Ausweise sehen, und zwar schnell.«
Er sprach Arabisch.
Ich ignorierte ihn einfach und begab mich, an ihm vorbei, zu Nossale und unserem Freund Maschhur.
»Was ist los? Der Mann da im Haus verlangt unsere Papiere. Sollen wir sie ihm zeigen?«
»Nein! Geh wieder zurück. Ich komme auch sofort.«
Unser Herz puckerte. Da braute sich mal wieder etwas zusammen. Maschhurs Leute bildeten demonstrativ einen Kreis um unseren Iglu. Viele hatten Waffen.
Schließlich kam Nossale. Er hockte sich im Schneidersitz in den Eingang. »Nun hört gut zu! Sagt mir sofort, wenn ihr etwas nicht versteht.« Wir nickten und er fuhr fort. »Die Männer wollen euer Geld, das Gepäck und die Tiere. Sie sagen, ihr hättet sie fotografiert. Ich weiß, das ist nur ein Vorwand. Maschhur hat ihnen erklärt, daß man euch bereits am Ertale ausgeraubt hat, aber sie meinten, das Gepäck wäre auch nicht zu verachten.«
Er rückte seine MP zurecht und versicherte sich mit einem schnellen Seitenblick Maschhurs Rückendeckung.
»Maschhur hat ihnen klargemacht, daß ihr unter seinem und seines Stammes Schutz steht. Wer euch anrührt, so hat er gesagt, dessen Clan sei für alle Zeiten auf dem Salz erledigt.
Aber die Räuber lachten nur darüber und fragten ihn, ob er wirklich denken würde, daß sie es danach noch nötig hätten, auf dieses elende Salz zu gehen. Und der Rädelsführer fügte schließlich noch lächelnd hinzu, die äthiopische Regierung werde vielleicht viel Lösegeld für euch zahlen. Eine halbe Million Bir, meint er, für euch fordern zu können, und bis Äthiopien die für euch zahlt, wollen sie euch in einer Höhle verstecken. Eine ihrer Karawanen soll euch mitnehmen.«
»Verdammt!« Zum erstenmal sah Klaus recht deprimiert aus. Die

Männer draußen, in zwei Gruppen geteilt, saßen sich eisig gegenüber.
»Hört weiter gut zu! Ihr werdet jetzt hinausgehen und eure Kamele beladen. Ich passe auf. Gegen die MP wagen sie nicht vorzugehen. Paßt auf, daß ihr alles Gepäck mitbekommt. Ihr verlaßt dann augenblicklich diesen Ort. Maschhur ist ein guter Führer. Er und ein anderer bewaffneter Mann werden euch sicher nach Eritrea bringen. Solange es hell ist, habe ich die Arbeiter im Auge.«
Nossale sprach ganz ruhig und sehr klar. Immer wieder vergewisserte er sich, ob wir alles verstanden hatten.
Wir nickten und merkten uns jede Silbe.
»Gegen Abend erreicht ihr das Festland. Haltet euch nicht auf. Sobald es dunkel wird, kann ich nicht mehr sehen, was die verschiedenen Gruppen unternehmen. So, und nun beeilt euch!«
Ruck, zuck hatten wir gepackt. Nossale und ein paar andere bewaffnete Männer postierten sich zwischen dem feindseligen Trupp und uns.
Nach zweieinhalb Stunden erreichten wir das westliche Ufer. Zu unserer größten Freude stießen wir auf eine elf Mann starke Karawane. Sie trugen elf Gewehre bei sich und gehörten zu Maschhurs Stamm.
Wir waren gerettet. Allah ist groß. Allah sei Dank.
Unter ihrem Schutz konnten wir nicht nur eine nächtliche Pause einlegen, sondern später auch einen Abstecher nach Dallol wagen.
»War eure Angst groß, gestern?«, Maschhur sah uns an.
»Ehrlich gesagt – es war uns gar nicht wohl in unserer Haut.«
»Bei einem guten Afar-Führer braucht ihr nie Angst zu haben. Solange er lebt, wird er auf euch achten. Es gibt ein altes Sprichwort bei uns: »Das Schlimmste, das dir passieren kann, ist, dich nicht richtig um deinen Gast gekümmert zu haben – so daß er auf deiner Türschwelle stirbt.«
Dallol ist ein Paradies besonderer Art. Über den hier glitschigen Salzsee hinweg errreicht man ein Felsgewirr aus Säulen, Burgen, Schluchten und Ritzen. Glühende Hitze. Keine Pflanze. Kein Tier. Eine Landschaft wie aus einem Wildwest-Film. Und dann das eigentliche Dallol – die Schwefelvorkommen. Da steht man plötzlich inmitten eines fantastischen Farbenwirrwarrs. Schwefel, Dämpfe, kochendes

Salzwasser. Es zischt und blubbert aus der Erde, und in Verbindung mit Oxydation und Verdunstung entstehen die bizarrsten Gebilde. Gelb- und Brauntöne herrschen vor, aber da sind auch Rot, Grün und Weiß.
Lange konnten wir uns nicht von diesem Schauspiel der Erdentstehung trennen. Wir standen da und sprachen lange Zeit kein Wort. Mit einem Mal wurde uns bewußt, daß unsere Reise ihrem Ende zuging.
Wir redeten durcheinander und aufeinander ein, erzählten uns von erst kurz zuvor Erlebtem schon mit einem Anflug der Erinnerung.
Hier war es dann auch, wo sich Horst dafür entschied, die Instrumente zurückzulassen. Sie hatten ausgedient.
Wir konnten jedoch nicht ahnen, daß wir nicht einmal die Hälfte unserer Reise hinter uns gebracht hatten.
Am nächsten Mittag, nach fast pausenlosem Marsch, mit weichen Knien und ständig einer Hand am Kamelsattel, zum Ziehenlassen, erreichten wir ein winziges Bächlein. Auf der anderen Seite warf sich Maschhur plötzlich auf den Boden, lachte uns fröhlich an und forderte uns auf, ebenfalls Platz zu nehmen. Ein wenig ratlos sahen wir ihn an.
»Warum? Warum willst du hier rasten?«, fragte ich ihn.
»Jetzt kommen keine Verfolger mehr«, antwortete Maschhur.
»Wir sind in Eritrea!«
So ist das halt. Da hopst man über einen kleinen Bach, und es ist nicht nur Wasser, das man hinter sich läßt, es ist manchmal auch Gefahr, die plötzlich nicht mehr vorhanden ist. Nur, weil da irgendwo eine unsichtbare Grenze verläuft. Maschhur schickte einen der Begleiter vorweg, um Meldung machen zu lassen und um für uns um Asyl zu bitten. Damit hatte Maschhur uns sicher bis zum Ziel gebracht. Er war unser angenehmster Führer gewesen.
Wir baten ihn, uns über Dr. Ten eine Nachricht zukommen zu lassen, ob Nossale und seine Leute die Auseinandersetzung mit den Männern vom Salz gut überstanden hatten, und wir schenkten ihm zum Abschied ein Klappmesser und einen Gürtel. Wir haben nie wieder etwas von ihm gehört.

Eritrea

Sieben Tage in Badda

Der eine hieß Teckle, der andere Micael. Sie trugen kurze grau-grüne Khaki-Hemden, gleichfarbene Hosen, hatten die Maschinenpistolen lässig umgehängt, sprachen fließend englisch und italienisch, und man konnte sich mit ihnen sogar über die politischen Verhältnisse in Europa unterhalten. Sie wußten verflixt gut Bescheid.

Sie waren Soldaten der ELF, der »Eritrean Liberation Front«, einer der zwei großen eritreischen Befreiungsbewegungen. Wir trafen die beiden in der Ortschaft Badda, gleich hinter der Grenze. Sie waren von Samuel, dem Sicherheitsbeauftragten der ELF, als unsere »Schatten« eingeteilt worden. – Doch der Reihe nach:

In der Ortschaft waren in mehreren Strohhäusern etwa einhundert Soldaten stationiert. Man wies uns eine Hütte zu, und wir durften uns frei bewegen, nachdem wir versprochen hatten, nicht ohne Genehmigung weiterzuziehen.

Wir waren frei, und wir waren auch wiederum nicht frei. Es wäre sicher übertrieben, zu behaupten, daß die eritreischen Soldaten uns als Gefangene behandelten – nein, um Himmelswillen nicht. Sie begegneten uns freundlich, beinahe herzlich und versuchten, uns jeden Wunsch von den Augen abzulesen. Wir bekamen zu essen, soviel wir nur wollten, und unser Eigentum wurde nicht einmal angetastet.

Nur unsere Bewegungsfreiheit war eben eingeschränkt. Wir durften nicht hingehen, wohin wir wollten. Denn bei allen unseren Spaziergängen durch das Dorf folgten uns zwei bewaffnete Soldaten, Teckle und Micael. Das unterblieb nicht einmal dann, wenn sich einer von uns in den Graben hockte, der für die allgemeine Notdurft herhalten mußte.

Und wir hatten striktes Fotografier-Verbot.

Ein merkwürdiger Zustand der Ungewißheit. Wir ahnten, daß man nicht recht wußte, wie wir zu behandeln seien und erst Befehle einer höheren Dienststelle abwartete. Immerhin fühlten wir uns vorerst nicht bedroht. In Addis Abeba hatte man uns ja noch, besonders seitens der britischen Botschaft, eine mögliche Gefangenschaft bei den Eritreern als wahre Schreckensvision dargestellt. Wir erinnerten uns an jenen Engländer und Polen, die man ein halbes Jahr lang gefangengehalten hatte.

Wir fragten Samuel, ob er davon wußte. Er lächelte nur schief. Nach kurzem Überlegen erzählte er: »Es stimmt, die sind tatsächlich bei uns gewesen. Ich selbst habe sie festgenommen. Die sind nicht müde geworden, uns als Räuber und Mörder zu beschimpfen. Sollen wir solchen Leuten vielleicht auch noch freundlich entgegenkommen?«
Er zeigte mit einer kurzen Handbewegung auf einen Landrover, der gut getarnt im Schatten einer Hütte stand. »Den da, den haben wir übrigens auch von einer englischen Familie. Die kam mit zwei Kindern in unser Gebiet. Den ersten Soldaten, der sie stoppte, den hat die Frau geohrfeigt, angespuckt und einen Banditen genannt. Nur weil er gewagt hatte, den Wagen anzuhalten. Wir haben ihnen nichts getan. Wir haben sie vielmehr gleich über die Grenze gebracht und uns lediglich erlaubt, den Landrover einzubehalten.
Aber nun werde ich euch mal erzählen, wie unsere Leute behandelt werden. Vor kurzem haben wir in Asmara einen befreit. Der hatte über sechs Monate in einer Zelle gehockt, die nur einen Quadratmeter groß war. Seine Beine trugen ihn nicht mehr, er konnte sich nur noch über den Boden rollen.«
Er spuckte verächtlich aus. »Und die Leute, die so etwas verantworten, werfen uns Unmenschlichkeit vor!«
Samuel war der Sicherheitsbeauftragte der ELF für dieses Gebiet. Ein krummbeiniger Mann, den ich nie ohne Zigarette sah. Die weit auseinanderstehenden Zähne waren vom vielen Rauchen gelb angelaufen. Samuel sah es als seine Aufgabe an, uns zu schulen.
»Wenn ihr schon über Eritrea berichten wollt, dann müßt ihr auch Bescheid wissen«, war seine ständige Redewendung. Und dagegen konnte man ja auch kaum etwas einwenden.
»Das ist Debre Seyt«, sagte er schon gleich am zweiten Tag und stellte uns einen sehr sympathischen, etwa achtundzwanzig Jahre jungen Kämpfer vor. Er war groß, schlank, hatte in Asmara sein Wirtschaftsstudium abgebrochen, um den Brüdern im Busch erst einmal zu helfen, den Unabhängigkeitskampf zu beenden. Er sprach sehr gut englisch und hatte eine beachtlich gute Allgemeinbildung.
»Debre Seyt ist euer Vertrauensmann. Wann immer ihr einen Wunsch, eine Beschwerde, eine Frage habt – geht zu ihm! Er wird euch helfen, er ist für euch verantwortlich. Ich selbst bin nämlich nicht immer zur Stelle.«

Diese Fürsorger- oder Paten-Einrichtung half uns wesentlich, schnelleren Kontakt zu den Buschkämpfern zu bekommen. Viel schneller, als wenn wir ständig einem anonymen Haufen uns unbekannter Leute gegenübergestanden hätten. Jedenfalls fanden wir das so gut, daß mir die Idee kam, Neulingen in meinem Betrieb in Hamburg ebenfalls einen »Fürsorger« zur Seite zu geben. Man lernt halt überall etwas dazu und nie aus.

Von Samuel erfuhren wir, daß Eritrea von dem griechischen Wort Aerithritus = Rot abgeleitet sei. Sehr frei übersetzt hieße das: »Land am Roten Meer«. Die Einwohner nannten es allerdings manchmal auch noch anders: Medri Geez, »Land der Freien«. Dieser Name sagt eigentlich schon sehr viel über die Eritreer aus. Denn ihr Freiheitswille hat ihre Geschichte beherrscht, eine Geschichte, die seit Jahrhunderten von fremder Unterdrückung gekennzeichnet ist. Zuerst hatten die Türken das Land besetzt, dann kamen die Ägypter, 1885 die Italiener, 1941 die Engländer und später die Äthiopier. Ihnen war von den Vereinten Nationen 1952 das Mandat übergeben worden. Damit gab sich Haile Selassi allerdings nicht zufrieden. Kurzerhand annektierte er 1962 Eritrea und erklärte es zur äthiopischen Provinz, unter der stillschweigenden Duldung der Amerikaner. Denen war nämlich zugesagt worden, daß sie am Roten Meer Militärstützpunkte und Radarstationen einrichten durften.

Im selben Jahr hatte die Eritreische Befreiungsfront die Revolution verkündet. Später bildete sich noch eine andere Guerillabewegung, die EPLF, »Eritrean People's Liberation Forces«. Die Rivalität zwischen ELF und EPLF war zeitweise so heftig, daß es zum Bürgerkrieg kam. Schließlich ging es schon seinerzeit darum, die Posten für die Zeit nach dem Sieg zu verteilen. Das ist in Afrika nicht anders als überall in der Welt. Erst die immer heftiger werdenden Kämpfe gegen die Äthiopier einigte die Bewegungen teilweise zwangsläufig.

Bei der ELF gibt es äußerlich keine Dienstgrade. Alle Soldaten duzen sich, sie erhalten keinen Sold. Die Religion spielt keine Rolle, das Geschlecht nicht und auch nicht die Stammeszugehörigkeit. Kinder gehören der Truppe ebenfalls an. Sie werden oft als Kundschafter eingesetzt, oder sie verrichten in den noch besetzten Städten Botendienste. Zu dem Gepäck der Soldaten gehört eine kleine Mao-Bibel. Die Bevölkerung unterstützt die Kämpfer bedingungslos. In den befreiten

Gebieten ist der Großgrundbesitz abgeschafft, das Land aufgeteilt worden. In einem Rotationssystem tauschen die Bauern alle sieben Jahre die Felder, so daß jeder einmal schlechteren Boden bewirtschaften muß.

Am zweiten Tag unseres Daseins in Badda bat Samuel uns um eine genaue Bestandsaufnahme unseres Eigentums.

Gewissenhaft kontrollierte er jedes einzelne Teil und notierte es. Nichts, so meinte er, solle uns wegkommen. Er garantiere dafür. Wir seien über ihre Grenze gekommen und hätten sie um Gastrecht ersucht. Und das würde uns zumindest gewährt. Auch wenn man höhererseits entschiede, daß wir zurückzuschicken wären, dann solle uns keine Nadel fehlen.

Kennzeichnend für die faire Behandlungsweise durch die Rebellen: erst drei Tage später nahm mich Samuel heimlich beiseite: »Sag mal, was trägt dein Freund da am Gürtel?«

Es war ein kleines Fotoobjektiv, das Klaus in einem Lederbeutel untergebracht hatte. Aber es sah wie eine Handgranate aus. Bei der Bestandsaufnahme hatten wir es vergessen anzugeben. Eben, weil es am Gürtel hing. Und drei Tage lang mochte Samuel uns nicht direkt auffordern, diese mögliche Bedrohung vorzuzeigen, weil er uns mit seinem Mißtrauen nicht beleidigen wollte. Wir waren insgesamt sieben Tage in Badda, erst am siebten Tag erhielt Samuel durch Boten die Anweisung, uns in den Jemen zu bringen. Eines der zahlreichen jemenitischen Schmugglerboote sollte uns außer Landes bringen. War uns der Aufenthalt in Badda auch als Verschnaufpause willkommen gewesen, so waren wir doch froh, daß es nun endlich weitergehen würde.

Horst begann bereits zu rechnen, wie viele Tage es wohl noch dauern würde, bis wir wieder in Hamburg wären. Und er ließ sich auch nicht von Klaus beeindrucken, der immer wieder warnte: »Rechne in Afrika höchstens von einer Stunde zur anderen. Zuhause sind wir erst, wenn das Flugzeug in Hamburg-Fuhlsbüttel aufsetzt.«

Nun hieß es also Abschied nehmen, Abschied nehmen von den Menschen hier in diesem Lager, die für die Freiheit ihres Volkes kämpften.

Wir machten unsere Runde, wechselten hier und dort ein paar Worte,

überreichten kleine Geschenke und erhielten kleine Geschenke, bis wir vor der Hütte standen, in der Aischa mit ihren Leuten lebte. Wir verabschiedeten uns auch von ihr. Die Hütte von Aischa lag unmittelbar neben der unsrigen, und es war Horst gewesen, der sich als erster von uns mit den Nachbarn bekannt gemacht hatte. Er kam am zweiten Tag unseres Aufenthaltes in Badda von einem Spaziergang zurück und hockte sich zu Klaus und mir, die wir uns genüßlich vor unserer Hütte ausgestreckt hatten.
»Hört mal«, sagte er schelmisch, »in die Nebenhütte sind gerade Nachbarn eingezogen. Es sind auch zwei Frauen dabei. Ich hab schon mal guten Tag gesagt.«
Eine Gruppe von sechs Soldaten und zwei Sanitäterinnen hatte neben uns Quartier gemacht. Sie waren auf dem Wege zur Front nach Asmara und kamen von einem Sonderkommando südlich von Tio am Roten Meer. Deshalb waren die beiden Frauen zur Zeit ganz und gar nicht militärisch gekleidet. Suleika war eine schon ›ältere‹ Frau, vielleicht Anfang dreißig, ein etwas derber, kräftiger Typ.
Die andere hieß Aischa. Sie war schlank, mittelgroß, schmale Hüften und sehr hübsch. Wenn sie lächelte, und das tat sie eigentlich immer, strahlten einem nicht nur zwei funkelnde, freundliche Augen mit langen Wimpern an, sondern auch zwei Reihen weißer Perlzähne.
Um die Hüfte hatte sie ein ockerfarbenes Lendentuch geschlungen. Der Oberkörper war unbedeckt. Um den Kopf trug sie, als Zeichen der verheirateten Frau, ein Tuch.
Wir verbrachten von nun an viel Zeit bei unseren Nachbarn. Wir sprachen sehr viel mit Aischa. Sie war es auch, die uns die Geschichte eines jungen Mädchens erzählte. Für uns ein ungewöhnliches Schicksal. Für sie war es wohl nichts weiter, als die Geschichte eines afrikanischen Nomaden-Mädchens. Es war ihre eigene.

Aischa – ein Frauenschicksal

Von ihrem Vater hatte sie nur eine undeutliche Vorstellung. Wenn sie versuchte, sich an ihn zu erinnern, dann erschien er ihr als ein ungemein kräftiger Mann, mit besonders breiten Schultern. Er war ein herrischer Mann gewesen, der es verstand, seine Befehle und Anwei-

sungen durchzusetzen; und dennoch konnte sie sich nicht erinnern, jemals von ihm geschlagen worden zu sein.
Ascha war sechs Jahre alt, als ihr Vater von einem Stammeskrieg gegen die Gallas nicht mehr in sein Heimatdorf in der weiteren Umgebung der Stadt Gewani zurückkehrte. Die anderen Männer berichteten, daß ihn der Speer eines feindlichen Kriegers die Brust durchbohrt und an eine hinter ihm stehende Akazie genagelt hatte. Er war ein tapferer Mann gewesen und er war so gestorben, wie es sich für einen tapferen Mann ziemte.
Im Dorf schien dies für niemanden ein besonders tragisches Schicksal zu sein, selbst für die nächsten Angehörigen nicht. Viele Männer fanden auf diese Weise den Tod, und das Ansehen eines im Kampfe Gefallenen übertrug sich auf dessen Familie.
Nach den festgelegten Tagen des Wehklagens und der Trauer ging das Leben seinen gewohnten Gang weiter. Für Aischa veränderte sich wenig. Die Geschicke der Familie wurden jetzt von ihren fünf Brüdern und dem ältesten Bruder des Getöteten bestimmt. Aischa war ein Mädchen, ihre Meinung zählte nicht, genauso wie die Meinung der Mutter meist ungehört blieb. Sie hatten zu arbeiten, das Vieh zu versorgen, die Felder zu bewirtschaften, den Haushalt zu erledigen, das Essen zu kochen, Wäsche zu waschen und zwischendurch ein paar Kinder zu gebären – ein Tag sah aus wie der andere, die Wochen, Monate und Jahre waren graue, eintönige Zwillingsschwestern.
Aischa hatte eigentlich nur zwei Erinnerungen an ihre Kindheit, die sie mit Freude erfüllten. Das waren die Abende, an denen die Dorfbewohner sich am Feuer trafen, gemeinsam sangen, im Rhythmus klatschten und manchmal auch bis zur Erschöpfung tanzten. Und dann gab es da noch einen Onkel, der ihr sehr zugetan war. Jedesmal, wenn er zu Besuch kam, schenkte er Aischa aus einem Beutel, den er an seinem Rock trug, eine Handvoll Zucker. Das war eine ungeheure Kostbarkeit. Aischa ging denn auch sorgsam mit dem süßen Geschenk um. Nur Krümel um Krümel naschte sie. Meist schleckte sie noch nach Tagen daran. Außerdem wußte der Onkel immer wunderschöne Märchen zu erzählen.
Da Horst zu gern wissen wollte, was Afars unter einem »schönen« Märchen verstehen, erzählte Aischa die Geschichte von dem Afar und dem Krokodil:

Ein Afar zog mit seinem Kamel durch die Wüste. Da kam er an ein ausgetrocknetes Wasserloch und fand ein Krokodil. Es weinte bitterlich. »Warum weinst du, Krokodil?« fragte der Afar.
»Siehst du nicht? Ich habe kein Wasser mehr zum Schwimmen. Ich muß sterben. Nimm mich bitte mit an den Fluß und laß mich frei.«
Der Afar aber gab zu bedenken, daß er dann in Zukunft weder durch den Fluß waten noch daraus trinken könne.
»Wie kannst du so etwas von mir denken? Nimm mich mit und ich verspreche dir, dich immer trinken zu lassen.«
So nahm der Mann das leidende Tier auf sein Kamel, verzurrte es gut, damit es nicht herunterfiele und brachte es an den Fluß. Dort band er es wieder los und setzte es hinein. Als er dann aber davon trinken wollte, schnappte das Krokodil nach ihm, so daß der Durst ihm bald die Kehle zuschnürte. Der Afar zeterte nun verständlicherweise voller Ärger. »Du undankbares Vieh! Wie konnte ich so dumm sein, dich mitzuschleppen! Hätte ich dich nur verrecken lassen!«
Von diesem Geschrei wurde ein anderer Afar angelockt. »Was ist los?« wollte er wissen. Der durstige Afar erzählte ihm, was vorgefallen war. Da meldete sich das Krokodil zu Wort:
»Da wunderst du dich? Ich lasse dich deshalb nicht ans Wasser, weil du mich viel zu fest auf das Kamel gebunden hast. Mir tut jetzt noch alles weh!«
Der zweite Afar überlegte eine Weile. Dann fragte er, ob er vermitteln dürfe.
»Eigentlich«, begann er seinen Schlichtungsversuch, »kann ich mir nicht vorstellen, daß er dich so rücksichtlos festgebunden hat. Wenn es aber tatsächlich so gewesen ist, dann hättest du vollkommen recht, Krokodil. Um die Situation gerecht beurteilen zu können, schlage ich vor, wir wiederholen den Vorgang noch einmal.«
Das Krokodil war einverstanden. Der betrogene Afar auch. So schnürte der Schiedsrichter das Reptil erneut auf das Kamel.
»War es so fest oder noch fester?«
»Viel fester.« Der Afar zurrte die Seile noch enger.
»War es so?«
»Jawohl, so war es.«
Der Schiedsrichter lächelte zufrieden, und der Kamelbesitzer löschte erst mal seinen Durst.

Dann brachte der Afar in aller Seelenruhe das Krokodil an den Platz zurück, von dem er es geholt hatte.
Dort starb es den grausamen Tod des Durstes.

Schon als Kind war Aischa ungewöhnlich hübsch und die Mutter war darauf sehr stolz. Manchmal streichelte sie Aischa verstohlen über das glänzende, schwarze Haar, und ganz selten sagte sie ihr auch, daß sie sehr schön sei. Aber das tat sie nur flüsternd und nachdem sie sich vergewissert hatte, daß niemand zuhörte. Denn der Teufel ergreift nur zu gern Besitz von hübschen Mädchen, und welche Mutter macht schon gern den Teufel auf ihr eigenes Kind aufmerksam?
Man fand es denn auch ganz in Ordnung, daß ihr fremde Besucher ins Gesicht spuckten, sobald sie in die Hütte traten. »Pfui Teufel«, sagten sie dann geringschätzig, »welch ein häßliches Kind!« und die Mutter freute sich. Das war so Sitte bei den Afars, es sollte den allgegenwärtigen Teufel irritieren, es sollte das Kind seinem möglichen Interesse entziehen. Als sie noch kleiner war, hatten die Eltern ihr Gesicht sogar mit Asche getarnt, sie künstlich häßlich gemacht.
Die Brüder und der Onkel hatten schon sehr zeitig beschlossen, daß Aischa ihren Cousin Mahmud zu heiraten hatte. Auch dieses war nicht ungewöhnlich, denn die Familien legen die Zukunft ihrer Kinder fest. Aber Mahmud war ein finsterer, langaufgeschossener Bursche, vier Jahre älter als Aischa und von so selbstherrlicher Art, daß er abstoßend wirkte. Bei jeder nur möglichen Gelegenheit ließ er Aischa spüren, daß sie nur ein Mädchen war, wertlos; zum Arbeiten und Kinderkriegen. Er liebte es, sie zu demütigen, sie arbeiten zu lassen. Oft hatte er ihr befohlen, auch seine Ziegen zu hüten. Im ganzen Dorf galt er als einer, der mit dem Wort sehr schnell umzugehen verstand – schneller jedenfalls als mit der Gille, dem Kurzschwert.
Als Mahmud sechzehn oder siebzehn Jahre alt war, verlangte Aischas Familie von ihm die übliche Hochzeitsgabe: den Penis eines getöteten Feindes. Stolz und herausfordernd erklärte der Junge, er würde nicht nur eine Trophäe vom nächsten Stammeskrieg heimbringen, sondern mindestens fünf. Er brüstete sich seiner Fertigkeiten mit dem Schwert und meinte angeberisch, daß ihm kein Feind gewachsen sei. Im übrigen lieh er sich für den Krieg ein Gewehr. Dann zog er mit einigen Freunden los, auf Trophäenjagd.

Während andere heiratsfähige Mädchen dem Ende der Jagd entgegenfieberten, wartete Aischa mit gemischten Gefühlen.
Als er nach zwei Tagen zurückkehrte, brachte er nicht fünf, wie versprochen, sondern nur ein Siegeszeichen mit. Und es war selbst für ein junges Mädchen leicht zu erkennen, daß es sich bei diesem Feind um ein Kind gehandelt haben mußte.
Spätestens von diesem Augenblick an verwandelte sich die Abneigung des Mädchens gegenüber ihrem zukünftigen Mann in Haß und Abscheu. Aber sie hütete sich, dieses Gefühl deutlich werden zu lassen. Auch ihrer Mutter gegenüber verschwieg sie es, sie hätte bei ihr wohl auch kaum Verständnis gefunden. Eine Frau hatte zu gehorchen, in dieser Tradition lebte man seit Jahrhunderten. Allah wollte es so. So hatte sie es gelernt. Sich dagegen aufzulehnen, hieße Allahs Willen zu verachten. Dennoch – langsam wuchsen die Zweifel in Aischa, sie ließen sie nachts nicht schlafen und quälten sie tagsüber bei der Arbeit.
Das war die Zeit, als Aischa zum erstenmal an Flucht dachte. Zuerst war es nur ein Gedanke, langsam festigte er sich aber immer mehr.
Man wird sich fragen, wie es möglich ist, daß ein junger Mensch wie Aischa, die doch ein Leben lang mit ihrem Stamm nomadisierte, auf den Gedanken der Flucht kommen konnte. Mit Sicherheit wurde ihr kaum von einer anderen Welt berichtet. Und schon gar nicht kann ihr erzählt worden sein, die fremde Welt würde ihr Vorteile bringen.
Bei Aischa waren es zwei Zufälle gewesen, die ihr einen Einblick in diese andere Welt ermöglicht hatten. Während der alljährlichen Wanderungen auf der Jagd nach Gras für ihr Vieh kreuzten ihre Familien den Weg einer Gruppe Missionare. Männer und Frauen. Vielleicht waren es sogar die Red-Sea-Mission-Peoples aus Rasa. Denn auch sie rüsteten sich alle paar Monate mit Kamelen und Begleitern aus und stiegen hinab in die Dankalia, um Kranken direkt vor Ort ein wenig medizinische Hilfe zu bringen. Manchmal schenkten sie den Kindern auch ein einfaches Spielzeug: einen Ball, einen Spiegel, einen Farbstift, ein Malbuch. Wir haben diese Dinge bei zwei Familien selbst gesehen. Sie werden gehegt wie ein Augapfel und dem Gast mit großem Stolz vorgezeigt. Im übrigen findet man bei den Afars kein Spielzeug. Nur ein einziges Mal beobachteten wir einen Vater mit seiner

kleinen Tochter neben einer Wasserstelle. Aus dem Lehm modellierten sie ein Dorf! Ein Dorf mit Hütte, Sack und Pack und vielen Kamelen.

Diese zufällige Begegnung mit dem Trupp der Missionare verwirrte Aischa. Da hatte sie zwei Frauen gesehen, die von den Männern geachtet wurden, die mit den Männern aus einem Topf dasselbe Essen zu sich nehmen durften, die Krankheiten heilen konnten, die die Afar-Sprache beherrschten, und die genauso sicher mit Kamelen zu hantieren wußten wie die Afars. Man kam abends ins Gespräch, und Aischa hörte nicht nur von den Dingen aus dieser ihr völlig fremden Welt, sondern auch von anderen Göttern. Gerade das war ihr so unvorstellbar, daß sie es kaum glauben mochte. Nie, auch später nicht, kam ihr der Gedanke, dem Islam den Rücken zu kehren. Es hätte auch ihren sicheren Tod bedeutet. Abtrünnige müssen getötet werden . . . eisernes Gesetz in jeder Familie. Daß die Missionare überhaupt von solchen Dingen reden durften, verdankten sie einzig und allein ihrem guten Führer und der Tatsache, daß sie gute Medizinmänner waren. Im Gegensatz zu den Fähigkeiten der Afar-Medizinmänner brachten die Zaubermittel der blassen Fremden wirklich Linderung, oft sogar Heilung.

Aischa erinnerte sich an Abu Taya, einen ihrer Onkel. Auf einem seiner Jagdstreifzüge fand er zwei Geparden-Babys. Da von der Mutter weit und breit nichts zu sehen war, nahm er sie einfach auf und wollte sie nach Hause tragen. In diesem Moment sah und fühlte er einen Schatten über sich hinwegschießen. Er war sich nicht einmal sicher, ob der Schatten ihn überhaupt berührt hatte. Doch nach wenigen Sekunden merkte er es deutlich. Die Gepardenmutter hatte ihm im Vorüberfliegen den Skalp abgerissen!

Er faßte sich an den Kopf, er hatte Blut an den Händen. Es sickerte nur langsam durch die Schädeldecke. Entsetzen packte ihn. Natürlich dachte er nun nicht mehr an die Babys. Irgendwie brachte er sich zu seiner Burra durch.

Die Familie allerdings gab Abu Taya keine Überlebenschancen mehr. Sie schlossen ihm die Hautlücke mit frischem Kuhmist, was zumindest die Fliegen daran hinderte, ihm ihre Eier unter die Hautränder zu legen.

Abu Tayas Kopf schmerzte immer stärker. Die Familie fürchtete, sein Geist würde sich bald verwirren. Dann würde er eines Tages eine Unvorsichtigkeit begehen und nicht mehr nach Hause zurückkehren. Schlangen, Hyänen, böse Menschen lauerten überall.

Es wurde auf einmal in den Hütten von einem Hakim erzählt, der alles heilen kann. Da brachte die Familie Abu Taya zu Dr. Aebersold nach Gewani.

Im Dorf Abu Tayas glaubte niemand mehr an seine Rückkehr. Aber nach drei Monden war Abu Taya wieder zur Stelle. Seine Schädeldekke war von einer noch zarten, aber immerhin neuen Haut überzogen. Es wuchsen ihm sogar wieder Haare.

Aebersold später zu uns: »Das war einer meiner interessantesten Fälle. Gott sei Dank ist der Mann damals rechtzeitig gekommen. Ich hatte nicht geglaubt, ohne Transplantation hier etwas ausrichten zu können. Aber die Menschen dieses Landes bringen einen ungewöhnlichen Lebenswillen und eine gute Kondition mit. Bei Abu Taya war es so, daß sich schon nach acht Tagen die ersten Kristallisationspunkte bildeten, die ersten Anzeichen neuer Haut. Immer größer wurden diese Stellen, und schließlich hat sich die Kopfhaut wieder geschlossen.«

Seit dieser Zeit hatte Aischa unerschütterliches Vertrauen in weiße Ärzte.

Unmittelbar nachdem sie elf Jahre alt geworden war, setzte die Familie den Beschneidungstermin fest.

Aischa hatte von anderen Frauen gehört, mit welchen entsetzlichen Schmerzen diese Operation verbunden war. Sie hatte fürchterliche Angst und wußte doch gleichzeitig, daß es für sie keine Ausnahme von dem Brauch geben konnte. Ja, eigentlich kam so ein Gedanke bei ihr auch gar nicht auf, denn es gehörte zum Leben einer Frau, die Beschneidung über sich ergehen zu lassen. Der Koran, so hieß es, schriebe dies vor, und wer wollte sich schon dem Willen Allahs widersetzen?! An dieser Einstellung änderte auch die Tatsache nichts, daß viele junge Mädchen die Folgen des Eingriffs nicht überstanden. Sie starben meist am Wundfieber. Beinahe noch schlimmer waren die anderen dran, die zwar am Leben blieben, aber deren Geist sich durch die enormen Schmerzen verwirrte.

Im Dorf gab es eine uralte Frau, die schon seit Menschengedenken als Hebamme und Medizin-»Mann« tätig war. Sie war es, die die Beschneidungen durchführte. Sie war ungemein häßlich und bösartig. Man tuschelte unter den Mädchen, daß sie die Zeremonie immer besonders lang hinausziehen würde, angeblich weil dies der Wunsch des Propheten gewesen sei. In Wahrheit aber, so hieß es, weidete sie sich daran, wenn hübsche junge Mädchen die Qualen ausstehen mußten, die sie ihnen zufügte.

Und vielleicht spielte auch noch etwas anderes eine Rolle: die alte Frau hatte vor vielen, vielen Jahren selbst drei ihrer Töchter nach den Beschneidungen verloren. Sie waren jeweils wenige Tage später gestorben. Auf jeden Fall war in ihr jegliches Mitgefühl für die leidenden jungen Frauen verschüttet, wenn es überhaupt jemals vorhanden gewesen war. Während der Beschneidungen war sie der Mittelpunkt – und das genoß sie eben, solange es ging. Auf Kosten der Mädchen.

Auch heute noch wird die grausame Sitte der Beschneidung in vielen afrikanischen Ländern praktiziert. Man unterscheidet dabei zwischen der sogenannten Sunna-Beschneidung, bei der entweder die Spitze der Klitoris abgeschnitten wird, oder aber die Klitoris radikal und komplett mit Wurzel entfernt wird, und der Infibulation. Bei der Infibulation, der grausamsten Form der Beschneidung, werden nicht nur die Klitoris entfernt, sondern auch die inneren und äußeren Teile der Schamlippen. Darüberhinaus werden die Wundränder mit Dornen zugesteckt. Bei Aischas Stamm nun galt der Infibulations-Ritus. Obwohl immer wieder behauptet wird, diese Beschneidung sei im Koran vorgeschrieben, stimmt das nicht. An keiner Stelle der Heiligen Schrift der Muslims gibt es eine entsprechende Passage.

Allerdings steht fest, daß bereits im alten Ägypten Frauen beschnitten wurden, zu einer Zeit also, da es die islamische Religion überhaupt noch nicht gab. Einige Völkerkundler neigen deshalb auch zu der Meinung, dieser schreckliche Brauch hänge mit dem Übergang vom Matriarchat zum Patriarchat zusammen, der auch gleichzeitig die Epoche des Privateigentums einleitete. Da die Männer begannen, die Frauen als persönlichen Besitz zu betrachten, versuchten sie logischerweise, auch dieses Eigentum zu schützen. Sie mußten sich also der Treue der Frau versichern und kamen sehr schnell dahinter, daß sich dies am besten mit einem operativen Eingriff erreichen ließ: mit der Auslöschung des weiblichen Lustzentrums. In der Regel tritt dann als unmittelbare Folge bei der Frau eine Unlust an der Sexualität ein. Die hier angesprochene Theorie erklärt allerdings nicht, warum sich dieser Brauch ausschließlich in den islamischen Ländern gehalten hat.

Die durch die Beschneidung erhoffte Wirkung ist aber nicht immer die Konsequenz, denn die meisten Frauen erreichen den Orgasmus psychologisch, über das Hirn und nicht über die Primär-Nerven. Zwar ist unbestreitbar, daß die meisten Regierungen offiziell gegen die Beschneidung vorgehen, ja, 1976 ergriffen sogar die Vereinten Nationen die Initiative, doch große Erfolge waren ihr in den afrikanischen Ländern nicht beschieden. Unbeschnittene Frauen sind dort auch heute noch schwer »an den Mann zu bringen«, und es mag auch typisch für die Einstellung der Einwohner dieser Staaten sein, daß es für sie als eine der stärksten Beleidigungen gilt, einen Mann »Sohn einer Unbeschnittenen« zu nennen.

Wenn Aischa sich später an den Abend erinnerte, an dem sie beschnitten wurde, dann verfiel sie noch lange Zeit in eine Art Panik. Sie glaubte, die schrecklichen Schmerzen wieder zu spüren, vor allen Dingen aber stellte sich sofort das Gefühl der Erniedrigung ein. Eine Empfindung, die sie noch ärger plagte als die körperliche Pein.

Die Beschneidung war für Aischa keine Überraschung gewesen. Sie hatte gewußt, daß es geschehen würde, und sie hatte auch von dem Zeitpunkt gewußt. Und dennoch sprang der Schock sie wie ein wildes Tier an, als die schreckliche alte Frau und ihre Nachbarinnen die Hütte betraten. Verzweifelt und hilfesuchend sah sich das Mädchen nach seiner Mutter um – vergebens. Vermutlich hatte sie vorher die Hütte verlassen müssen, und jede der anderen Frauen dachte: »Warum soll es ihr besser gehen? Wir haben das auch ertragen müssen.«

Mit einigen barschen Befehlen ordnete die Alte an, daß sich das Mädchen auf den nackten Boden hinzulegen hatte. Aischa mußte Beine und Arme spreizen, und Frauen setzten sich darauf. Aischa konnte sich nicht mehr rühren. Eine andere Frau setzte sich auf ihre Brust. Sie schob dem Mädchen einen Holzblock in den Mund und flüsterte ihr zu, daß sie darauf beißen solle, wenn der Schmerz einsetzt.

Aischa konnte nicht sehen, was die Alte tat, ihr war der Blick versperrt. Plötzlich spürte sie einen rasenden Schmerz. Er kam mit solcher Wucht, daß der Schrei, der sich ihrem Mund entringen wollte, in

ein gurgelndes Stöhnen überging. Sie hatte sich fest vorgenommen, nicht zu weinen und konnte doch die Tränen nicht zurückhalten. Aischa fühlte, wie das Blut an ihren Oberschenkeln herabrann, ihre Zähne gruben sich tief und tiefer in den Holzstock, sie sah die Augen der Frau, die auf ihrer Brust hockte, auf sich gerichtet, und sie las nicht einen Funken Mitgefühl darin, höchstens Neugier.
Dann verlor Aischa das Bewußtsein. Als sie wieder zu sich kam, saß ihre Mutter an ihrem Lager, auf das man sie nach dem Eingriff gelegt hatte. Die Schmerzen jagten wie Wellen durch den Körper, aber das Mädchen nahm sie nur im Unterbewußtsein wahr. In ihrem Kopf brannte das Fieber, manchmal phantasierte sie, manchmal versuchte sie, sich die Lederriemen von den Schenkeln zu reißen, die ihre Beine vier Wochen in absoluter Unbeweglichkeit zusammenhalten sollten, bis die Wundränder miteinander verwachsen und geheilt waren. Die Ränder des Scheidenmundes waren mit Dornen zugezwackt. Man hatte so die Öffnung verkleinert. Die Mutter brauchte alle Kraft, um die wild um sich schlagende Tochter zu bändigen.
Eine Woche kämpfte der Tod um das Mädchen. Fast schien es, als würde er siegen. Doch am Morgen des achten Tages nach der Beschneidung spürte Aischa, daß die Schmerzen erträglicher wurden. Das Fieber ließ nach, und sie vermochte wieder klar zu denken. Von nun an machte die Gesundung schnelle Fortschritte. Nach vier Wochen dann nahm man ihr die Lederriemen ab, und Aischa konnte wieder ihrer Arbeit nachgehen.
Geblieben allerdings war der Abscheu vor dem, was man mit ihr gemacht hatte. In dieser Hinsicht unterschied sie sich von den anderen Frauen des Dorfes. Und beinahe noch stärker geworden war ihr Haß und ihr Ekel vor Mahmud, dem Mann, den sie in drei Jahren heiraten sollte.
Da waren noch zwei andere junge Mädchen, die mit ihr zur gleichen Zeit verheiratet werden sollten. Aischa wußte, daß auch sie sich vor den Männern fürchteten, die ihre Familien für sie ausgesucht hatten. Heimlich besprach sie sich mit ihnen. Sie erinnerten sich an den weißen Arzt in Gewani. In zwei bis drei Tagen könnte man ihn erreichen. Es hieß, er würde jedem Afar helfen, der zu ihm kommt. Aischa schlug vor, heimlich das Dorf zu verlassen.
Sie wußten, daß sie immer nur nachts laufen konnten. Am Tage wür-

den andere Afars sie sehen und sie der Familie verraten. So würden sie Zeit verlieren und das Wasser würde nicht ausreichen. Aber was riskiert man nicht alles für seine Hoffnungen! Sie bereiteten ihre Flucht vor. Einige Tage später war es endlich so weit. Die Mädchen trafen sich, als alle anderen schon Stunden schliefen. Die Flucht begann. Die drei Mädchen liefen so schnell sie konnten in Richtung Gewani. Das verdörrte Gras glänzte silbrig im Mondlicht.
Nach Mitternacht hörten sie den Ruf zum erstenmal. Hyänen! Es erschien ihnen als nichts Besonderes. Überall am Rand der Dankalia gibt es Hyänen. Mit ihnen waren die Mädchen groß geworden; sei es, daß sie die Herden gegen die Hyänen verteidigen mußten; sei es, daß die Gazellen der Umgebung vorzugsweise die Nähe menschlicher Behausungen suchten, weil sie sich dort sicherer vor den allesfressenden Halbkatzen fühlten. Und zu den Zeiten, in denen die Kamelstuten ihre Jungen warfen, war ebenfalls größte Aufmerksamkeit am Platze. Mit Vorliebe rissen die Hyänen die jungen Fohlen. Einmal hatte Aischa das erlebt. Sie und ein bewaffneter Mann waren zehn Minuten zu spät gekommen. Sie sahen nur noch ein Knäuel kämpfender Hyänen-Leiber, die alle versuchten, ihren Anteil aus der warmen Beute zu reißen. Da sie ohnehin zu spät gekommen und Patronen Mangelware waren, hatten sie nicht dazwischengeschossen, sondern schaudernd und erregt zugleich zugeschaut, wie die einzelnen Tiere in ihrer Gier immer wieder versuchten, sogar mit Anlauf, in eine Lücke zu springen, um an das Fleisch zu kommen. Es war ein Inferno aus Knurren, Quietschen, Schmatzen, Bellen, ein Gebrüll zum Erstarren, gemischt mit nervösem Gelächter und Gekicher. Dazwischen hörten sie deutlich das Schlürfen, das Kauen, das Reißen, das Knirschen und das Knacken selbst dickster Knochen. Hyänen haben das kräftigste aller Raubtiergebisse. Bei einem solchen Kampf um die Beute passiert es durchaus, daß im Gedränge dem Nachbarn ein Ohr, die Schnauze oder die Pfote angefressen oder gar abgebissen wird.

Von irgendwo antwortete eine andere Hyäne. Auch das war alltäglich. Die Mädchen liefen weiter.
Der erste Schreck fuhr ihnen in die Glieder, als plötzlich zehn Meter vor ihnen auf einem Fels ein großes Tier im Mondlicht stand. Es knurrte leise, zeigte aber keine Angst. Und das war verdächtig. Deut-

lich sahen sie die gesträubte Nackenmähne und den kurzen aufgerichteten Schwanz, das Zeichen der Angriffsbereitschaft.
Die Mädchen blieben wie angewurzelt stehen. Die Hyäne stieß kurze, unterdrückte Laute aus. Aus der Nähe kam Antwort. Die Mädchen waren umzingelt.
Jetzt erst wurde ihnen bewußt, daß sie keine Waffe bei sich hatten. Sie griffen sich die erstbesten Steine und schleuderten sie gegen die Silhouette auf dem Fels. Das Tier kniff den Schwanz ein, senkte die gesträubten Nackenhaare, richtete dafür die Rückenmähne auf und ging ein paar Schritte zur Seite. Aber es floh nicht, wie die Mädchen erwartet hatten. Mit seinem gesunden Instinkt hatte es sofort bemerkt, daß die Mädchen voller Angst waren.
Es waren drei Tiere. Nur drei. Aber wie schnell konnten es mehr werden! Es war den Mädchen klar, daß sie nicht mehr weitergehen durften. Sie wollten sich in aller Eile eine Keule aus dem Busch brechen. Dabei rissen sie sich die Hände blutig. Der Blutgeruch peitschte die Hyänen auf. Nun hatten die Mädchen zwar keine Keule, aber eine dornige Rückendeckung. Zwei von ihnen errichteten einen Steinwall. Er sollte sie schützen und letztlich Wurfgeschosse liefern. Dann warteten sie ab. Die drei Halbkatzen hatten sich in zwanzig Metern Abstand um sie gruppiert. Sie saßen auf der Hinterhand, knurrten sich Kommandos zu oder unterhielten sich ganz einfach. Eine Hyäne legte sich lang hin und robbte unmerklich näher. Die jungen Frauen merkten es erst, als das gewaltige Tier – es wog bestimmt soviel wie zwei Ziegen – plötzlich viel näher lag, ohne aufgestanden zu sein.
In ihrer Angst starteten sie das erste Stein-Bombardement. Die Tiere zogen sich zurück. Sie schlichen auf und ab und heulten laut in die Nacht hinein.
Von weit, weit her kam eine Antwort. Doch weitere Verstärkung erhielten sie nicht. Die Mädchen drängten sich dicht zusammen und beteten.
Endlich dämmerte der Morgen. Kurz darauf zogen sich die Hyänen zurück. Wegen der Raubtiere und der möglicherweise hier wohnenden Afars blieben die Mädchen jedoch dort wo sie waren. Sie verlagerten lediglich ihre Festung um zwanzig Meter weiter zwischen zwei Felsbrocken. In deren Schatten holten sie den versäumten Schlaf nach. Sie hatten kein Wasser mehr und nichts zu essen. Aber Afars

sind zäh und klagen nicht. Früh am nächsten Abend, es war noch hell, brachen sie auf. Wenn sie durchmarschierten, konnten sie am Mittag des nächsten Tages ihr Ziel erreicht haben. Hoffentlich würde der weiße Hakim sie auch wirklich aufnehmen und weiterleiten. Wegen ihres Durstes und Hungers mußten sie es einfach riskieren, auch bei Tage zu laufen. Sie wollten, wenn man sie entdeckte, sagen, daß ihr Vater im Kampf schwer verwundet worden sei, und sie den Hakim holen wollten.

Nach zwei Stunden war die erste Hyäne wieder da. Sie erkannten sie wieder. Es war die, die gestern auf dem Fels gestanden hatte. Diesmal verhielt sie sich still. Jedes der Mädchen hatte einen Knüppel, und damit sprangen sie das Tier an. Es knurrte und wich zurück. Die Mädchen gingen unbeirrt weiter. Die Hyäne umkreiste sie. Mal war sie vorn, mal hinten, mal weiter, mal näher. Längst hatte sie ihren Signalruf ausgestoßen. Und nach drei vergeblichen Rufen war Antwort gekommen. Für die drei Afar-Mädchen war das das Zeichen, sich wieder einzuigeln. Zu ihrem Glück fanden sie einen verlassenen Tierkral neben dem Weg und hatten so eine Dornenburg. Sie war nicht hoch, aber rundherum geschlossen und bot Schutz.

Die Hyänen, diesmal vier, lagen im Kreis um die Dornenburg. Die Augen funkelten im Licht des Mondes. Bei der Leithyäne sah man deutlich die Tüpfelzeichnungen, die bei keinen zwei Tieren gleich sind, und an denen man sie unterscheiden kann. Nun sah Aischa auch, daß dem Tier ein Ohr fehlte und daß das andere wie ein zerrupfter Rock aussah. Kampfspuren.

Ein anderes der Bewachertiere pirschte zum Leittier und rieb sich an seiner Schulter. Dieses gähnte gelangweilt. Damit tat es seine ranghöhere Position kund.

Von weitem meldeten sich andere Hyänen. Aber sie kamen nicht näher. Entweder hatten sie eigene Beute, oder es war nicht ihr Territorium.

Die Mädchen waren erschöpft, sie schliefen ein.

Niemand vermochte hinterher zu sagen, wie lange sie geschlafen hatten.

Aischa wurde jäh wach durch einen stechenden Schmerz in der Taille. Ihr Kopf, die Hände und die Beine baumelten frei in der Luft. Dann war es ihr, als zöge man ihr an allen Gliedern die Haut in Streifen

herunter. Eine Hyäne war in die Dornenburg eingebrochen, hatte Aischa angegriffen und sie über die Dornenhecke gezerrt.
Aischa schrie. Jetzt erst wachten ihre Freundinnen auf. Ehe sie aus dem Dornengestrüpp herausfanden, war die Hyäne schon fünfzig Meter weit fort. Sie schrien aus Leibeskräften, vergaßen jede Vorsicht und Furcht, und schwangen drohend die Keulen. Die übrigen Hyänen hatten vor Menschen offensichtlich noch immer Respekt. Sie verzogen sich. Doch das Tier, das Aischa ergriffen hatte, ließ nicht von ihr ab. Endlich waren die Freundinnen heran und droschen auf die Hyäne ein.
Im selben Moment fiel ein Schuß. Aischa fiel zu Boden. Sie war bewußtlos. Die Hyäne suchte das Weite.
Die Retter in der Not waren zwei Afars, die in der Nähe ihre Burra aufgeschlagen und das Geschrei gehört hatten. Sie vermuteten, daß sich Feinde genähert hatten und gaben einen Warnschuß ab.
Aischa wurde in die Hütte gebracht. Sie blutete stark. Ihre rechte Seite sah übel aus. Die beiden Afars klatschten ihr frischen Kuhmist auf die Wunde. Der verhüllte zwar die übel zugerichtete Flanke gnädig – doch helfen tat dieser Afar-Wundverband natürlich nicht.
Die Mädchen logen geistesgegenwärtig. Wie vereinbart, erzählten sie die Geschichte vom verwundeten Vater, der auf ärztliche Hilfe wartete. Die Afars flochten am nächsten Morgen eine Bahre, legten Aischa darauf und trugen sie zu Dr. Aebersold ins Hospital des Roten Kreuzes bei Gewani.
Der Schweizer Arzt säuberte, nähte und verband das verletzte Mädchen, gab ihm eine Spritze gegen Wundstarrkrampf und Antibiotikum. Am nächsten Tag vertraute sie sich ihm an, erzählte von ihrer Flucht und bat ihn um Hilfe.
Der Arzt wurde in einen schweren Zwiespalt gestürzt. Zwar war er gern bereit, den drei Mädchen jede Unterstützung zu geben, andererseits wußte er, daß sein Leben gefährdet war, wenn die Familien der Flüchtlinge davon erfuhren.
Die Geschichte des Hyänen-Überfalls hatte sich natürlich wie ein Lauffeuer verbreitet. Auch Aischas Stamm erfuhr davon und entsandte eine Abordnung zu Aebersold. Sie forderten die Mädchen zurück. Aischas Freundinnen konnten sich nicht mehr verstecken, ihr aber gelang es, in eine große Truhe in Aebersolds Zimmer zu schlüp-

fen. Sie hörte die Männer aufgeregt reden und durch das Haus trampeln, doch niemand fand sie. Sie lag tief unter der Wäsche verborgen.
Stunden später, als die Afars abgezogen waren, kroch sie aus dem Versteck und stand plötzlich wieder vor Dr. Aebersold. Was sollte er tun? Sollte er das Mädchen ausliefern? Sollte er sein Leben riskieren?
Die Hilfsbereitschaft behielt die Oberhand. Der Arzt entschloß sich, Aischa weiterzuhelfen. Allerdings durfte sie auf gar keinen Fall in seinem Hause bleiben.
Als es dunkel geworden war, versteckte er sie in einem Jutesack. Scheinbar achtlos warf er ihn mit anderem Gerümpel zusammen auf seinen Landrover, fuhr etwa einhundert Kilometer weit zu einem deutschen Straßenbau-Camp. Dort fand Aischa vorerst Unterschlupf. Doch auch hier arbeiteten Afars, und so erfuhr der Stamm abermals ihren Aufenthaltsort. Aebersold saß derweil ahnungslos in seinem Hospital.
Und diesmal ließ sich die aufgebrachte Afar-Delegation erst gar nicht auf lange Verhandlungen ein, sie stellten ein Ultimatum. Entweder würde der Arzt dafür sorgen, daß das Mädchen innerhalb der nächsten drei Tage wieder zu seiner Familie zurückkehrt, oder er hätte sein Leben verspielt.
Aebersold war lange genug im Lande, um die Drohung so ernst zu nehmen, wie sie gemeint war. In seiner Not fuhr er noch einmal zu den deutschen Arbeitern, und er hatte Glück. Aischa war noch bei der Gruppe. Er erzählte dem Mädchen von dem Ultimatum ihrer Angehörigen und er bat sie, wieder in ihr Dorf zurückzugehen.
Aischa sah keinen Ausweg mehr. Auf gar keinen Fall wollte sie das Leben des Mannes gefährden, der ihr als erster in ihrem Leben wirklich geholfen hatte.
Schon am nächsten Abend kehrte sie in ihr Dorf zurück. Und beim nächsten Vollmond fand die Hochzeit mit Mahmud statt.
Für Aischa brachen üble Zeiten an.
Wollte Aischa mit Mahmud sprechen, dann durfte sie ihn nicht anschauen, sie hatte sich so zu stellen, daß sie sein Gesicht nicht sah. Bei den Mahlzeiten bekam sie nur das, was er verschmähte. Natürlich mußte sie ihn von früh bis spät bedienen, mußte jede Arbeit machen,

die ihr von ihm aufgetragen wurde. Er tat nichts. Doch am schlimmsten war es nachts. Aischa war nicht in der Lage, die sexuellen Wünsche des Mannes zu erfüllen. Nicht nur, daß er ihr im höchsten Grade widerwärtig war, sie konnte es rein körperlich gar nicht. Nach der Beschneidung, nach dem Zusammenklammern der Wundränder, dem »Zunähen« mit Dornen, hatte sich ihre Scheide so verengt, daß sie keinen Mann mehr empfangen konnte.

Mahmud reagierte auf eine für ihn typische Weise. Er machte Aischa zum Gespött des ganzen Dorfes. Überall erzählte er, daß sie ja gar keine richtige Frau sei, daß sie ihm keine Kinder gebären könne. Aischa spürte die verstohlenen Blicke, sie hörte, wie die anderen hinter ihr hertuschelten und daß man über sie lachte. Sie fühlte sich als Ausgestoßene.

In ihrer Not sprach sie mit ihrer Mutter. Die Mutter wußte auch Rat, aber genau den wollte Aischa nicht annehmen.

»Geh zur Alten und laß dich ›öffnen‹«, hatte sie gesagt.

Was das bedeutete, wußte Aischa nur zu genau. Schon mehrfach hatte sie erlebt, wie das vor sich ging. Nämlich immer dann, wenn die anderen Frauen ein Kind gebaren – also mindestens einmal im Jahr – war es soweit. Nur fünfen von hundert war es vergönnt, die Kinder ohne Hilfe zur Welt zu bringen. Bei allen anderen war die Scheide zu eng. Zwar hatten sie, im Gegensatz zu Aischa, mit ihren Männern Verkehr haben können, aber spätestens dann, wenn die Geburt einsetzte, kam es auch bei ihnen zu Komplikationen. Der Schädel des Babys war bereits zu sehen, der Körper preßte – aber für das Kind war der Ausgang zu eng. Und so mußten sich die Frauen selbst öffnen oder öffnen lassen.

»Öffnen« – das hört sich so harmlos an, so nach Spritze, Narkose und Kaiserschnitt. Doch in Wirklichkeit bedeutete es, die Gille, das Kurzschwert, oder einen schmutzigen Dolch zu nehmen und sich selbst aufzuschneiden! Hier ist dann, auch für abgehärtete Afar-Frauen, die Grenze des Leidens erreicht. Das Blut läuft in Strömen. Der Schmerz macht sie rasend, sie werden oft ohnmächtig. Dann müssen die Nachbarinnen helfen. Sind sie nicht zur Stelle, dann verblutet die Mutter.

Allzu häufig schneiden sie auch zu weit, oder sie verletzen das Baby. Sehr viele Afar-Frauen überleben die Geburt nicht. Hat die Mutter

die Geburt ›glücklich‹ überstanden, dann wird sie sofort wieder zugenäht, das heißt mit Dornen zugezwackt und verschnürt.
Nach jeder Geburt dieselbe Prozedur.
Und das war es also, was Aischa bevorstand, wenn sie dem Rat der Mutter folgte. Sich öffnen lassen, von einer Dorfhexe, vor der sie sich ängstigte, für einen Mann, den sie haßte.
Aischa folgte dem Rat der Mutter nicht. Ihr Leben wurde immer unerträglicher.
Der Abgrund zwischen den beiden Eheleuten klaffte täglich weiter und tiefer auseinander.
Da kam eines Tages ein versprengter Trupp eritreischer Freiheitskämpfer in die Burra. Die Soldaten befanden sich auf der Flucht vor Regierungstruppen. Unter ihnen befand sich auch eine Frau. Suleika war ihr Name.
Aischa fühlte sofort eine heftige Zuneigung zu der Eritreerin. Und diese merkte schnell, daß die junge Frau Hilfe brauchte. Sie sprach lange mit ihr. Zum zweitenmal in ihrem Leben hörte Aischa etwas von Gleichberechtigung, vom befreiten Leben der Frauen. Sie vernahm erstaunt, daß man nicht stets und ständig hinter dem Mann zurückzustehen hatte und gehorchen mußte. Es war wiederum der Atem einer anderen Welt, der sie streifte.
Suleika gab Aischa den Rat, ihren Mann so lange zu provozieren, bis er sie verstoßen würde. Später sollte sie dann zu ihr kommen, sollte sich der eritreischen Befreiungsfront anschließen.
Das Ganze ging viel leichter und schneller als Aischa erwartet hatte. Vielleicht hatte Mahmud selbst schon insgeheim auf eine Gelegenheit gewartet, sich von Aischa zu trennen. Als sie sich ihm zwei Nächte später wieder verweigerte, verkündete er am nächsten Tag öffentlich im Dorf, Aischa sei nicht mehr seine Frau.
Schluß, basta! Trennung ist bei den Afars kein Problem, zumindest nicht für den Mann. Er verstößt seine Frau einfach.
Der Trupp ELF-Soldaten zog weiter. In seiner Mitte jetzt zwei Frauen – Suleika und Aischa.
Als wir sie kennenlernten, lebte Aischa bereits über ein halbes Jahr bei den Soldaten. Überall wurde sie geachtet und anerkannt. Aischas Charme, der durch ihr neugefundenes Glück erst richtig zur Entfaltung kam, ihr Lerneifer und ihre Hilfsbereitschaft hatten sie überall

beliebt gemacht. Man lehrte sie Kochen, Erste Hilfe und Schießen. Und nebenbei sog sie die neuen Sprachen ihrer »Befreier« wie ein trockener Schwamm auf: Arabisch, Tigrinya und sogar Englisch. Ihr Englisch war bald ausgezeichnet.
Einen Monat hatte es gedauert, bis sie sich endgültig an die neue Nahrung ihrer Freunde gewöhnt hatte. Vorbei war die Zeit, wo sie nur von Milch und Resten leben mußte. Jetzt gab es auch Tee, Zucker, Nudeln, Reis, Fleisch, Eier, Datteln und Kaffee. Es war eine paradiesische Zeit.
Ihren ersten Einsatz hatte sie in Massaua, einer Hafenstadt Äthiopiens. Für die Regierungstruppen war Massaua einer der wichtigsten Stützpunkte. Aischa und Suleika hatten den Auftrag, bei einem für die Eritreer arbeitenden Uhrmacher einige Uhren zur Reparatur abzugeben und woanders Radio-Ersatzteile zu holen. Solcherart Aufträge wurden nur an Frauen vergeben, denn sie fielen am wenigsten auf. Massaua überwältigte das Kind aus der Wüste. Aischa wußte nicht, ob sie träumte oder wachte. Sie sah zum erstenmal das Meer, Schiffe, Hubschrauber, am meisten aber staunte sie, daß es in den Häusern Wasserhähne gab, die man nur anzustellen brauchte, um daraus klares Wasser sprudeln zu lassen.
Suleika und Aischa erledigten ihren Auftrag zur vollen Zufriedenheit der E.L.F. Und es war in Massaua, wo sich Aischa wirklich der Sache der E.L.F. verschrieb. In dieser Stadt begriff sie, daß es tatsächlich eine andere ›Welt‹ gibt. Eine Welt, die nicht in selbst angelegten Fesseln langsam verendet, sondern die versucht, den Schritt in eine bessere Zukunft zu wagen.
Und dieser Sache, dieser möglichen Zukunft zu dienen, entschied sie sich.
Siehe dazu meinen aktuellen Appell auf Seite 236!

Die Spuren des Krieges

Unser neues Ziel hieß Marsa Fatma. Eine Hafenstadt, hatte Samuel ernsthaft behauptet. Doch als wir nach einem Zwei-Tage-Marsch mit ihm und zehn Soldaten dort eintrafen, da bestand die »Hafenstadt« aus einer verlassenen Tankstelle und drei zerbombten Häusern. Den Mittelpunkt bildete der Rumpf einer abgeschossenen DC 3.

Ein armseliges Nest, dem zahlreiche kleine Felseninseln vorgelagert waren. Ein geradezu ideales Versteck für Schmuggler. Doch was wog das alles gegen das Meer! Wie ein riesiger, rötlich angehauchter Spiegel lag es vor uns. Mächtige Korallenbänke wuchsen bis dicht unter die Wasseroberfläche. Und wie klar das Wasser war! Wir hatten den Eindruck, in einen blühenden Garten zu schauen – prallvoll mit den herrlichsten Fischen der Welt.

»Wenn es hier keinen Krieg geben würde, dann wäre das ein Paradies für Touristen«, meinte Klaus. »Hier könnten sie segeln, fischen, tauchen und sich sonnen.«

In den felsigen Buchten, einige Kilometer weiter nördlich, hatten zahlreiche Boote festgemacht. Nur wenige von ihnen waren mit einem Motor ausgerüstet; die meisten trugen Segel. Primitive Holzschiffe, mit jeweils zwei bis vier Mann Besatzung. Einer sah verwegener aus als der andere, sie waren wie aus einem Bilderbuch über Piraten ausgeschnitten. Samuel hatte uns vorher erzählt, daß die jemenitischen Schmuggler Schafe in Eritrea aufkaufen und in ihr Land transportieren. Dafür bringen sie Datteln, Zigaretten, Waffen. Sie bezahlen für das Tier umgerechnet zwanzig Mark. Ein Klasse-Geschäft, denn im Jemen, der für eine eigene Schafzucht zu kahl ist, wird jedes Tier für achtzig Mark weiterverkauft.

Allerdings ist das Geschäft auch mit erheblichem Risiko verbunden. Die Fahrt über das Rote Meer dauert zwei bis vierzehn Tage. Zwei bis vierzehn? Ja, denn alles hängt vom Wind ab. Manchmal verdursten die Tiere unterwegs, und manchmal werden die Schmuggler von äthiopischen Kanonenbooten aufgebracht. Dann müssen sie vorher die gesamte Ladung über Bord gehen lassen – eine willkommene Sonderzuteilung für die zahlreichen Haie.

Samuel hatte uns gebeten, in einem Mangrovenwäldchen auf ihn zu warten. Er wollte mit einigen Leuten über unseren Transport verhandeln. Nach zwei Stunden kam er verstimmt zurück.

»Ihr fahrt nicht in den Jemen«, teilte er uns kurz mit. »Wir marschieren weiter, nach Asmara.«

Klaus nickte nur, er hatte das wohl schon erwartet. Uns beiden anderen dagegen stand die Enttäuschung im Gesicht geschrieben. Schließlich erzählte uns Samuel, warum er seine Pläne kurzfristig ändern mußte:

Der Kapitän eines der Schmugglerschiffe hatte vor einigen Monaten einen Flüchtling mitgenommen. Die Familie hatte für die Überfahrt einen horrenden Preis gezahlt, doch sie bekam nie die vereinbarte Nachricht, ob ihr Angehöriger heil und gesund im Jemen angekommen war. Als der Kapitän jetzt wieder an der eritreischen Küste Schafe aufnehmen wollte, überfiel die Familie ihn und setzte ihn unter Druck. In seiner Angst erzählte der Jemenite ihnen, daß er damals von einem äthiopischen Kanonenboot auf offenem Meer gestellt worden war. Er wußte, daß man sie alle sofort erschießen würde, wenn der Flüchtling an Bord gefunden wurde. Zum Schein bat er ihn also, sich in einem Sack zu verkriechen. Als der Mann dies getan hatte, erschlug er ihn mit einem Schraubenschlüssel und warf die Leiche ins Meer. Notwehr.

»Na und«, fragte ich, »was haben sie mit dem Kapitän nun gemacht?«

»Er hat sich freigekauft«, antwortete Samuel. »Für zwanzigtausend Bir. Da habt ihr gleich ein Beispiel, wieviel Geld die Kerle mit sich herumschleppen. Aber unter solchen Umständen lasse ich euch auf keinen Fall fahren. Ich bin für eure Sicherheit verantwortlich. Und so wie es dem Flüchtling gegangen ist, so kann es euch auch passieren.«

Statt Hamburg also Asmara. Asmara, die Hauptstadt, um die gerade heftige Kämpfe wüteten.

»Seid nicht traurig«, tröstete uns Samuel, der unsere Enttäuschung spürte. »Ihr müßt das verstehen. Ich kann es nicht verantworten.« Er klopfte uns lachend auf die Schulter. »Wißt ihr was, jetzt fangen wir erst einmal ein paar Fische!«

Das brachte wieder Leben in uns, waren wir doch dankbar für jede Art einer Betätigungsmöglichkeit. Ich rückte ein paar Haken aus meinem Überlebensgürtel heraus und einige Meter Lawinenschnur. Jeder baute sich seine Angel. Samuel grub im Watt nach einem Krebs als Köder, und dann postierten wir uns auf einem Riff und fischten. Es war ein interessantes Angeln. Ganze Schwärme der vielfältigsten Fische standen im kristallklaren Wasser geradezu Schlange nach unserem leckeren Köder. Wir fingen Fisch um Fisch: rote, blaue, lange, quadratische. Wir konnten selbst bestimmen, wen wir anbeißen lassen wollten und wen nicht.

Reich beladen begaben wir uns zurück in ein Dorf unter Doum-Palmen, in dem auch unsere Kamele warteten.
Die Einwohner hatten sich neugierig um uns versammelt. »Wie kann man sich freuen, Fisch essen zu dürfen?« wunderten sie sich. »Wir essen jeden Tag Fisch.«
»Leute, wir kommen aus der Wüste. Da gibt's weit und breit keine Fische. Nur Datteln, Datteln, Datteln und Wasser.«
»Wie bereitet ihr euren Fisch zu?« fragte Klaus.
»Wir kochen ihn und manchmal legen wir ihn direkt ins Feuer.«
»Kennt ihr auch geräucherten Fisch?«
Stille rundherum. »Seht ihr, ihr müßt euch mal Räucherfisch machen! Dann lernt ihr eine ganz neue Art von Fischgenuß kennen.«
Während wir weiterhin unseren Fang für den Magen vorbereiteten, machte sich Klaus daran, im senkrechten Sandufer des trockenen Bachbettes eine Höhlung auszubuddeln. Nach oben hin versah er sie mit einem Abzug, vorn verschloß er die obere Hälfte mit unserer Allzweck-Folie und nassem Sand. Dann entfachte er ein Feuer. Während sich der Höhlensand erwärmte, hatten wir etwa zehn große Fische ausgenommen und sie auf zwei frische Äste gezogen. Über Astgabeln hängte er sie in das nur noch glimmende Feuer. Frische Blätter und frische Äste, manchmal auch ein paar Tropfen Wasser, hielten den Brandherd am Rauchen. »Das wichtigste ist ein guter Zug«, meinte Klaus fachmännisch. So war es.
Mit großen Augen standen die Dorfleute und Soldaten um uns gedrängt. Lautes Schmatzen, fettige Finger dankten Klaus für seine Mühe.
Nach einem wohltuenden Schlaf am Meer zogen wir weiter.
Sieben Tage hatte Samuel für den Marsch nach Asmara angesetzt. Gleich am zweiten Tag hieß es, wir würden ein israelisches Spionageschiff zu sehen bekommen, das gerade aufgebracht worden sei. Ein israelisches Schiff? Wir konnten es nicht glauben. Und behielten natürlich recht. Das angebliche Spionageschiff erwies sich als ein verrosteter, verkommener Fischerkahn mit sieben Mann Besatzung. Die Fischer waren aus Massaua ausgelaufen und hier von einem Kommandotrupp zwischen den Inseln festgenommen worden. Daß die armseligen Figuren keine Israelis waren, sah ein Blinder. Doch der Kommandoführer, ein unangenehmer, arroganter Typ, blieb

bei seiner Meinung. Vermutlich wollte er unter allen Umständen eine Heldentat vollbracht haben. Selbst Samuel erkannte die Hochstapelei. Aber er wollte sich nicht einmischen.

Auf unserem weiteren Marsch gelangten wir in die Nähe der Stadt Adi Keyh.

Etwa fünfhundert äthiopische Soldaten waren dort von dreitausend Eritreern eingeschlossen. Ihre Lage war hoffnungslos. Hin und wieder kam ein Flugzeug und warf an Fallschirmen Verpflegung und Munition ab. Doch die Schirme landeten meist außerhalb der Ortschaft und wurden eine willkommene Beute der Eritreer.

»Warum stürmt ihr nicht?«, fragte Klaus. »Warum laßt ihr euch so lange Zeit? Die Äthiopier sind doch am Ende.«

»Wir führen seit sechzehn Jahren die Revolution«, antwortete Samuel lakonisch. »Wir haben Zeit, viel Zeit. Wir hungern den Feind aus. Das dauert zwar etwas länger, kostet uns aber keine Menschen.«

Das war eine Einstellung, die wir immer wieder antrafen. So hatten wir Samuel einmal gefragt, warum die Truppenbewegungen in aller Regel nur nachts durchgeführt werden, obwohl die ELF praktisch doch das ganze Land beherrschte. Samuel hatte uns geantwortet, dies geschehe aus Rücksicht gegenüber der Zivilbevölkerung. Wenn die Äthiopier größere Einheiten von ELF-Kämpfern vermuten, dann schicken sie gewöhnlich Bomber. Und deren Angriffe richteten sich dann meist gegen Zivilisten und ihre Dörfer.

Wir waren tatsächlich ein bißchen beschämt. Heißt es doch bei uns immer, in diesen Ländern gelte ein Menschenleben so gut wie gar nichts!

Seit Adi Keyh befanden wir uns im sogenannten Hochland. Und damit stießen wir auch wieder auf unsere alten Freunde, die Flöhe, das Wappentier honoris causa Äthiopiens. Aber diesmal waren wir ihnen überlegen. Seit unserer Zeit als Kameltreiber wußten wir, wie wir ihnen an den Kragen konnten. Drei Varianten hatten wir erlernt: die Körperstellen mit Matsch einstreichen und trocknen lassen, die Garderobe ausräuchern oder sie einfach in einen Ameisenhaufen legen. Heia Safari!

Ruhe vor dem Sturm

Wir machten Rast in einer malerischen Plantage: Mai Aini. Sie war von einem Italiener namens Emilio Rossi gegründet worden, dessen Büste noch im Garten stand. Unter ausladenden Mango-Bäumen wurde Kaffee angebaut, es gab Mandarinen- und Orangenhaine, so weit das Auge blicken konnte. Und als uns eine wohlgenährte Mammi fragte, ob wir zum Abendessen Spaghetti mit Schinken und Tomaten haben wollten, und ob wir geriebenen Parmesan darüber wünschten, da glaubten wir zu träumen.

Ich machte den Fehler, die Chefin der Küche skeptisch zu fragen, ob sie denn überhaupt richtige Spaghetti kochen könne. Oho, da war ich aber mit beiden Füßen in einem Fettnapf gelandet. Zuerst krauste sich ihre Stirn, dann fingen die Augen an, Blitze zu schleudern und schließlich ging ein mächtiges Donnerwetter auf mich nieder. Die Arme herausfordernd in die Hüften gestemmt, zischte sie mich an:

»Signore! Ich war siebzehn Jahre bei einem italienischen Patrone im Dienst. Wie können Sie es nur wagen, meine Kochkunst anzuzweifeln?!«

Mai Aini war nicht nur wegen der Obstfülle für uns ein Meilenstein. In Mai Aini endete unser Kamel-Fußmarsch. Die Soldaten der E.L.F. übernahmen die Tiere von uns zum vollen Preis. Wir fanden das sehr fair, ja eigentlich überfair, denn wir lebten bereits seit Wochen auf ihre Kosten. Und das gar nicht schlecht.

Nach dem Essen stellte sich ein Mann namens Hamid als unser neuer Führer vor. Er erklärte, daß uns die E.L.F. für die weitere Reise ein Auto zur Verfügung stellt. Ein Auto – welch ein Komfort! Hamid war Mitglied des Revolutionsrates. Er war uns sofort sympathisch.

Später erklärte uns sein Assistent:

»Das Verrückte an Hamid ist, daß er aufrecht in die Kämpfe marschiert. Alle anderen ducken sich, robben, kriechen – Hamid geht in voller Größe in den Kampf. Da hat jeder von uns das Gefühl, er muß ihn beschützen und stürmt nach.«

Zwar hatte uns die E.L.F. ein Auto zur Verfügung gestellt, doch die Reise ging vorerst noch nicht weiter, denn Hamid hatte noch einiges zu erledigen. Wir waren also zu einem mehrtägigen ›Zwangsaufenthalt‹ in Mai Aini verurteilt. So kam es, daß uns trotz aller neuen Eindrücke die Langeweile plagte. Also sannen wir auf eine sinnvolle Beschäftigung. Wir vereinbarten, jeder von uns sollte sich etwas Schönes ausdenken. Etwas, von dem die anderen profitieren konnten. Vier Tage durften die Vorbereitungen dauern. Endlich war die große Bescherung fällig.

»Holt mal eure Becher raus«, forderte uns Klaus auf.

Während wir den Auftrag ausführten, kramte er in seinem Gepäck und förderte einen unserer Fünfliterkanister zutage. Er schnupperte daran, schloß die Augen und drehte den Verschluß auf. »Prost, Fighters! Probieren Sie Denarts Dattelwein!«

Uns fielen die Augen aus dem Kopf. Hamid ahnte sofort, um was es sich handelte. Aber er drückte ein Auge zu, denn Alkohol ist in der Armee tabu. Das Zeug schmeckte teuflisch gut nach Zivilisation. Aber viel konnte man nicht vertragen. Der Wein hatte es gehörig in sich durch den hohen Zuckergehalt der Datteln. Aber er trank sich göttlich. Horst war ganz begeistert. »Mensch, du Schwarzbrenner, wie hast du das denn gemacht? Das ist der Knüller auf meiner nächsten Globetrotter-Party. Dazu gibt's dann Karawanen-Brot. Verrat doch mal, wie du das gemacht hast!«

Und so berichtete Klaus von den Datteln, die er irgendwo aufgetrieben, gewaschen, entkernt und zermust hatte. In einem der übriggebliebenen Gefäße aus Horst's Labor hatte er dann die Dattelmasse zur Gärung gebracht – und so weiter, und so weiter, na ja, kurz und gut – das Resultat war köstlich.

Dann präsentierte Horst seine Zaubereien. Inzwischen hatten sich viele Soldaten um uns versammelt. Alle hatten einen Schluck abbekommen. Hamid hatte eine Sondergenehmigung erteilt, nachdem Klaus versprechen mußte, das Rezept niemandem zu verraten.

»Wir nehmen nun den zweiten Gang ein, meine Herren! Erleben Sie den berühmt-berüchtigten HoWa (Horst Walther)-Käse nach Original-Geheimrezepten der Molkerei Sittensen, die meine Freundin Regina Brodersen unter Einsatz ihres Lebens herausschmuggeln konnte. Es lebe Regina. Es lebe der Käse!«

Horst kullerte uns drei faustdicke, weiße Käse über den Tisch. Er hatte Milch dick werden lassen, gekocht, die Molke durch sein Kopftuch geseiht, das Ganze gesalzen, gewürzt und trocknen lassen: Ein

Kamelkäse par excellence. »Freunde, hätte ich die nötigen Joghurt-Pilz-Kulturen bei mir gehabt – ich hätte euch die tollsten Meierei-Erzeugnisse präsentiert. Aber was hier fehlt, holen wir nach, sobald wir Regina in Sittensen besuchen.«
Die weißen Krümel schmeckten vorzüglich. Leider waren es zu wenig, denn auch hier mußten wir den Soldaten etwas abgeben.
Ich kam mir richtig schäbig vor. Alle hatten von mir sicherlich frische Brötchen, deutsches Schwarzbrot oder Kekse erwartet. Und ich hatte nichts Eßbares gebastelt. Ich hatte ein Schachspiel gemacht. Es war mir dann doch ein großer Trost, als jeder, auch die Soldaten, es mit Hurra begrüßten. Kaum einer, der das königliche Spiel nicht kannte. Das Problem bei der Herstellung war, daß ich über keinerlei geeignete Materialien verfügte. Weder über Bretter noch Pappe geschweige denn Leim.
So hatte ich das »Brett« aus einem kurzhaarigen Ziegenfell gemacht. Mit dem Skalpell unseres ›OP-Bestecks‹ hatte ich die Haare so wegrasiert, daß sich die Spiefelder ergaben. Die Figuren wurden aus Palmfasern geflochten und mit Federn, Samen und Gewürzen so dekoriert, daß daraus recht attraktive Figuren wurden. Später, in Hamburg, habe ich das Fell gerben lassen und die Figuren mit Gießharz haltbarer gemacht. Sie sind mir ein schönes Souvenir.
Das und manche andere Beschäftigung waren es, die uns die lange Zeit bei der E.L.F. besser ertragen ließ.
Doch endlich ging es weiter. Wir krabbelten in das bereitgestellte Auto und freuten uns, denn nun brauchten wir nicht mehr zu laufen.
Nach zwei Tagen Fahrt lag Asmara vor uns. In einer Siedlung, etwa zwanzig Kilometer vor der Stadt, war das Hauptquartier der E.L.F.-Einheiten untergebracht, die Asmara von allen Seiten eingeschlossen hatten. Der oberste Sicherheitsbeauftragte, Malake, empfing uns in einem spartanisch eingerichteten Zimmer, dessen einziger Schmuck die Fahne Eritreas an der Stirnwand war. Malake war ein drahtiger, hagerer Mann, dessen bohrende Augen förmlich unsere Gedanken zu lesen versuchten. Getrennt von den anderen mußte ihm jeder von uns die Geschichte unserer Expedition erzählen.
Dabei machte er sich Notizen und verglich unsere Angaben genau. Bei der geringsten Abweichung hakte er sofort ein.

Ich war der letzte, den er vernahm. Zum Schluß überlegte er lange und beschied dann:
»Warten Sie mit ihren Freunden ein wenig. Ich werde bald eine Entscheidung fällen, was mit Ihnen weiter zu geschehen hat.«
Etwa eine halbe Stunde später bat uns Malake erneut zu sich. Er erwartete uns stehend, reichte jedem von uns die Hand und sagte feierlich:
»Sie sind freie Menschen. Aber bevor wir Sie in den Sudan bringen, würden wir Ihnen gern noch ein wenig von unserem Land und von dem Kampf, den wir hier führen müssen, zeigen. Sind Sie damit einverstanden?«
Ich wußte, daß es Horst nach Hause zog. Und auch ich wäre lieber heute als morgen nach Hamburg zurückgekehrt. Aber das Angebot Malakes zurückzuweisen, wäre einer Beleidigung gleichgekommen. Außerdem war es eine gute Gelegenheit, Einblicke in den Kampf zu bekommen. Wir willigten ein. »Können wir nicht von Ihnen ein Visum in unseren Paß haben?« kam uns urplötzlich die Idee.
»Wir verfügen noch nicht über Visa-Stempel. Tut mir leid. Sonst gern.«
»Uns reicht Ihr Revolutionsstempel nebst Unterschrift.«
»Okay. Dagegen habe ich nichts. Geht nebenan zu Tesfai Woldemicael. Er ist der Secretary der E.L.F. Er hat einen solchen Stempel.«
Auf diese Weise bekamen wir das vielleicht erste Visum Eritreas in unseren Paß mit dem Zusatz: »Entered Eritrea 19th of March 1977.«
In der kommenden Nacht wurden wir von einem 100 Mann starkem Spezialkommando an die Stadt Asmara herangeführt. Sie war von etwa zehntausend Äthiopiern besetzt. Nachts herrschte im Stadtkern bereits die E.L.F., weil die Regierungssoldaten nach Einbruch der Dunkelheit ihre Kasernen nicht mehr verließen.
Wir lagen in einem Graben, etwa zwei Kilometer vom Flugplatz der Stadt entfernt. Als der Tag graute, mußten wir uns mit Zweigen tarnen, damit wir von den landenden und startenden Flugzeugen aus nicht gesehen werden konnten. Die Maschinen lagen beim An- und Abflug im Schußbereich der Eritreer, doch sie wurden nicht beschossen. »Wenn es einmal so weit ist, daß wir die Stadt übernehmen, dann

wollen wir alles möglichst unversehrt übernehmen«, machte uns der Führer des Kommandotrupps klar.
Unser nächstes Ziel war eine ehemalige amerikanische Radarstation. Sie lag auf einem Plateau, etwa hundert Kilometer Luftlinie vom Roten Meer entfernt, im Blickfeld Asmaras. Als Haile Selassie 1961 Eritrea annektierte, war dies eine der Gegenleistungen, die er den USA für ihre stillschweigende Zustimmung einräumen mußte.
Für die Eritreer war die Eroberung dieser Station ein Symbol ihres siegreichen Befreiungskampfes. Uns bot sich ein Bild der Zerstörung. In den Radartürmen hingen die Kupferdrähte und elektrischen Leitungen herab, Schaltanlagen, Computer waren zertrümmert worden, Funkgeräte sinnlos herausgerissen.
»Komm, laß uns hier raus«, murmelte Klaus, der eine besondere Vorliebe für Technik hat. »Mir dreht sich das Herz im Leibe um, wenn ich sehe, wie hier Millionenwerte vergammeln.«
Knapp zehn Kilometer von der Radarstation entfernt zeigte man uns ein kleines Hospital. Kranke und Verwundete waren in Felshöhlen sicher untergebracht. Sie lagen auf bequemen Klappbetten und wurden von drei Sanitäterinnen und zwei Krankenpflegern versorgt. Einen Arzt sahen wir nicht.
»Wir haben leider viel zu wenig ausgebildete Mediziner«, erklärte uns eine Sanitäterin. »Die leichteren Eingriffe machen wir deshalb selbst. Wenn eine schwierige Operation nötig ist, dann muß ein Arzt aus einem größeren Hospital herangeholt werden. Die meisten sind an der Front.«
Unmittelbar neben dem Lazarett befand sich – ebenfalls in einer Felshöhle – eine Schule. Die Kinder der benachbarten Siedlungen wurden von Soldaten unterrichtet. Auf die sportliche Ertüchtigung wurde besonders großer Wert gelegt.
Einer der Krankenpfleger legte uns ans Herz: »Haben Sie gesehen, wie knapp es mit unseren Medikamenten bestellt ist? Tun Sie mir einen Gefallen, sagen Sie es allen Ihren Freunden, und bitten Sie sie, zu sammeln und via E.L.F. Khartoum an uns zu schicken, was sie erübrigen können. Vor allem Schmerzmittel, Antibiotica, Multivitamine und Sulfonamide.«
Wir übernachteten in der Nähe des Hospitals. Am nächsten Tag besuchten wir einen in einem Felstal improvisierten Markt für die Be-

wohner in und um Asmara. Es war wie ein Bild des Friedens, denn es gab alles, was das Herz begehrte.

Was wir nicht ganz durchblickten, war der Kleinkrieg zwischen der E.L.F. und der E.P.L.F. Hinter der Hand hieß es, die E.P.L.F. sei etwas demokratischer organisiert. Seit 1975 existierte darüber hinaus auch noch die von Osman Sabe Saleh gegründete E.L.F.-P.L.F. Wir fanden es bedauerlich, daß diese Gruppen miteinander im Clinch lagen, statt sich zu einigen, um damit so mächtig zu werden, wie der Gegner es erforderte. Aber eine Aufsplitterung in unterschiedliche Bewegungen gehört wohl zu einer jeden Revolution und scheint unausweichlich. Die Menschen sehnten sich nach Frieden, und mehr als einmal wurden wir gefragt, wann der Krieg wohl zu Ende sei. Wir, die Außenstehenden, wußten zwar, was die Männer sich als Antwort erhofften, aber wir konnten ihnen keine Antwort geben.

Malake hatte auch Vertrauen zu uns gefaßt und versprach, uns eines der geheimen Kriegsgefangenen-Lager zu zeigen. Außerdem lud er uns ein, als Beobachter der Einnahme der Stadt Tessenei beizuwohnen.

Wir bedankten uns für die Ehre, die uns zuteil wurde, und Horst packte die glückliche Situation beim Schopf:

»Malake, wir hätten da noch einen Wunsch. Unsere Familien sind schon lange ohne Nachricht von uns, sie müssen uns für verschollen halten. Wir hörten, daß du ein Funkgerät hast. Kannst du einen Funkspruch nach Hamburg senden und ihnen sagen, was los ist?«

Malake zögerte keinen Augenblick.

»Natürlich. Schreibt den Text in Englisch auf. Ich übersetze ihn in Tigrinya. Um ihn nach Khartoum zu kriegen, muß er dann vom Funker ins Arabische übertragen werden. Aber das macht nichts. Unsere Leute in Khartoum übersetzen ihn dann zurück ins Englische und übermitteln ihn eurer Botschaft.«

Ganz einfach also. Wir schrieben:

Nehberg, Stephanstraße 62a,

D-2000-Hamburg 70, West Germany.

Maggy, Rosie, Regina!

Bitte verzeiht uns! Infolge widriger Umstände wie Überfall, Ausraubung, versuchte Erpressung und Umwege wurden aus 1300 km 4000 km bis kurz vor Khartoum. Asyl bei Eritrean Liberation Front. Nur

Leben und Filme gerettet. Gesund, aber müde. Keine Kontaktchancen gehabt. Alle Ziele erreicht. Kuß. The Watermakers.
Das war der Originaltext. Wir haben bis spät in die Nacht herumgeflachst, was aus diesem Inhalt infolge der zahllosen Übersetzungen wohl werden würde, ehe er Hamburg erreichte.
Was wirklich draus wurde, erfuhren wir später auf der deutschen Botschaft in Khartoum. Dort war dieser Funkspruch nämlich nie eingetroffen. Er landete – niemand wird es erraten – in Somalia! Von Details war aber keine Spur mehr. Nur, daß drei Europäer, wahrscheinlich deutsche Wissenschaftler, in der Obhut der E.L.F. seien. Aus. Bums. Ende.
Mogadischu, die Hauptstadt Somalias, informierte ihren Botschafter in Bonn. Der plauderte darüber beiläufig anläßlich eines Empfangs, was einem deutschen Bediensteten des Auswärtigen Amtes zu Ohren kam. Er spitzte dieselben und fragte in Addis Abeba und Khartoum an, ob irgendwo drei Deutsche ›verschütt‹gegangen seien. Und da unsere drei Frauen mittlerweile unruhig geworden waren, lagen Addis Abeba bereits Anfragen vor.
So rückte sich daheim dann alles wieder zurecht. Die Zeitungen, die uns schon für vermißt erklärt hatten, brachten, das Hamburger Abendblatt sogar auf der Titelseite, die neuesten Informationen. Wir reisten derweil noch kreuz und quer durch Eritrea.
Der angekündigte Besuch im Gefangenenlager war eine kleine Sensation. In Addis Abeba verbreitete die politische Propagandamaschine der Äthiopier die wildesten Greuelgeschichten. So hieß es beispielsweise, daß die Eritreer keine Gefangenen machen, daß sie rücksichtlos alle Äthiopier töten, die in ihre Hände fallen.
»Natürlich verbreiten die solche Greuelpropaganda«, erbitterte sich der Führer unseres Begleitkommands. »Damit wollen sie ihre Soldaten motivieren, bis zur letzten Patrone zu kämpfen und sich lieber töten zu lassen, als aufzugeben, selbst wenn die Lage für sie noch so aussichtslos ist. Und aus diesem Grunde haben sie bisher auch alle unsere Angebote abgelehnt, Gefangene auszutauschen. Denn dann würden sie ja zugeben müssen, daß ihre Aussagen in dieser Hinsicht nichts als schmutzige Lügen sind. Lieber nehmen sie es gar nicht zur Kenntnis, wenn wir ihnen Namenslisten der Gefangenen übermitteln, und lassen damit auch die Angehörigen in Ungewißheit.«

Das Lager befand sich inmitten mächtiger Dornenhecken, unter breitausladenden Schirmakazien. In Strohhütten waren hundertunddrei Äthiopier untergebracht, die von etwa dreißig Eritreern bewacht wurden. Das Essen war eintönig, aber ausreichend, die medizinische Versorgung sichergestellt. Alle Äthiopier machten einen apathischen, aber gesunden Eindruck.
Wir fragten die Gefangenen, ob wir ihren Angehörigen Nachricht übermitteln sollten. Nur zwei erklärten sich dazu bereit. Die anderen hatten Angst. »Sie müssen damit rechnen, daß ihre Frauen, Eltern und Kinder darunter zu leiden haben, wenn ihre Gefangenschaft bekannt wird«, erklärte uns einer der Eritreer. »Ein Äthiopier siegt oder stirbt, niemals aber läßt er sich gefangennehmen.«
Dagegen hatten wir keine Schwierigkeiten, eine Namensliste der Gefangenen aufzustellen. Wir fotografierten die meisten, nur einige versteckten ihr Gesicht, als das Objektiv auf sie gerichtet wurde.
»Das sind Eritreer«, meinte der Wachsoldat verächtlich. »Sie schämen sich, daß sie gegen ihre eigenen Landsleute gekämpft haben.«
Viele Wochen später wurde diese Namensliste von einem Vertreter der Illustrierten »Der Stern« in Bonn dem äthiopischen Botschafter übergeben. Doch außer einem gemurmelten »Interessant, interessant« und der Mitteilung, er werde dies nach Addis Abeba melden, geschah natürlich nichts. So reichten wir sie weiter an »amnesty international«, die zugesichert haben, die Angehörigen zu informieren.

Tessenei – der Tod in der Wüste

Tessenei ist eine Stadt im Nordwesten Eritreas. Unweit vom Sudan. Sie war schon seit Wochen von der E.L.F. eingeschlossen. In einem Kasernentrakt hielten sich noch etwa einhundertfünfzig Regierungssoldaten. Der Rest der Stadt war vor wenigen Tagen von den Eritreern im Handstreich genommen worden. Wir sollten nun dabei sein, wenn der letzte noch kämpfende Stützpunkt der Regierungstruppen überwältigt wurde.
Die Fahrt nach Tessenei glich eher einer romantischen Reise als einer Fahrt zu einem Kriegsschauplatz. Ungerührt fuhr unser Chauffeur

den Landrover ab und zu über die Schwellen der stillgelegten Eisenbahnlinie Massaua–Asmara–Agordat. Von leuchtenden Bougainvillea umrankte Gebirgsbahnhöfe entschädigten uns reichlich für das Rütteln und Schütteln, das unser Begleiter lachend kommentierte: »Das hier ist unser Ho-Tschi-Min-Pfad.«

Tessenei hatte einmal rund zwanzigtausend Einwohner. Fast alle waren geflohen in den nahe gelegenen Sudan oder in den dichten Busch am Gash-Fluß, der in unmittelbarer Nähe der Stadt vorbeifließt. Überall im Gelände lagen verweste Leichen. Sie waren von den umherstreifenden hungrigen Hunden angefressen worden. Wir sollten nie ungeschützt im Freien schlafen, warnten uns die Eritreer. Die Hunde seien an Menschenfleisch gewöhnt!

Der Überfall auf Tessenei war ein Überraschungsangriff gewesen. Zwar war der Ort schon längere Zeit von tausend Rebellen umzingelt gewesen – aber mit Tessenei hatte man erstmals einen Angriff auf eine Stadt gewagt. Man hatte so lange gewartet, bis der umstellte Feind sich eine Blöße gab. An einem Tag im April 1977 war es dann soweit. Die äthiopischen Regierungssoldaten erhielten ihren Sold und trugen ihn, wie gewöhnlich, in die Kneipen und Bordelle.

Am frühen Morgen erfolgte dann der Angriff. Die meisten Soldaten versuchten erst gar nicht, zu ihren Verteidigungsstellungen zu gelangen. Sie flohen kopflos, und nach zweitägigem Gefecht gab es nur noch einhundertundfünfzig Überlebende. Sie verschanzten sich in einem Kasernengelände am Rande des Ortes.

So hockten wir denn nun in einem hohen zerklüfteten Felsen, zweihundert Meter entfernt von den eingeschlossenen Äthiopiern. Hier konnte uns kein Schuß erreichen. Aber wir hatten sie voll im Blickfeld. Pro Minute wurde aus einem entfernten Bananenfeld eine Spreng-Granate abgefeuert, die im steilen Bogen nach genau achtundzwanzig Sekunden bei den Äthiopiern einschlug. Über Walkie-Talkies wurde den Schützen der Einschlag mitgeteilt und auch, ob die nächste Granate weiter links oder rechts sitzen mußte. Manchmal krochen wir zu einem der Funker. Er sprach ein gutes Englisch. »Sie sitzen total im Dreck. Sie haben kein Essen mehr. Ihre Wasserpumpe ist getroffen. Die Rationierung des Wassers wird ihnen auch nicht mehr weiterhelfen. Das ist das Ende. Morgen ergeben sie sich.«

»Woher weißt du das so genau?«

»Wir haben die gleichen Funkgeräte wie sie. Die haben sie in Tessenei stehen gelassen, und deshalb können wir alle ihre Gespräche mithören, die sie mit Addis und Asmara führen. Seid mal still. Da sind sie wieder!«

Das Gesicht des Funkers zeigte erhöhte Anspannung. Er kniff die Augen zusammen, seine Schläfen bewegten sich rhythmisch, und manchmal spielte ein siegesgewisses Lächeln um seinen Mund. Dann nahm er die Kopfhörer ab und übersetzte.

»Sie sind wirklich total am Ende. Immer wieder fleht der Kommandant Asmara an, Lebensmittel, Medikamente und Munition zu schikken. Und die versprechen es ihm auch, aber ihr habt ja gesehen, wie die Hilfe aussieht.«

Ja, das hatten wir bereits mehrfach gesehen. Begleitet von zwei Jets, die jeder eine Bombe auf uns warfen und ihre Patronengurte leerratterten, kam ein Transportflugzeug angebrummt. Es flog überraschend tief und wurde natürlich von allen Seiten beschossen. Da auch mit Leuchtspurmunition gearbeitet wurde, sahen wir deutlich die Treffer. Dennoch muckte der dicke Brummer da oben nicht. Er war gepanzert. Zunächst warf er einen Probe-Fallschirm ab. Nachdem er gesehen hatte, wie dieser flog, schickte er die restlichen zehn Schirme hinterher. An ihnen hingen die ersehnten Dinge.

Aber da das Camp der Eingeschlossenen nur klein war, trieben die meisten Ladungen zu uns oder ins Niemandsland. Und nachts holten sich die überlegenen Eritreer die wertvollen Geschenke im Feuerschutz ihrer Kameraden.

Trotz aller Aussichtslosigkeit gab Kabede, so hieß der Kommandant, nicht auf. Offenbar glaubte er der Propaganda seines Landes und war bereit, lieber in den Tod als in die Gefangenschaft zu gehen. Vielleicht aber befürchtete er auch nur, daß man seine Frau und seine Kinder in Addis Abeba erschießen würde, wenn er kapitulierte.

Überhaupt – die Propaganda. Abends hörten wir des öfteren Radio. Zur Zeit der Kämpfe um Tessenei tobte Äthiopiens Staatschef Mengistu täglich über die Ätherwellen. So beschuldigte er beispielsweise den Sudan, auf der Seite Eritreas gegen Äthiopien zu kämpfen. Natürlich war davon kein Wort wahr. Wir selbst sahen nicht einen einzigen Ausländer mit der Waffe. Es wäre auch gegen die Grundidee der

Revolution gewesen. Den direkten Kampf sehen die Eritreer nämlich als ihre ureigenste Aufgabe an.
In der Nacht gelang es einem äthiopischen Soldaten, zu den Eritreern überzulaufen. »Wasser! Wasser!« waren seine ersten Worte und dann berichtete er, daß Oberst Kabede seinen Soldaten sogar die Unterhaltungen verboten habe. Er hatte Angst, sie könnten dabei Fluchtpläne schmieden.
»Nie mehr als zwei Personen dürfen sich unterhalten. Wer den Schützengraben in Richtung Eritrea verläßt, muß sofort erschossen werden. Die Ernährungslage ist katastrophal. Die Leute sind geschwächt. Bei der geringsten Verletzung sterben sie.«
Der Gefangene berichtete ohne Unterlaß. Die Eritreer gaben ihm reichlich zu essen und zu rauchen. Der Mann weinte vor Glück, dem Chaos entronnen zu sein.
»Ich habe es gewußt, daß ihr fair seid und nicht mordet oder foltert. Aber viele drüben bezweifeln das. Weil sie selbst nicht besser sind. Es ist ihnen so eingebläut worden.«
»Wie geht es den Frauen?«
Die Eritreer spielten auf eine Gruppe von ca. 15 Frauen an, die den Mut aufgebracht hatten, zu Hauptmann Kabede zu gehen, um ihn zur Kapitulation zu bewegen. Damit ihre Männer und Söhne am Leben blieben.
»Die hat Kabede isolieren lassen. Nach eurem Überraschungsangriff auf Tessenei sind sie mit in das Kasernengelände geraten. Zunächst hatte Kabede sie freigelassen. Doch als ihr sie mit einem Brief zurückgeschickt habt, haben wir nichts mehr von ihnen gesehen.«
»Wir hatten in dem Brief Kabede aufgefordert, sich zu ergeben. Wir haben ihm seine aussichtslose Lage beschrieben. Und seitdem haben wir die Frauen nicht wiedergesehen. Sie sind übrigens alle freiwillig rübergegangen.«
Der Verhörende sagte es wie eine Entschuldigung. Für ihn war es selbstverständlich, Frauen nicht zu zwingen und unfaßbar, wie wenig die Äthiopier das Völkerrecht achteten.
»Würdest du zu deinen Kameraden sprechen wollen? Ihnen sagen, sie sollen alle rüberkommen und daß wir keinem, der sich ergibt, ein Haar krümmen!«

Der Gefangene tat es sofort und gern. Von einer Moschee wurde eigens für diesen Zweck ein Megaphon demontiert.
Die Antwort aus der Kaserne waren MG-Salven.
Der Soldat erzählte auch, daß einige Zivilisten von den Äthiopiern gefangengehalten wurden. Unter diesen befand sich ein Tuchhändler mit seinem elfjährigen Sohn. Der Mann hatte den Kommandeur immer wieder angefleht, ihn doch freizulassen. Er sei doch schließlich kein Soldat und müsse für das Kind sorgen. Kabede dachte gar nicht daran, den Wunsch des Händlers zu erfüllen. »Willst du damit sagen, daß du glaubst, drüben bei den Rebellen hättest du es besser?« Als der schließlich nur noch bat, wenigstens das Kind gehen zu lassen, ließ er den Mann kurzerhand erschießen.
Der Junge mußte zusehen, wie sein Vater hingerichtet wurde. Links und rechts wurde er von zwei Soldaten festgehalten! Kaum war der Vater tot, als eine Granate in der Nähe explodierte und dem Jungen die Augen wegriß. Doch die Erschießung seines Vaters hatte er noch mit angesehen.
Kurz vor Einbruch der Dunkelheit war es dann soweit. Eine Spezialeinheit schlich sich, mit Panzerfäusten und Maschinenpistolen ausgerüstet, durch ein ausgetrocknetes Bachbett an die äthiopische Stellung heran. Eine halbe Stunde später begann der Angriff. Verzweifelt wehrten sich die Äthiopier. Über uns sangen Maschinengewehrgarben hinweg, klatschten gegen die Felswand. Vorn war der Teufel los. Panzerfäuste und Mörsergranaten fauchten in die Schützengräben und in die morschgeschossenen Gebäude, die in Staub und Asche fielen. Die Bäume brannten. Der Kampfplatz glich einer riesigen Fackel. Das Geschrei der Verwundeten und Sterbenden übertönte manchmal den Lärm der Waffen.
Die halbe Nacht dauerte der Kampf. Dann hatten die Angreifer gesiegt. Von den einhundertfünfzig Äthiopiern waren rund hundert gefallen. Dreißig wurden gefangengenommen, der Rest floh in die nahe nächtliche Wüste und wurde in den nächsten Tagen aufgerieben.
Unter den Toten befand sich auch Oberst Kabede. Der elfjährige Knabe, der mit ansehen mußte, wie sein Vater erschossen wurde, überlebte den Angriff. Wir haben ihn selbst provisorisch verbunden.

Mit unserem letzten Zwirn vernähten wir die verwundeten Eritreer.
Tessenei war gefallen. Die Toten wurden begraben. Die Flüchtlinge durften zurückkehren. Die Rebellen waren dem erhofften Endsieg ein Stückchen nähergekommen.
Eine Nacht später wurden wir in einen Landrover gesetzt und fuhren eine knappe Stunde in die offene Wüste hinaus. Plötzlich tauchte ein alleinstehendes Haus auf, auf dem eine neue Flagge wehte. Zwei gelangweilte Uniformierte kamen heraus, grüßten lässig, ließen uns passieren, und wir waren nicht mehr in Eritrea, wir waren im Sudan.
So einfach und undramatisch ging das.
Dann wurde es doch noch einmal spannend. Wir waren von der Grenzstadt Kassala mit einem Bus in die Hauptstadt Khartoum gefahren und wollten gerade in ein Taxi umsteigen, als uns ein elegant gekleideter Sudanese anhielt. Er trug einen Zettel in der Hand, las darin und fragte mich dann in gutem Englisch: »Sind Sie Mister Nehberg?« Und als ich verwundert nickte, fuhr er fort: »Ich bin von der Sicherheitspolizei. Ich muß Sie bitten, mit mir zu kommen. Es handelt sich lediglich um eine Formalität.«
Eine Formalität! Das sagen die doch immer! Uns schwante nichts Gutes. Und unsere schlimmsten Befürchtungen schienen sich zu erfüllen, als wir uns eine halbe Stunde später in einer schmutzigen Zelle wiederfanden. Ein Ägypter war unser Zellengenosse. Er wurde der Spionage für Libyen beschuldigt und saß schon eine Woche in Haft.
»Rechnen Sie ja nicht damit, daß Sie hier so schnell wieder rauskommen.«
Der Sicherheitsoffizier, der uns am nächsten Morgen verhörte, stellte sich als Numeri vor. Er sei ein Cousin des Staatspräsidenten, erzählte er uns, und leite in der Hauptstadt eine Sektion der Sicherheitspolizei. Wir sollten ihm alles ganz genau erzählen und bitte nichts auslassen.
Vier Stunden dauerte die Vernehmung. Dann hatte sich Numeri offenbar von unserer Harmlosigkeit überzeugt. Wir brauchten nicht mehr in die Zelle zurück. Wir bekamen unser Gepäck ausgehändigt, mußten unterschreiben, daß nichts fehlte, und dann brachte er uns persönlich im Jeep in ein sauberes, kleines Hotel. Dort lag bereits ei-

ne Nachricht von der deutschen Botschaft vor. Wir sollten doch noch mal kurz vor unserer Abreise vorsprechen.

Lufthansa-Flug 537

Lufthansa-Flug 537 Karthoum-Frankfurt-Hamburg. Startzeit: 10.35 Uhr, 17. Mai 1977. Die Maschine war nur halb besetzt. Drei Männer fielen durch ihre besondere Ausgelassenheit auf. Ihre hageren Gesichter waren von der Sonne verbrannt, und der Kleidung sah man an, daß sie sehr strapaziert worden war. Als die blonde Stewardeß nach dem Start Tee und Gebäck an die Passagiere verteilte, sagte der eine der drei Männer mit einem tiefen Lachen:
»Mensch, hättet ihr geglaubt, daß ein bißchen Luxus so wohltuend sein kann?«
Und einer der beiden anderen meinte:
»Sag lieber, was nehmen wir uns als nächstes vor? Äthiopien dürfte ja wohl passé sein.«

Am Ausgang des Flughafens Hamburg-Fuhlsbüttel stand eine johlende Menge. »Aha«, logelte ich »da kommt wohl gleich 'ne Fußballmannschaft.«
Wir steuerten dem grün ausgeschilderten Zoll-Durchgang zu:
»Für Passagiere, die nichts zu verzollen haben.«
»Moment mal, meine Herren!« Ein grün Uniformierter stoppt uns höflich. »Stichprobe. Darf ich mal Ihr Gepäck sehen?«
Lässig warfen wir ihm unsere kleingewordenen Bündel zu. Eine Staubwolke vernebelte einen Moment lang die Sicht. Mit geübten Griffen stellte der Grüne fest, daß wir tatsächlich nichts mehr besaßen. Leere, zerrissene Rucksäcke, zerfledderte Landkarten und die Kameras. In der Hand jeder einen Blumenstrauß, den wir in Frankfurt besorgen konnten. Für unsere Frauen. Für ihr geduldiges, verdammt langes Warten.
Wir schoben uns weiter.
»Sicher wieder so'n paar Hippies«, klärte der Grünfink seinen Kollegen diskret auf.
Die johlende Menge entpuppte sich als zu uns gehörig. Es waren un-

sere Familien, Freunde und Mitarbeiter mit Anhang und Leute von der Zeitung. Ein Transparent verkündete »Herzlich willkommen, Wüstensöhne!«

Und ein riesiger Brotkorb mit dreißig verschiedenen duftenden Brotsorten sollte mir offensichtlich signalisieren, daß mein Laden noch stand, nicht pleite war. Uns lief das Wasser im Mund zusammen. Und nicht nur im Mund. Und nicht nur wegen des Brotes. Maggy drückte mich an sich. Ich spürte, wie sie zitterte. »Ihr wart diesmal sehr lange weg«, war das einzige, was sie zunächst sagte.

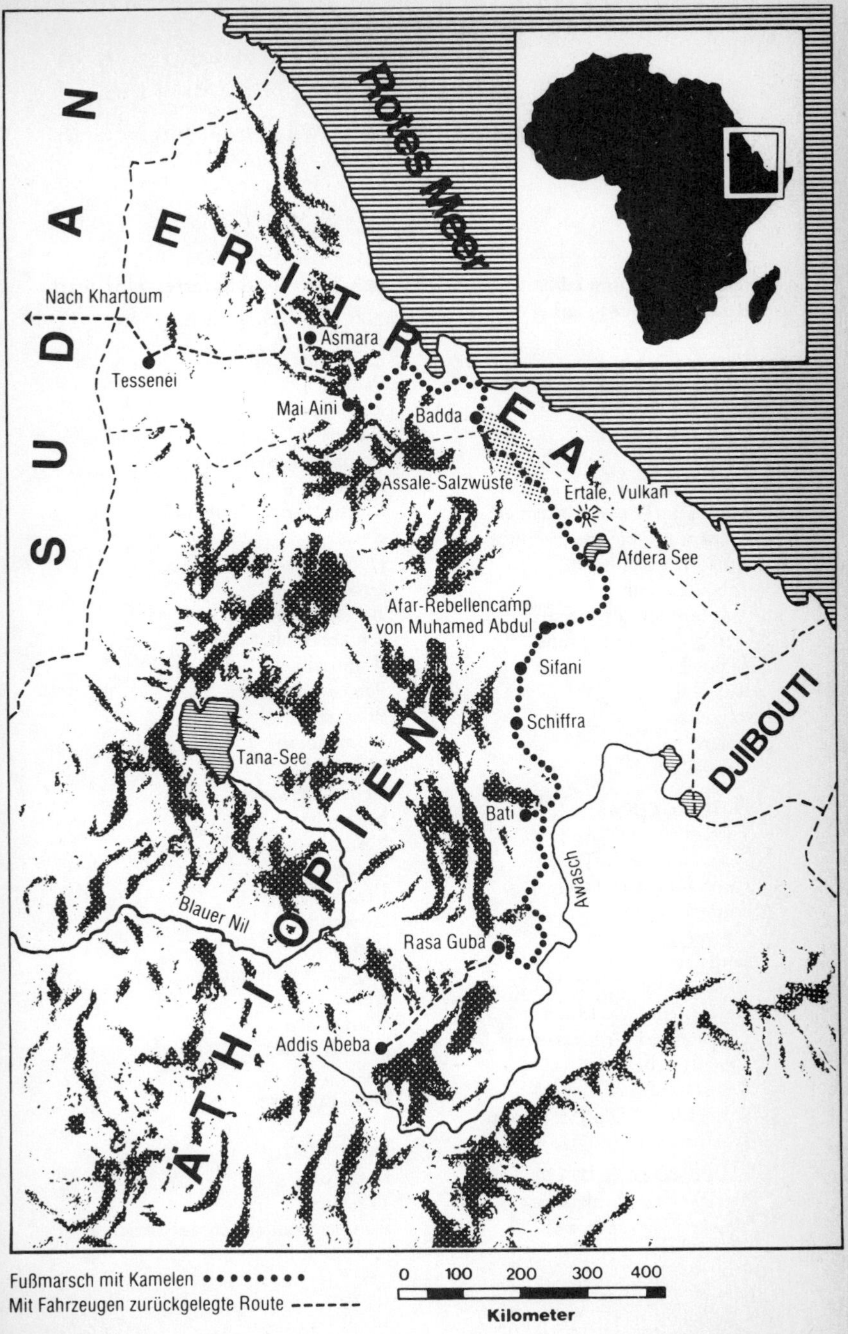
Rotes Meer
SUDAN
ERITREA
ÄTHIOPIEN
DJIBOUTI
Nach Khartoum
Asmara
Tessenei
Mai Aini
Badda
Assale-Salzwüste
Ertale, Vulkan
Afdera See
Afar-Rebellencamp von Muhamed Abdul
Sifani
Schiffra
Tana-See
Bati
Awasch
Blauer Nil
Rasa Guba
Addis Abeba
Fußmarsch mit Kamelen
Mit Fahrzeugen zurückgelegte Route
0 100 200 300 400
Kilometer

Ausrüstungsliste

(Unterstrichenes ist speziell für diesen Wüstentrip mitgenommen worden)

Arznei

Resochin
Rote Multivitamintabletn
Rote Lebensmittelfarbe
Schlaftabletten
Verbandszeug
Schmerztabletten
Wundsalbe
Glycerinsalbe
Antibiotica
Zugsalbe
Micropur (Wasserentkeimer)
Tschamba Fii (Sonnenschutz)
Anti-Fiebertabletten
Tabletten zum
a) Stuhlgangfestigen
b) gegen Verstopfung
Skalpell
Nähzeug
Pinzette
Schere
Arterienbinde

Am Körper

Turban
Hemd mit vielen Taschen
Hose mit vielen Taschen
Unterhose
Schwert
Sandalen
Hosengürtel (in Zukunft mit verstecktem Geldschlitz)
Leinengürtel für Messer und Überlebenstasche
Taschenmesser (Klapp-)
Wasserdichte Uhr mit Datum
Taschentuch

Überlebensgürtel

Bettlaken als »Schlafsack«
Messer, Gille (Schwert)
Metallfolie
Trinkflasche
ggf. Waffe (Schulterhalfter)
Tasche mit:
Kompaß
US-Dollars
Paß
Ausweise
Tickets
Empfehlungsschreiben
Nieten
3 fertige Angeln mit WC-Kette
20 Angelhaken, versch. Größen
Streichhölzer
Schmerztabletten
Wundsalbe
Penicillintabletten
Pflaster
Blumendraht
Nagelfeile
Sicherheitsnadeln
Micropur
Resochin
Schere
Landkarte
Stopfnadel
Zwirn
Kugelschreiberminen
Kerze
Wörterliste
Raketengeräte
Raketen
Perlonschnur

Fotokoffer

Lassoband
Tagebuch
Feinmechaniker-Schraubenzieher

Zange
Filzschreiber
Kugelschreiber
Reservebatterien für Blitz
Reservebatterien für Belichtungsmesser
Skylightfilter für jedes Objektiv
2 Olympus-Spiegelreflex-Gehäuse
200-m-Teleobjektiv
50-mm-Macro-Optik
24-mm-Weitwinkel
Blitzgerät
Antistatiktuch
Fensterleder zum Einwickeln der Kameras
Gummiball-Pinsel
20 Filme, Kodak, 23 Din (Dias)
100 Filme, Kodak, 15 Din (Dias)
10 Schwarzweiß, 27 Din
Stativ

»Wassermaschine«

2 Metall-Hohlspiegel
Thermometer
Pyrometer
Hygrometer
Feinwaage
Kieselgel
Zeolith
Glasbehälter
Metallfolien
Destillationsröhren
Arbeitshandschuhe
Schutzbrille

Lebensmittel

Zucker
Öl
Mehl
Salz
Hafer
Reis
Zimt
Kakao
Gewürze
Milchpulver
Tee
Kaffee
Kristallisierte Zitrone
Puddings
Fertigsuppen
Streichhölzer
Löffel
Marmelade
Datteln
Nudeln
Tomatenmark

Sonstiges

Munition
Ballistol
Batterien für Taschenlampen
Bindfaden
Zange
Zollstock
Insekten-Spray
10 Paßfotos
Handschuhe
Geld
Scheckheft
Briefpapier
Führerschein
Töpfe
Roste
Pfanne
Teller
Becher
Rührlöffel
Teekessel
Waschzeug
Nieten
Leere Säcke fürs Geschirr, für Töpfe und als Transportsäcke
Stopf-Sacknadel
100 Angelhaken
Perlonschnur 40 m, 7 mm Ø
Leinen-Wassersäcke à 10 l
Plastikbeutel
Plastikkanister für Lebensmittel
Rei in der Tube
»Empfehlungsschreiben« der Universität Hamburg
Tee-Gläser
Lexica
Schaufel

Ein Appell an meine Leserinnen und Leser

23 Jahre später. Dezember 2000. Verständlich, daß die Leidensgeschichte der Aischa in der Erinnerung verblaßt war. Im letzten Jahr las ich das Buch »Wüstenblume«. Es ist die grauenhafte Leidensgeschichte des somalischen Models Waris Dirie. Sie steht für 150 Millionen Frauen. Waris' Autobiographie hat mir den Brauch der Verstümmelung nicht nur in Erinnerung gerufen. Sie hat mir klargemacht, daß er noch viel schlimmer ist, als ich es damals schon erfahren hatte. Selten hat mich ein Bericht betroffener gemacht. Und entschlossener. Entschlossen, diesem Folterbrauch entgegenzutreten.

»Es wird der tollste Tag in eurem Leben!« erklärt man den jungen Mädchen. »Dann seid ihr endlich Frauen und findet einen Mann.« Und welches Mädchen würde sich nicht darauf freuen! Es gibt Geschenke, man ist Mittelpunkt. Und es gibt satt zu essen. Jede weiß, Unbeschnittene werden verstoßen. Ihnen bleibt nur die Prostitution.

Dann der Schock. Die eigene Mutter führt ihre Tochter zur Schlachtbank. Ohne Narkose werden dem Kind mit einer Rasierklinge die Schamlippen und die Klitoris abgeschnitten. Mit Dornen werden die gegenüberliegenden Wundränder zusammengesteckt. Wie ein Reißverschluß. Die Schenkel werden mit Seilen umwickelt. Vier Wochen liegen die Opfer im eigenen Blut, Eiter, Urin, Schmerz. Bis die Scheide zusammengewachsen ist. Im schlimmsten Falle bleibt eine Öffnung von der Größe eines Reiskorns! Urinieren dauert eine halbe Stunde, die Regel zehn Tage. Das Blut gerinnt, kann nicht abfließen, es riecht nach Verwesung. In der Hochzeitsnacht werden die Frauen aufgeschlitzt. Mit dem Penis, mit dem Messer. Ohne Betäubung, wie immer. Bei der Geburt wird weiter geschnitten und gleich anschließend wieder alles »vernäht«. Bei jeder Geburt dieselbe Prozedur. Ein Leben lang. Viele erliegen den Qualen. Weder Männer noch überlebende Frauen wissen, wieviel Lebensfreude und Schaffenskraft ihnen entgeht. Sie sind Gefangene einer uralten Tradition.

Als ich dann las, daß die Verstümmeler ihren Brauch oft mit dem Koran begründen, packte mich die blanke Wut. Im Koran findet sich keine Silbe darüber. Spontan kamen mir Ideen. Diplomatische und survivalmäßige.

Als erstes habe ich TARGET (engl.: Ziel) gegründet, meine eigene Menschenrechtsorganisation. Sie ist gemeinnützig und verschafft mir die erforderliche absolute Unabhängigkeit. Finanziell und in den Entscheidungen. Es geht mir nicht um viele Mitglieder. Klassische Vereinsarbeit ist nicht mein Ding. Was ich mir wünsche, ist ein größtmöglicher Kreis von Förderern. Ab 29 DM (wer kann, gibt mehr) im Jahr kann man die Arbeit unterstützen.

Welcher Art meine Vorhaben sein werden, wird man aus den Medien erfahren. Beginnen werde ich mit dem Versuch, eine »Pro-Islamische Allianz gegen die Verstümmelung von Frauen« (PIA) ins Leben zu rufen. Sie soll das Ansehen und die Würde der großen Weltreligion nicht unbegründet durch Kriminelle diskreditieren lassen. Sie soll auch mein Dank sein für die in früheren Jahren erlebte heilige islamische Gastfreundschaft.

Folgendes Statement soll von Staats- und Religionsführern islamischer Staaten unterzeichnet werden:

Rüdiger Nehberg

Mit dem Baum über den Atlantik

THE TREE. Der Australienmarsch. Gefangen in Jordanien. 272 Seiten.
67 farbige Abbildungen.
Broschur.

THE TREE: In einem 17 Meter langen tonnenschweren Baumstamm segelte Rüdiger Nehberg im Januar 2000 von Westafrika los – allein und mit minimaler Ausrüstung. Ziel der aufsehenerregenden Atlantiküberquerung über 4 000 km war Brasilien, das im Jahr 2000 seine 500jährige Eroberung durch portugiesische Entdecker »feierte«. Nicht zum erstenmal machte Nehberg, der eigentlich wasserscheu ist und leicht seekrank wird, unter Einsatz seines eigenen Lebens auf das Schicksal der indianischen Ureinwohner aufmerksam.
Daneben erzählt er in diesem Band noch zwei weitere spektakuläre Episoden aus seinem rastlosen und engagierten Leben: seinen Gefängnisaufenthalt in Jordanien sowie The Human Race, den Lauf zu Fuß einmal quer durch Australien.

SERIE PIPER

Jon Krakauer

In die Wildnis

Allein nach Alaska. Aus dem Amerikanischen von Stephan Steeger. 302 Seiten. SP 2708

Eine kleine Pistole und ein Fünf-Kilo-Sack Reis – das war die einzige Ausstattung des jungen Chris McCandless, mit der er sich in die Wildnis Alaskas begab. Seine gesamten Ersparnisse von fünfundzwanzigtausend Dollar hatte er gespendet und das restliche Bargeld verbrannt – er wollte ein neues, ganz anderes Leben beginnen. Vier Monate später wurde seine Leiche in der Wildnis von Alaska von einem Elchjäger gefunden. Jon Krakauer, für seine spektakulären Reportagen bereits mehrfach preisgekrönt, hat die abenteuerliche Wanderung des Chris McCandless anhand von Tagebucheintragungen, Postkarten und Interviews rekonstruiert. War Chris ein hoffnungsloser Romantiker oder einfach nur ein Spinner? Oder wurde er von einer Sehnsucht getrieben, die nur zu typisch ist für unser zu Ende gehendes Jahrhundert?

In eisige Höhen

Das Drama am Mount Everest. Aus dem Amerikanischen von Stephan Steeger. 380 Seiten mit 33 Schwarzweißfotos. SP 2970

Im März 1996 beauftragte die amerikanische Zeitschrift »Outside« den Reporter Jon Krakauer mit einem Bericht über die Kommerzialisierung des Bergsteigens am Mount Everest. Selbst der Faszination des Berges erlegen, schließt er sich einem Team unter Führung eines erfahrenen neuseeländischen Bergsteigers an. Am 10. Mai 1996 steht er dann tatsächlich auf dem Gipfel, am Ende seiner Kräfte. Der gefährliche Abstieg folgt, zwanzig andere Bergsteiger drängen weiterhin verbissen zum höchsten Punkt. Keiner hat registriert, daß ein Schneesturm aufzieht, vor dem sich Krakauer gerade noch in sein Zelt retten kann. Es kommt zur bisher größten Katastrophe am höchsten Berg der Welt: Neun Bergsteiger aus vier Expeditionen sterben, und vor Ende des Monats werden weitere drei Bergsteiger den Tod finden.